D-BCH
4R24

S0-AIB-412

KONRAD RÜCKBROD
UNIVERSITÄT UND KOLLEGIUM
BAUGESCHICHTE UND BAUTYP

KONRAD RÜCKBROD

UNIVERSITÄT UND KOLLEGIUM
BAUGESCHICHTE UND BAUTYP

1977

WISSENSCHAFTLICHE BUCHGESELLSCHAFT

DARMSTADT

CIP-Kurztitelaufnahme der Deutschen Bibliothek

Rückbrod, Konrad
Universität und Kollegium, Baugeschichte und
Bautyp. — Darmstadt: Wissenschaftliche Buchge-
sellschaft, 1977.
ISBN 3-534-07634-6

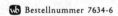 Bestellnummer 7634-6

© 1977 by Wissenschaftliche Buchgesellschaft, Darmstadt
Satz: Maschinensatz Gutowski, Weiterstadt
Druck und Einband: Wissenschaftliche Buchgesellschaft, Darmstadt
Printed in Germany
Schrift: Linotype Garamond, 9/11

ISBN 3-534-07634-6

INHALT

Erster Teil

UNIVERSITÄT UND KOLLEGIUM
STRUKTUR UND GESTALT

Zweiter Teil

DAS BAULICHE BILD DER UNIVERSITÄT
UND DER BAUTYP KOLLEGIUM

VORWORT

Nachdem mir im Jahr 1947 der Wiederaufbau der nahezu gänzlich zerstörten Universität Freiburg i. Br. von seiten des Senats übertragen wurde, stand ich als Architekt – nicht nur materiell – vor dem Nichts. Ich erkannte zwar neue und große Möglichkeiten für die kommende Entwicklung der Universität, deren späteren Umfang man zu jener Zeit in keiner Weise erahnen konnte, doch ich besaß noch kein geistiges Fundament und Rüstzeug, welches unser Beginnen zukunftsgerichtet hätte tragen können.

Damals begannen wir die Historie zu befragen, um eine gesicherte Ausgangsbasis für unser Denken und Planen zu gewinnen. Gemeinsam mit Arnold Tschira suchten wir nach der baugeschichtlichen Entwicklung der hohen Schule und fanden auf unserem Weg eine Reihe von Typen und baulichen Aussagen, die uns Auskunft gaben über das vielfältige wissenschaftliche und soziale Leben in und um die hohen Schulen im Verlauf der Jahrhunderte. Wir erkannten, die Lehre hatte schon früh eigenständige Formen geprägt, und zu jeder Zeit stand die Symbiose von Stadt und Schule im Vordergrund mit allen ihren oft spannungsvollen Ereignissen. Auf diese Weise erschloß sich eine bildhafte Vorstellung vom Wesen der Universitäten und Schulen, von ihren Problemen und Lebensformen und vom steten Wandel, dem diese unterworfen waren. Wir lernten daraus für unsere Arbeit, und wir gewannen Argumente für die Ausbauplanung, die uns halfen unsere Ideen zu verwirklichen.

Dort, in der Suche nach dem Geschichtsbild der Universität, liegt eigentlich der Kern für unsere spätere wissenschaftliche Arbeit zur neuzeitlichen Hochschulplanung.

Fast 30 Jahre danach erscheint nun die umfassende Arbeit von Dr. Konrad Rückbrod, die eine Weiterentwicklung seines Promotionsthemas darstellt. Sie breitet eine Fülle von Material aus und zeigt dem nachdenklichen Planer, daß heute so verschieden die Lebensprobleme der hohen Schule nicht sind. Konrad Rückbrod selbst stand inmitten der Lehre der Hochschulplanung. Ich bin ihm dankbar, daß er im historischen Feld unseres gemeinsamen Arbeitsfeldes gearbeitet und promoviert hat, um jenes geistige Fundament weiter zu festigen, ohne das in die Zukunft hinein nicht geplant und gebaut werden sollte.

Heute zählt die Disziplin der Hochschulplanung zu den wissenschaftlich am breitesten aufbereiteten Aufgabengebieten der Architektur.

Die geschichtliche Betrachtung des sich über Jahrhunderte entwickelnden geistigen und physischen Lebensraumes der Universität zählt zu den Grundlagen heutiger Planung. Gründungen unserer Zeit, wie die Universität Konstanz und Ulm, basieren auf der Summe dieses Gedankengutes.

Es ist an der Zeit, angesichts des in den Vordergrund getretenen materiellen Zweckdenkens, den Blick fragend auf das Bild der Geschichte zu richten, um die dem Menschen gemäßen Werte nicht aus dem Auge zu verlieren.

Stuttgart/Freiburg, Mai 1976   Horst Linde

X

EINLEITUNG

Das Wort „Universität" weckt Gedanken, die sich zunächst auf die allgemeine und aktuelle Situation beziehen. Erst später denkt man vielleicht an das geistesgeschichtliche Phänomen. Zwar wird man bei den Sorgen um die Studienplatzverteilung, die Berufsausbildung und die Wissenschaftsförderung, die durch die räumliche Enge und die hohen Anschaffungs- bzw. Unterhaltungskosten ursächlich bedingt sind, auch auf Probleme gestoßen, die mit dem Bauen etwas zu tun haben. Jedoch interessiert man sich wohl kaum dafür, ob diese Probleme in der Vergangenheit ebenso gravierend waren und wie sie damals bewältigt wurden. Dabei fordert die Aufgabe, einzelne Lehr- und Forschungseinrichtungen zu erweitern oder gar gesamte Universitäten zu bauen, einen Einsatz, der sich nicht in Untersuchungen technischer und wirtschaftlicher Art erschöpfen darf. Es gilt vielmehr, den ganzen Umfang dieser Aufgabe zu erfassen, um den Gesamtkomplex zu klären und durchsichtig werden zu lassen. Es gilt, die theoretischen Grundlagen zu erkennen, um Orientierungshilfen heranziehen zu können. Und so liegt es nahe, auch die geschichtlichen Voraussetzungen zu erforschen. Eine Problemübersicht und Informationsquelle über den Bau von Universitäten liegt nun vor in dem Werk ›Hochschulplanung – Beiträge zur Struktur- und Bauplanung‹ (56) [1], herausgegeben von Horst Linde. Im Rahmen eines kulturhistorischen Überblicks ist dort auch die baugeschichtliche Darstellung aufgenommen worden (94), aus der die vorliegende Arbeit als Dissertation hervorging über das Thema: ›Das bauliche Bild der abendländischen Universität in den ersten fünfhundert Jahren ihres Bestehens unter dem Einfluß des Bautyps Kollegium‹. Die begrenzte Auflage der vom Zentralarchiv für Hochschulbau veröffentlichten Arbeit war

---

[1] Die Nr.-Hinweise beziehen sich auf die Numerierung des Literaturverzeichnisses.

1

schnell vergriffen. Sie wird nun, ergänzt und überarbeitet, erneut vorgelegt. Der Wissenschaftlichen Buchgesellschaft, Darmstadt, gebührt dafür Dank; denn durch sie wird es möglich, die Forschungsergebnisse einem größeren Interessentenkreise vorzutragen. Bei der Fülle der Fachliteratur über die großen öffentlichen Bauaufgaben überrascht es, daß die Universität, die doch zweifellos zu diesen Bauaufgaben gehört, einer baugeschichtlichen Untersuchung bisher nicht gewürdigt worden ist. Das ist um so erstaunlicher, als gerade die Universität seit ihrem Entstehen im Mittelalter an Aktualität nichts verloren, sondern vielmehr gewonnen hat.

Die Erforschung der historischen Grundlagen der abendländischen Universität hat gegen Ende des vorigen Jahrhunderts begonnen. Sie hat sich niedergeschlagen in Monographien und umfangreichen Gesamtdarstellungen, zu denen hauptsächlich das Werk von Heinrich Denifle ›Die Entstehung der Universitäten im Mittelalter‹ (25), das von Hastings Rashdall ›The Universities of Europe in the Middle Ages‹ (88) – 1936 von F. M. Powicke und A. B. Emden korrigiert und neu herausgegeben – und das von Stephen d'Irsay ›Histoire des Universités françaises et étrangères des origines à nos jours‹ (60) zu zählen sind. Das Phänomen des Ursprungs der Universität hat Herbert Grundmann zu einer faszinierenden Studie ›Vom Ursprung der Universität im Mittelalter‹ (44) angeregt, die Peter Classen in zwei Aufsätzen ›Die Hohen Schulen und die Gesellschaft im 12. Jahrhundert‹ (22) und ›Die ältesten Universitätsreformen und Universitätsgründungen des Mittelalters‹ (23) in einigen Punkten vorsichtig – man möchte sagen liebevoll – aus realistischerer Sicht richtigstellt. Neue Erkenntnisse zur sozialpolitischen Situation bringt Laetitia Boehm in der bewunderungswürdig dichten Gesamtdarstellung ›Libertas Scholastica und Negotium Scholare‹ (9). Bei Darstellungen der deutschen Universitäten kann man auf die ›Geschichte der deutschen Universitäten‹ (64) von Georg Kaufmann und das Sammelwerk ›Das Akademische Deutschland‹ (2) zurückgreifen. Aus der Fülle zeitlich und räumlich begrenzter Monographien ragt das Buch von Gerhard Ritter ›Die Heidelberger Universität‹ (91) heraus. Hier werden, von einer profunden Quellenkenntnis getragen, auch allgemeinere Zusammenhänge aufgezeigt, die ebenfalls Hermann Heimpel in dem Aufsatz

›Hochschule, Wissenschaft, Wirtschaft‹ aus der Essaysammlung ›Kapitulation vor der Geschichte?‹ (49) umreißt.

Die meisten historischen Forschungen zu diesem Thema befassen sich – hauptsächlich aus Anlaß von Jubiläen – mit einzelnen Universitäten. Auch Darstellungen zur baulichen Situation, die man bisweilen darin finden kann, beziehen sich nur auf den Einzelfall. Ein baugeschichtlicher Überblick, der die Einzelfälle vergleicht und eine allgemeine Entwicklung aufzeigt, fehlt bisher. Diese Lücke will der Verfasser mit der vorliegenden Arbeit schließen. Aus der Sicht des Architekten wurden funktionelle Zusammenhänge untersucht. Dabei sind Fragen geklärt worden nach Ermittlung und Erfüllung des Raumprogramms, nach Standort und Betriebsweise als Voraussetzungen für die Planung und nach Nutzung und Gestalt der Gebäude. Von zentraler Bedeutung sind Aussagen zum Städtebau, nämlich zur Integration der Universität in die Stadt, und zum Bautyp, wie er für jede Bauaufgabe überregionalen Wertes geschaffen wurde.

Die Betrachtung bedeutender mittelalterlicher Bauten als Bautypen hat Friedrich Ostendorf (1871–1915) in die Baugeschichtslehre eingeführt. Der Ostendorf-Schüler Karl Gruber (1885–1966) hat diese Lehre, die das Baudenkmal und seine Details funktionell und nicht nur formal betrachtet, verbreitet und vertieft. Er charakterisierte die eigene Lehre, als er in seiner Rede ›Friedrich Ostendorf, Karl Weber und die Schäferschule im Wandel der Generationen‹ zur Webergedenkfeier am 10. Oktober 1959 in Marburg/Lahn u. a. sagte: „Dadurch, daß er (Ostendorf) die alten Baudenkmäler als Typen auffaßte, als Ausdruck des Lebens ihrer Zeit, erfaßte er sie von ihrem Bauprogramm her. Es war ein hoher Genuß, ihm bei einer Betrachtung einer alten Stadt zu folgen, wenn er den Typ der Pfarrkirche, der Bettelordensklöster, der Nonnenklöster, der öffentlichen Bürgerbauten, der Wohnhäuser, des Rathauses, der Kaufhäuser und Hospitäler als Bewältigung ganz bestimmter Bauaufgaben verständlich machte. Die Kenntnis der mittelalterlichen Bautypen, seine eigenen baugeschichtlichen Untersuchungen haben ihn aber auch frei gemacht von jener mißverstandenen Romantik, die mit Motiven baute. Die grundsätzliche Einfachheit des Baukörpers war das Ziel seiner baugeschichtlichen Lehre. Man lernte aus einem stark gegliederten, in Jahrhunderten herangewachsenen Bau die ursprüngliche ‚Bauidee' herauszufinden. Dadurch wurde man erzogen, ‚malerisch Gewordenes' und ‚architektonisch Gewolltes' zu unterscheiden."

Der Wille, Bautypen zu schaffen, ist besonders auffällig im Hochmittelalter. Das tragkräftige Moment dieser werk- und funktionsgerechten Einstellung dem Bauwerk gegenüber kann in dem Handwerksgeist, dem sachbezogenen Denken des Handwerkers, gesehen werden; denn gerade in dieser Zeit erwarb das Handwerkertum soziale Freiheit und politischen Einfluß in den Bürgerstädten. Und es sind vor allem die Bürgerstädte, in denen für die vielfältigen Bauaufgaben der Verwaltung und Versorgung die Bautypen des Rathauses, des Kaufhauses, des Hospitals, der Pfarrkirche und des Bettelordensklosters entstanden. Diese Bauaufgaben wurden vom Grundsätzlichen her mit der Ermittlung des Raumbedarfs und der Aufstellung eines Raumprogramms erfaßt. Sie nahmen durch die funktionsgerechte Anordnung der Räume und die konstruktiv wie gestalterisch sinnvolle Ausbildung eine eigene und typische Gestalt an [2].

Die Universitas aber, deren Ursprung und Struktur so sehr dem mittelalterlichen Denken entsprang und die als ‚universitas magistrorum et scholarium', als Zunft von Lehrern und Schülern, notwendigerweise an ein städtisches Gemeinwesen gebunden war und auch während der Zeit des Aufblühens der Bürgerstädte und Stadtrepubliken entstanden ist, hat sich zunächst kein ihrem Wesen entsprechendes Bauwerk geschaffen, in dem Raumbedarf und Raumprogramm erfaßt und zweckgemäß sinnvoll geordnet worden wären und in dem sie sich als Stätte der Gelehrsamkeit selbst dargestellt hätte. Dazu bestand in der Ursprungszeit auch gar keine Veranlassung: denn einmal war man darauf bedacht, die Autonomie nicht durch Bindung an feste Örtlichkeiten zu beeinträchtigen, und zum andern stand man demütig und aufopferungsbereit im Dienste der Wissenschaft an der Wahrheit. Zunächst war die Universitas noch keine Anstalt für Erziehung und Unterricht, son-

---

[2] Vgl. dazu U. Craemer, Nr. 24, K. Gruber, Nr. 41, S. 83–118 und Nr. 42, O. Gruber, Nr. 43, S. 170–174, Fr. Ostendorf, Nr. 79.

dern eine Gruppe Gleichgesinnter, der Selbstdarstellung völlig fern lag. Erst die zunehmende Verfestigung zur Institution hatte zur Folge, daß der geregelte Studienablauf eigene Lehreinrichtungen erforderte. Im Gegensatz zur Universität war das Kollegium von Anfang an eine Institution. Da das Kollegium als Stiftung eigenes Kapital besaß, konnte die Gründungsabsicht unmittelbar verwirklicht werden. Die vom Gründer ausgewiesene Zahl der Stipendiaten sowie die in Statuten festgelegte Vorstellung von der Ordnung des Zusammenlebens und dem Funktionieren des Betriebs boten die Möglichkeit, ein Raumprogramm aufzustellen und durch die finanziellen Mittel auch funktionsgerecht auszuführen. Die Gründung war gesichert und ihr Fortbestand dadurch garantiert, daß das Kollegium aus den zum Stiftungsvermögen gehörenden Geldern und Ländereien sich selbst versorgte und weitere Einkünfte bezog. Zuerst wurden Häuser erworben und durch Um- und Ausbau entsprechend eingerichtet. Gegen Mitte des 14. Jahrhunderts entstanden aber Neubauten, in denen die Institution Kollegium zweck- und wesensgemäße Gestalt in einer Bauform fand, die die Bauaufgabe vom Typischen her erfaßte und die Bauidee erkennen ließ. Es entstand in den Neubauten ein Bautyp, der internationale Gültigkeit gewann.

In dem Maße, in dem sich beide Komponenten – die zur Ausbildungsstätte Universität sich wandelnde Korporation Universitas und die zur internatsähnlichen Lehranstalt sich entwickelnde Institution Kollegium – einander anglichen, wurde der Bautyp Kollegium von der Universität übernommen.

Um diesen Prozeß aufzeigen zu können, muß die Struktur der Universitas der Struktur des Kollegiums gegenübergestellt werden. Dadurch soll der Lebensraum umrissen werden und das bauliche Bild der Universität sowie die bauliche Gestalt des Kollegiums „als Ausdruck des Lebens ihrer Zeit" (Karl Gruber) verständlich gemacht werden.

Bei der Darstellung des geschichtlichen Hintergrundes wurde auch auf Sekundärliteratur zurückgegriffen. Als brauchbarstes Kompendium, dem allerdings nicht blindlings gefolgt wurde, erwies sich das Werk von Hastings Rashdall (88) (das in seiner Gültigkeit von einer Autorität wie Herbert Grundmann anerkannt wird). Bei den ins einzelne gehenden Studien – wie z. B. zur Struktur des Kollegiums – wurden Statutensammlungen, insbesondere das Werk von Palémont Glorieux ›Aux Origines de la Sorbonne‹ (40) und von Berthe M. Marti ›The Spanish College at Bologna in the Fourteenth Century‹ (74) herangezogen. Und zur Darstellung der baulichen Situation, die sich vorwiegend in den Karten und Zeichnungen niedergeschlagen hat, wurden Inventarbände, Topographien und teilweise vorzügliche Einzeldarstellungen wie das Werk von Francesco Cavazza ›Le Scuole dell' antico Studio bolognese‹ (19) benutzt. Das Studium der umfangreichen Literatur war nützlich, indem aus Hinweisen sich Rekonstruktionen zusammensetzen ließen, die – soweit es möglich war – durch Besichtigungen und Aufnahmen an Ort und Stelle bestätigt bzw. korrigiert werden konnten. Die Fülle des Materials legte eine Beschränkung auf charakteristische Beispiele nahe, deren Rang als stellvertretend jedoch erst erkannt werden mußte. Dadurch wurde ein Rahmen gezogen und damit auch eine Grenze gesetzt. So wurden die spanischen und portugiesischen Universitäten und Kollegien, die nur zur weiteren Erhärtung der These beigetragen hätten, nicht behandelt.

Die Arbeit ist gefördert worden durch Herrn Professor Dr. h. c. Horst Linde. Seine Lehrtätigkeit auf dem Gebiet der Hochschulplanung, an der er mich als Assistent teilhaben ließ, und seine Forschungen, die als Veröffentlichungen des Instituts und des Zentralarchivs für Hochschulbau von grundlegender Bedeutung sind, waren für dieses Vorhaben auslösendes und tragendes Moment. Herr Professor Dr. August Nitschke hat durch seine freundliche Unterstützung daran großen Anteil. Ihnen danke ich dafür. Und ich danke denen, die mich bei der Ausführung beraten und immer wieder ermutigt haben. Das wissenschaftliche Interesse und die Leidenschaft für Baugeschichte aber sind geweckt worden von Herrn Professor Dr. Karl Gruber (1885–1966). Seinem Andenken ist diese Arbeit gewidmet.

Erster Teil

UNIVERSITÄT UND KOLLEGIUM
STRUKTUR UND GESTALT

I. DIE UNIVERSITÄTEN

1. Der Ursprung der abendländischen Universität [3]

Die ältesten Universitäten sind Bologna und Paris. Sie sind zugleich auch die Archetypen der abendländischen Universität. Beide Universitäten entstanden um 1200 als genossenschaftliche Zweckverbände. In Bologna waren es die Scholaren, in Paris die Magister, die sich korporativ zusammenschlossen. Der Anlaß dazu waren politische und geistige Zwänge, die auf den schon seit Beginn des 12. Jahrhunderts dort betriebenen Studien lasteten.

Die Scholaren kamen aus allen Teilen Europas nach Bologna, um dort die seit dem Anfang des 12. Jahrhunderts gelehrte Jurisprudenz zu studieren. Vor allem war es die wissenschaftliche Neuheit des wiederentdeckten römischen Rechts, die sie anzog, obwohl es als Kaiserrecht eher verrufen als anerkannt war. Als Stadtfremde waren die Scholaren aber weitgehend rechtlos.

In Paris hatten die Magister und Scholaren unter der strengen staatlichen Gerichtsbarkeit und unter der Bevormundung des Kanz-

[3] Vgl. dazu H. Denifle, Nr. 25, St. d'Irsay, Nr. 60, H. Rashdall, Nr. 88, Bd. I S. 87–175 (Bologna betreffend) und Bd. I S. 269–343 (Paris betreffend). Wesentliche Aussagen bei H. Grundmann, Nr. 44, S. 32–58, und P. Classen, Nr. 22, S. 155–165, wo er der These von H. Grundmann, das gelehrte, wissenschaftliche Interesse, das Wissen- und Erkennenwollen allein sei das Motiv des Ursprungs gewesen (H. Grundmann, Nr. 44, S. 39), als zu zugespitzt widerspricht; weiteres bei P. Classen, Nr. 22, S. 173–180 und Nr. 23, S. 72–84. Angeregt von modernen gesellschaftswissenschaftlichen Forschungen und Erkenntnissen hat L. Boehm, Nr. 9, die sozialen und rechtlichen Strukturen und Entwicklungen insbesondere im Hinblick auf das Entstehen von Berufsstand und Standesbewußtsein des Gelehrtentums untersucht. Vgl. weiterhin L. Halphen, Nr. 48, A. Hessel, Nr. 53, A. Nitschke, Nr. 77, G. Post, Nr. 86, H. Schelsky, Nr. 99, A. Sorbelli, Nr. 107, Bd. 1.

lers der Kathedralschule zu leiden. Da der Kanzler über sämtliche Schulen in Paris die Oberaufsicht führte, waren von seiner Machtbefugnis auch die „wildgewachsenen Schulen" freier Magister betroffen, die seit der Zeit Abaelards (1079–1142) hauptsächlich im Umkreis der Abtei von Ste. Geneviève entstanden waren. Die kirchliche Zensur richtete sich gegen die Magister, die die aristotelische Philosophie mit in das für Lateinunterricht übliche Lehrprogramm der ‚septem artes liberales' aufgenommen hatten. Es handelte sich dabei ebenfalls um eine wissenschaftliche Neuheit, nämlich um die durch Übersetzungen aus dem Arabischen gegen Ende des 12. Jahrhunderts bekanntgewordenen ‚libri naturales' [4], die aber von der Kirche damals als häretische Schriften abgelehnt wurden.

Um nun rechtliche und geistige Freiheiten erringen und auch wirkungsvoll verteidigen zu können, verbanden sich Scholaren und Magister in Bologna und auch in Paris zu einem Schutz- und Trutzbündnis. Sie organisierten sich in der Form demokratischer Selbstverwaltung, die bei den mittelalterlichen Bürgerstädten und Stadtrepubliken gebräuchlich war und ‚universitas' genannt wurde. Universitas heißt Gesamtheit im Sinne einer Genossenschaft, Gilde oder Zunft. Insofern sind die Universitates der Scholaren und Magister vergleichbar mit den Zünften der Handwerker und Kaufleute, die sich zur Behauptung gemeinsamer Interessen in dieser Zeit in den Bürgerstädten wieder neu zusammenfanden.

Von der Bezeichnung ‚universitas' leitet sich der Begriff ‚Universität' ab. Im folgenden werden die beiden Begriffe ihrer eigentlichen Bedeutung nach gebraucht. Dort, wo der Bezug auf die korporative Konstitution deutlich gemacht werden soll, steht ‚universitas'; dort, wo die Lehranstalt gemeint ist, steht ‚Universität'. Die zeitliche Grenze, von der ab nur noch von Universität gesprochen werden kann, ist etwa die Mitte des 14. Jahrhunderts, die Zeit der Gründungen der deutschen Universitäten.

[4] Das sind die Schriften zur Naturphilosophie (Physik). Bekannt und teilweise auch verboten wurden die zur Metaphysik und Psychologie. Die Logik war schon von Boethius (480–524) übersetzt worden und seither in Schulgebrauch; vgl. H. Grundmann, Nr. 44, S. 52, H. Rashdall, Nr. 88, Bd. I S. 349 ff., und E. Bloch, Nr. 8, S. 65–67.

10

In diesem Zusammenschluß von Scholaren und Magistern zu Universitates liegt der Ursprung der abendländischen Universität. Wesen und Gestalt der abendländischen Universität sind bestimmt worden vom korporativen Charakter dieser sich selbst verwaltenden Genossenschaften. Dadurch unterscheiden sich die Universitates von Bologna und Paris grundlegend von den Akademien und Gymnasien Griechenlands [5], von den Hochschulen des Römischen Reichs [6], den Medresen des Islams und den christlichen Kloster- und Kathedralschulen; sie sind auch nicht vergleichbar mit den Medizinschulen von Salerno [7] und Montpellier [8] und der 1224 von Kaiser Friedrich II. gegründeten und autoritär geführten Staatsuniversität Neapel [9]. Im Gegensatz zu diesen Exklusivgemeinschaften und Erziehungs- und Ausbildungsstätten sind die Universitates autonome Körperschaften demokratischer Struktur, bei denen das mittelalterliche Ständewesen aufgehoben war; denn soziale Herkunft der Scholaren und Magister, ihr gesellschaftlicher Rang, ihre wirtschaftliche Stellung und ihre nationale Abstammung spielten keine Rolle. Hierin ist die Universitas vergleichbar mit den etwa gleichzeitig entstandenen Bettelorden [10].

---

[5] Vgl. dazu Paulys Realenzyklopädie und J. W. H. Walden, Nr. 119.
[6] Vgl. insbes. P. Ssymank, Nr. 109.
[7] Vgl. H. Denifle, Nr. 25, und H. Rashdall, Nr. 88, Bd. I S. 75–86.
[8] Vgl. H. Denifle, Nr. 25, und H. Rashdall, Nr. 88, Bd. II S. 116–128.
[9] Die Universität Neapel wurde autoritär geführt von einem königlichen Kanzler, dessen Gerichtsbarkeit sie unterstand. Gewählte Rektoren gab es nicht. Die Lektoren wurden vom König eingesetzt und besoldet. Die Studenten wurden von staatlichen Behörden geprüft. Eine freie Wahl des Studienortes war nicht möglich. Vgl. H. Grundmann, Nr. 44, S. 13–14.
[10] Vgl. dazu insbes. H. Grundmann, Nr. 44, S. 18–24, und H. Rashdall, Nr. 88, Bd. I S. 344–369.

11

2. Die Struktur der Universitates, gemeinsame Merkmale

a) Rechte und Freizügigkeit [11]

Die Universitas verwaltete sich selbst. Den aus ihrer Mitte auf bestimmte Zeit gewählten Repräsentanten waren Führungsaufgaben übertragen. Die Exekutive wurde vom Parlament, der Vollversammlung aller Mitglieder, kontrolliert. Die Universitas hatte ihre eigene Disziplinargerichtsbarkeit. In der höheren Gerichtsbarkeit war sie nicht den weltlichen, sondern den milderen geistlichen Gerichten unterstellt. Die Universitas besaß eigene Statuten, Rechte und Privilegien, die ihren Fortbestand sicherten. Dazu gehörten Prüfungs- und Promotionsrechte und Rechte, die das Verhältnis zur Stadt regelten, insbesondere das Recht auf Überprüfung der Mieten für Unterkünfte.

Im ersten Jahrhundert ihres Bestehens hatte die Universitas keinen baulichen Besitz und war darum nicht an feste Örtlichkeiten gebunden. So besaß sie in der Auswanderung eine starke Waffe gegen die Einmischung lokaler weltlicher oder kirchlicher Mächte in ihre internen Belange. Sie konnte aus Protest gegen Übergriffe jederzeit die Stadt verlassen, die dadurch erheblich an Wirtschaftskraft und Ansehen einbüßte [12]. Mit der Drohung des Auszuges

[11] Eine zusammenfassende Übersicht bieten L. Boehm, Nr. 9, S. 15–24 und 36–50, P. Classen, Nr. 22, S. 173–178 und Nr. 23, S. 72–81, sowie H. Grundmann, Nr. 44, S. 31–36. I. e. vgl. für Bologna H. Rashdall, Nr. 88, Bd. I S. 142–175, die Statutensammlung, Nr. 112, und die Statutensammlung der deutschen Nation, Nr. 1; für Paris H. Rashdall, Nr. 88, Bd. I S. 299–320 und S. 334–343, A. Budinszky, Nr. 16, S. 52–58, C. E. Bulaeus, Nr. 17, Bd. 3 (zu Bulaeus bemerkt H. Rashdall, Nr. 88, Bd. I S. 269: "He was perhaps the stupidest man that ever wrote a valuable book.") und das Chartul. Univ. Paris., Nr. 21.

[12] Bologna soll im 13. Jahrhundert ca. 20 000 Einwohner und 10 000 Studenten gehabt haben, vgl. G. G. Forni, Nr. 35, S. 377. Diese Studentenzahl, die Odofredo angibt (vgl. H. Rashdall, Nr. 88, Bd. I S. 180 u. Bd. III S. 325–327), kann nur mit großem Vorbehalt betrachtet werden. H. Rashdall, Nr. 88, Bd. III S. 335–336, nennt für Paris, eine Stadt mit 200 000 Einwohnern (vgl. A. Springer, Nr. 108), zu derselben Zeit höchstens 7000, wahrscheinlich aber nur 5000 Studenten und ist der Auffas-

gelang es den Protestierenden oft, sich gegen Übergriffe oder Einmischungen zu behaupten oder aber bei erfolgtem Auszug leicht Aufnahme in einer anderen Stadt zu finden [13]. Diese Möglichkeit zur Selbstbehauptung wurde in der Frühzeit oft ergriffen, wovon mehrere von Bologna und Paris ausgehende Universitätsgründungen zeugen [14]. Papst Honorius III. empfahl 1217 den Scholaren von Bologna ausdrücklich, auf diese Weise ihre ‚libertas scholarium' zu wahren [15].

sung, daß keine andere Universität außer Bologna diese Zahl erreicht hat. Die Zahl der Studenten in Oxford lag im 13. Jahrhundert zwischen 1500 und 3000; die Stadt hatte etwa 3000 bis 4000 Einwohner (vgl. ebd. Bd. III S. 335). Weitere Angaben über Studentenzahlen hauptsächlich bei H. Rashdall, Nr. 88, Bd. III S. 325–338.

[13] Vgl. H. Grundmann, Nr. 44, S. 61. 1229 richtete Papst Gregor IX. an den französischen König die dringende Mahnung, er möge verhüten, daß sein Königreich die Universität verliere. Frankreich sowie der Garten der allgemeinen Kirche werde durch das Pariser Studium gespeist und befruchtet. Zu dem Pariser Universitätsstreit s. auch A. Masnovo, Nr. 75, S. 22 ff. Weiterhin in Chartul. Univ. Paris., Nr. 21, Bd. I, S. 129 Nr. 72 das aus diesem Anlaß verfaßte Werbeschreiben der Universität Toulouse und ebd. Bd. I, S. 119 Nr. 64 das Werbeschreiben Heinrichs III., König von England, für Zuzug nach Cambridge.

[14] H. Schelsky, Nr. 99, S. 17 u. S. 327 sieht in der Abwanderung sogar den entscheidenden Impuls für die frühen Universitätsgründungen in Deutschland. Dies trifft um so mehr für die Entstehung der Universitates der Ursprungszeit zu. Vicenza 1204, Arezzo 1215, Padua 1222 und Siena 1246 sind durch Auszüge aus Bologna entstanden. Ebenso zweigte sich Vercelli 1228 von Padua ab; vgl. H. Grundmann, Nr. 44, S. 34 und H. Rashdall, Nr. 88, Bd. I S. 168–173. Cambridge führt seinen Ursprung auf einen Auszug 1209 aus Oxford zurück; Cambridge hat großen Gewinn gehabt von dem Pariser Universitätsstreit 1229–1231. Vgl. dazu vor allem H. Rashdall, Nr. 88, Bd. III, S. 276.

[15] H. Grundmann, Nr. 44, S. 34 und auch G. Kaufmann, Nr. 64, Bd. 1 S. 180.

13

b) Kirchlicher Einfluß [16]

Die jungen Universitates fanden starken Rückhalt bei den übergeordneten politischen Kräften, bei Kaiser und Papst, die durch Privilegien oder Gründungsurkunden deren Autonomie stützten. Eines der begehrtesten Privilegien war das des ‚studium generale'. Besaß eine Universitas dieses Privileg, dann waren die akademischen Grade, die sie verlieh, international anerkannt [17]. Die beiden Universalmächte trugen zur Sicherung der sozialen, rechtlichen und geistigen Selbständigkeit der Universitates bei. Insbesondere waren es die Bullen der Päpste, die die konstitutionale Basis formell legalisierten. Damit gewann aber auch die Kirche im Verlauf des 13. Jahrhunderts zunehmenden Einfluß auf die Universitates. Der Einfluß ging wesentlich von dem kirchlich autorisierten Kanzleramt aus, das in Paris von Anfang an bestand und in Bologna bald eingerichtet wurde. Der Archidiakonus [18] des Bischofs oder Erzbischofs besaß als Kanzler der Universitas aufsichtsführende Befugnisse, die sich auf ein Mitspracherecht bei den Prüfungen und Promotionen, auf die Verleihung der Lehrberechtigung, der ‚licentia docendi', richteten und sich in vielen Fällen auch auf die Ausübung der Gerichtsbarkeit erstreckten. Der kirchliche Einfluß wurde weiterhin gefördert durch die Bettelorden, die zu Beginn des 13. Jahrhunderts entstanden und bestrebt waren, lehrend an den Universitates mitzuwirken [19]. Die Folge dieses kirchlichen Einflusses war, daß auf-

[16] Vgl. H. Rashdall, Nr. 88, Bd. I S. 114–138, P. Classen, Nr. 22, S. 178–179 u. Nr. 23, S. 83 sowie H. Grundmann, Nr. 44, S. 15.

[17] Vgl. H. Rashdall, Nr. 88, Bd. I S. 6–20, H. Denifle, Nr. 25, S. 1–29 u. S. 776 und P. Classen, Nr. 22, S. 155–156.

[18] Brockhaus, 1952, 16. Aufl.: Der Archidiakon war der Vertreter eines Bischofs, dem besonders die Armenpflege, die Vermögensverwaltung und die Gerichtsbarkeit oblagen. Seit dem 10. Jahrhundert waren sie sogar Inhaber ordentlicher Jurisdiktion. Seit dem 14. Jahrhundert wurden sie durch bischöfliche Beamte (Generalvikare) zurückgedrängt, verloren auf dem Tridentiner Konzil 1545–63 fast alle Vollmachten und verschwanden als Amtsträger Ende des 18. Jahrhunderts.

[19] Vgl. H. Grundmann, Nr. 44, S. 24–25, H. Rashdall, Nr. 88, Bd. I S. 344–369. Viele Ordensleute lehrten als Philosophie- und Theologiepro-

grund des universellen Charakters der Kirche der Studienablauf sich gleichrichtete, daß sich aber auch die Universitates unter weitgehendem Verlust ihrer ursprünglichen Körperschaftsrechte und -freiheiten mehr und mehr zu ortsgebundenen Lehrinstitutionen, zu Universitäten, verfestigten.

c) Das Studium, Ziele und Durchführung [20]

Der Lehrstoff umfaßte vier Wissenschaftsgebiete: die ‚artes liberales‘, die Medizin, die Jurisprudenz und die Theologie. Die ‚artes liberales‘ [21] waren ein Grundstudium, das zuerst absolviert werden mußte, ehe an einer der drei oberen Fakultäten weiterstudiert werden durfte. Die ‚artes liberales‘ teilten sich in Trivium und Quadrivium. Das Trivium bestand aus Grammatik (Latein), Dialektik (Logik) und Rhetorik (einschließlich der vielverwendbaren Briefschreibekunst). Diese Anfangsstudien schlossen in den meisten Fäl-

fessoren an den Universitäten. Albertus Magnus und Thomas von Aquin waren Dominikaner; Bonaventura, Roger Bacon, Duns Scotus, Wilhelm von Ockham waren Franziskaner.

[20] Einen allgemeinen Überblick bietet H. Rashdall, Nr. 88, Bd. III S. 341–353, S. 397–401, S. 422–425. Im einzelnen vgl. für Bologna ebd. Bd. I S. 204–232 und für Paris ebd. Bd. I S. 433–496. Ebenso bei A. Sorbelli, Nr. 107, S. 213–219 Näheres zu Bologna.

[21] Das Grundstudium der ‚septem artes liberales‘ ist aus dem Lehrplan der Spätantike übernommen worden, vgl. dazu insbes. J. Dolch, Nr. 27, und H. Grundmann, Nr. 44, S. 38. Über die Wichtigkeit der ‚artes liberales‘ als Grundstudium vgl. Fr. Israel, Nr. 61, S. 108: in dem kurfürstlichen Fundationsbrief für die Universität Wittenberg 1536 heißt es, daß „die fakultet der artisten der ursprunck und stam ist und den anfang gibt zu allen anderen fakulteten und kunsten, denen (Artisten) auch der gröser hauf der studenten anhangt und volgt“.

Über das Verhältnis von abgehenden und weiterstudierenden Artes-Studenten s. Fr. Paulsen, Nr. 81, S. 293 ff.: „Etwa $1/4$–$1/3$ aller Inscribirten verließen die Universität als ‚baccalarii‘, kaum $1/20$–$1/16$ als ‚magistri‘. Die übrigen gingen also als simple Scholaren ab, wie sie gekommen waren“.

Über die Entwicklung philosophischer und naturwissenschaftlicher Fächer aus den ‚artes liberales‘ vgl. bes. H. Grundmann, Nr. 45.

len mit einer Zwischenprüfung ab, dem Baccalaureat ('examen baccalariandorum' oder 'examen determinantium'). Im anschließenden Quadrivium lernte der Baccalaureus Arithmetik, Geometrie, Astrologie-Astronomie und Musiktheorie. Die 'artes liberales' faßten die Disziplinen zusammen, aus denen sich später die philosophischen und naturwissenschaftlichen Fächer entwickelten. Nach dem Grundstudium der 'artes liberales' wurde das Magisterexamen abgelegt. Die meisten Scholaren verließen nach Erwerb des Magistergrades die Universität. Die andern übernahmen entweder als 'magister artium' oder 'magister regens' Dozentenstellen an der Artistenfakultät oder begannen als 'magister non regens' das eigentliche Wissenschaftsstudium an einer der drei oberen Fakultäten. Um als 'magister regens' z. B. in Paris lehren zu dürfen, d. h. die Mitgliedschaft zur Magisterkorporation zu erwerben, war eine Art Probevorlesung notwendig, der eine Einführungszeremonie, 'inceptio' oder 'birettatio', folgte. Das Ziel des Studiums war die Promotion. Nach der Fachprüfung, die ein für das Wissenschaftsgebiet zuständiges Gelehrtengremium abnahm, wurden dem Kandidaten die Doktorwürde und die Lehrberechtigung ('licentia') vom Kanzler in einer öffentlichen Zeremonie ('conventus') verliehen [22].

Der Doktortitel war gleichbedeutend mit dem Titel Professor [23]. Er bezeichnete den lehrenden Wissenschaftler. Darüber hinaus ver-

[22] Die Zweiteilung des Examens galt in Paris insbesondere dem Magisterexamen nach Abschluß des Artesstudiums, vgl. H. Rashdall, Nr. 88, Bd. I S. 458–462. Aber auch die Promotion war wie in Bologna gegliedert in Privatexamen und zeremonielle Lizenzgabe vom Kanzler (zeremonielle Lizenzgabe in Bologna 'conventus', s. ebd. Bd. I S. 224, in Paris 'licentia' genannt, s. ebd. Bd. I S. 278–287; dort die Notwendigkeit von 'licentia' und 'inceptio' aus der Situation in Paris erklärt). Später wird die Zweiteilung der Promotion bei den oberen Fakultäten in Paris aufgegeben; denn schon die Fachprüfung vor der Fakultät ließ die Eignung zur Lehrtätigkeit des Kandidaten erkennen, über die der Kanzler wie z. B. bei der Medizin-Fakultät aus Mangel an Sachkenntnis gar nicht entscheiden konnte. Vgl. dazu H. Rashdall, Nr. 88, S. 458 und Chartul. Univ. Paris., Nr. 21, Bd. II, Nrn. 918–943.

[23] Die Bezeichnung „Professor", die bereits bei der „Staatsuniversität" Neapel kennzeichnenderweise gebraucht wurde – vgl. L. Boehm, Nr. 9, S. 45–46 –, war seit dem 16. Jahrhundert allgemein üblich und galt für

sprach er auch einen sozialen Rang. Der Doktortitel galt dem Adelsprädikat als gleichwertig. Damit war den niedrig Geborenen über das Studium eine Aufstiegsmöglichkeit bis in die obersten Staats- und Kirchenämter geboten [24]. So galten die späterhin Einkünfte versprechenden Wissenschaften Jurisprudenz und Medizin als ‚scientiae lucrativae' [25], während die ‚artes liberales' als „brotlose Künste" angesehen wurden.

Die Praxis des Studiums bestand aus der Vorlesung, der Disputation und der Repetition. Der Begriff Vorlesung meint in vollem Umfang die Tätigkeit des Vorlesens, da es vor dem Buchdruck gar keine andere Möglichkeit gab, den Lehrstoff zu verbreiten [26]. Gemäß der Wichtigkeit des Stoffs gliederten sich die Vorlesungen in ‚ordentliche' und ‚außerordentliche' Vorlesungen, in Vorträge der Hauptlehrwerke und der ergänzend kommentierenden Sekundärliteratur.

In Seminaren wurde der Lehrstoff durch Übungen vertieft. Den breitesten Raum nahm hier die Disputation ein, eine Form der Diskussion, in der nach scholastischer Methode zwei gegensätzliche Thesen einander gegenübergestellt wurden. Die großen Disputationen zweier Doktoren unter Vorsitz des Rektors waren scholastische Feste. Normalerweise aber hatten die Disputationen den Charakter von Prüfungen, in denen der Prüfling bei gegebenem Thema sein Wissen in der Auseinandersetzung beweisen mußte. Als Vorbereitung dazu konnten sich die Scholaren in Schuldisputationen unter Führung ihres Lektors in Seminaren und Ferienkursen üben. Die Repetitionen waren Wiederholungen des Vorlesungsstoffs. Sie fan-

die Doktoren, die beamtet und besoldet wurden und deshalb verpflichtet waren, auch öffentlich und unentgeltlich zu lesen (‚professores publici'), vgl. W. Ebel, Nr. 29, S. 59.

[24] Vgl. L. Boehm, Nr. 9, S. 48–49, H. Grundmann, Nr. 44, S. 23: Nikolaus von Cues, Sohn eines Fischers an der Mosel, brachte es z. B. über das Studium zum Reichsfürsten und Kardinal. S. auch G. Kaufmann, Nr. 64, Bd. 1 S. 197 ff.

[25] So bezeichnet schon in einer Bulle Honorius III. 1219, zit. nach H. Grundmann, Nr. 44, S. 23.

[26] H. Rashdall, Nr. 88, Bd. I S. 423: "The importance of oral teaching was no doubt greatly increased by the scarcity of books".

den in kleinerem Rahmen meist abends unter der Leitung eines älteren Studenten in den Studentenhäusern („hospicia') und Kollegien statt.

Das Studienjahr war sehr lang. Es begann im Oktober und dauerte bis Anfang September des nächsten Jahres. Der Lehrstoff war über das Jahr verteilt und stundenweise in Abschnitte („pecie', „pièces') gegliedert. Der Tag war nach der mittelalterlichen Stundenordnung eingeteilt. Die Hauptvorlesungen lagen in der Frühe zur Prim (6.00 Uhr) und dauerten bis zur Terz (9.00 Uhr). In der Zeit von 9.00 bis 12.00 Uhr, bis zur Sext, fanden die außerordentlichen Vorlesungen und auch die Repetitionen zur Hauptvorlesung statt. Von 12.00 bis 15.00 Uhr, bis zur Non, war Mittagspause. Am Nachmittag bis zur Vesper um 18.00 Uhr wurden Seminare mit Übungen und Repetitionen abgehalten. Diese konnten aber auch über die Vesper hinaus als ‚lectiones in vesperis' bis 21.00 Uhr dauern, allerdings zog man sich dazu in kleinerem Kreise in die Studentenhäuser zurück. Bemerkenswert ist, daß die Dauer der Lehrstunde heute mit 90 bzw. 45 Minuten aus dem Drei-Stundenrhythmus der monastischen Tageseinteilung durch Halbierung bzw. Viertelung der 180 Minuten abgeleitet worden ist.

d) Die Verwaltung [27]

Zur Durchführung des Verwaltungs- und Lehrbetriebes waren Bedienstete notwendig, die im allgemeinen dem Rektor unterstanden. Zunächst sind die Pedelle zu nennen [28]. Sie sammelten die Stimmen in den Kongregationen, gaben im Umlauf Entscheidungen

[27] Vgl. hauptsächlich H. Rashdall, Nr. 88, Bd. I S. 189–192 (für Bologna) und ebd. Bd. I S. 420–424 (für Paris). Bologna betreffend s. auch Sorbelli, Nr. 107, S. 192–199.

[28] H. Rashdall, Nr. 88, Bd. I S. 192: "The bedelship is among the most ancient academical offices – perhaps as ancient as the rectorship. It is found in all medieval universities without exeption. In fact an allusion to a 'bidellus' is in general (though not invariably) a sufficiently trustworthy indication that a school is really a university or 'studium generale'."

und Aufrufe in den einzelnen Hörsälen bekannt, führten die Matrikellisten [29] sowie die Verkaufslisten der Lehrbücher und stellten die Studienbescheinigungen und Examensurkunden aus. Sie nahmen auch Aufgaben innerhalb eines Sekretariats wahr, das von einem als „Verwaltungsdirektor" fungierenden Generalpedell, in Paris auch ‚promotor universitatis' genannt, geleitet wurde. Das gemeinsame Vermögen verwaltete anfangs der Rektor selbst, später wurde diese Aufgabe Schatzmeistern oder ‚massarii' übergeben. Als Rechtsberater assistierte dem Rektor entweder ein dazu angestellter Notar und Syndikus oder der „Verwaltungsdirektor". Eine eigentümliche Einrichtung war die Anstellung der ‚librarii', der ‚stationarii' und der ‚peciarii'. Die ‚librarii' waren Buchhändler. Der Buchhandel, der vor der Erfindung des Buchdrucks leicht zu einem Monopol und einer Pression gegen die Universität hätte ausarten können, wurde nicht in freier Marktwirtschaft betrieben [30]. Die ‚stationarii' liehen gegen eine festgesetzte Summe Bücher aus. Sie beschäftigten Schreiber, Kopisten, Miniaturmaler und Buchbinder. Da sie nicht nur für die Vervielfältigung der Bücher, sondern auch für deren Ankauf, Zustand und Pflege verantwortlich waren, hatten sie die Aufgabe von Bibliothekaren. Die ‚peciarii' prüften die Korrektheit der Kopien, die ihnen von den ‚stationarii' vorgelegt werden mußten [31].

[29] Matrikellisten gab es nur in Bologna, nicht in Paris und Oxford, da nur in Bologna die Studenten Mitglieder der Korporation ‚universitas' waren und sich deshalb in die Mitgliederliste „einschreiben" mußten. Vgl. dazu H. Rashdall, Nr. 88, Bd. I S. 216 u. S. 521–522.

[30] Die ‚librarii' traten hier weniger als Händler, sondern mehr als Makler auf. Sie hatten die Interessen der Universitas zu vertreten und zwischen Bietern und Käufern zu vermitteln. Der Wert eines angebotenen Buches wurde von Schätzern bestimmt, zu denen jährlich ‚stationarii' ernannt wurden. War der Buchwert sehr hoch, durfte der Ankauf nur mit Zustimmung und vor Augen des Notars erfolgen. Privater Buchhandel war den Scholaren und Doktoren verboten. Vgl. H. Rashdall, Nr. 88, Bd. I S. 190 u. S. 421 sowie A. Sorbelli, Nr. 107, S. 194.

[31] In Bologna prüfte ein Ausschuß von sechs ‚peciarii' die Korrektheit der Kopien, in Paris wurden dafür jährlich vier Magister und vier ‚stationarii' ernannt. Jede neue Abschrift mußte vom ‚stationarius' dem Ausschuß vorgelegt werden, der deren genaue Übereinstimmung mit dem

Weiterhin unterstanden der Universitas die Pergamenthersteller und später die Papierhändler und -fabrikanten. Im Pergamenthandel beanspruchte die Universitas mit Preisfestsetzung und Vorkaufsrecht eine Art Kartellrecht.

Es mußte auch für Unterkunft und finanzielle Unterstützung der Scholaren gesorgt werden. Bei der Suche nach geeigneten Unterkünften waren den Scholaren die von der Universitas bestimmten ,proxenetae' behilflich. Damit kein Wucher mit den Mietpreisen getrieben werden konnte, wurden die Mieten von einem Ausschuß von Vertrauenspersonen der Universitas und der Bürgerschaft geschätzt und kontinuierlich überprüft. Und für finanzielle Unterstützung hatte die Universitas in Bologna im Einvernehmen mit der Stadt Lizenzen an vier Kaufleute oder Bankiers verliehen, bei denen die Scholaren Kredite aufnehmen durften. In Paris besorgten den Geldverkehr und die Kreditausgabe angesehene Bürger, die sogenannten Großen Boten, ,nuntii maiores'. Die Kleinen Boten, ,nuntii minores', hatten den Postdienst und die Obhut über die Scholaren bei deren Heim- und Rückreisen. Auch das Gesundheitswesen war organisiert worden. An praktizierende Mediziner und Chirurgen wurden Lizenzen ausgegeben, daß sie die Angehörigen der Universitas ärztlich betreuen durften. Alle diese als Vertrauenspersonen angeworbenen Bürger gehörten mit zur Universitas und kamen damit auch in den Genuß der Rechte und Privilegien.

e) Die Finanzierung [32]

Die finanziellen Mittel, über die eine Universitas verfügte, waren unterschiedlich und ursprünglich nicht hoch. Sie setzten sich haupt-

---

Original verglich. Studenten und Doktoren waren verpflichtet, jeden aufgefundenen Fehler in einer von ihnen benutzten Abschrift diesem Ausschuß anzuzeigen. Der Fehler wurde korrigiert (in Bologna von den ,correctores peciarum') und der verantwortliche ,stationarius' vom Rektor bestraft. Vgl. H. Rashdall, Nr. 88, Bd. I S. 189–190 u. S. 422.

[32] Vgl. dazu A. Budinszky, Nr. 16, S. 42–44, P. Classen, Nr. 22, S. 161–164 und Nr. 23, S. 75–78, H. Grundmann, Nr. 44, S. 25–29, H. Heimpel,

sächlich aus den Einnahmen der Einschreibgebühren und den Lehr-
und Prüfungsgeldern, die die Scholaren zahlen mußten, zusammen.
Aus Stiftungen und Dotationen sammelten sich im weiteren Zeit-
verlauf Kapital und Vermögenswerte an, die vorwiegend aus im-
mobilem Haus- und Grundbesitz bestanden. Besaßen die Magister
kein Vermögen, wie einige berühmte Rechtsgelehrte in Bologna,
waren sie zum Teil abhängig von den Lehrgeldern der Scholaren.
Selbst Odofredo, ein angesehener Rechtsgelehrter in Bologna Mitte
des 13. Jahrhunderts, klagte, Scholaren seien schlechte Zahler, ler-
nen wollten alle, aber niemand wolle zahlen [33]. Die klerikalen
Magister bezogen Einkünfte aus Kanonikaten; aber auch die meisten Laien-Magister hatten die niederen Weihen erworben und somit Anrecht auf Bezüge aus Benefizien und Pfründen. In zuneh-
mendem Maße übernahm die Kirche mit Stiftungen und Pfründen
die finanzielle Unterstützung der Universitates. Dadurch erfuhr der
Begriff ‚clericus' eine Ausweitung; unter ‚clerici' verstand man
nicht mehr die Kleriker im eigentlichen Sinne, sondern die Gebildeten oder Intellektuellen im allgemeinen [34]. Weitere Einnahme-
quellen für die Magister und Doktoren waren Gelder, die sie aus
einer zusätzlichen Lehrtätigkeit in den Kollegien bezogen und aus
einer Aufsichtführung von Studentenherbergen, den Bursen, die sie
entweder privat eröffnet hatten oder zu deren Leitung sie von der
Universitas eingesetzt wurden [35]. Soweit sie Hausbesitzer waren,
nahmen sie die bei ihnen studierenden Scholaren auch auf; das entsprechend höhere Lehrgeld schloß Kost und Logis mit ein. Die
Baccalaurei waren zu einer Assistententätigkeit verpflichtet. Für
die Kurse, die sie hielten, stellten ihnen die Magister die eigenen

Nr. 49, S. 87–108, H. Rashdall, Nr. 88, Bd. I S. 208–212, A. Sorbelli,
Nr. 107, Bd. 1 S. 173–176 u. S. 189–191. Zur Organisation des Geldver-
kehrs im Mittelalter durch den Templer-Orden vgl. G. de Sède, Nr. 105,
S. 55–56.

[33] „Quia scholares non sunt boni pagatores. Scire volunt omnes: mer-
cedem solvere nemo", zit. n. H. Rashdall, Nr. 88, Bd. I S. 209.

[34] Vgl. L. Boehm, Nr. 9, S. 25–29, P. Classen, Nr. 22, S. 171–172,
H. Grundmann, Nr. 44, S. 26, H. Rashdall, Nr. 88, Bd. III S. 393–397.

[35] K. Schrauf, Nr. 102, S. 12–16.

Lehrräume gegen eine Benutzungsgebühr zur Verfügung [36]. Die Anfänge einer festen Besoldung von staatlicher Seite sind darin zu sehen, daß andere Städte durch verlockende Angebote Abwerbung betrieben. Auch handelte die Universitas nach einem Auszug mit der neuen Gaststadt günstigere Bedingungen aus, wozu u. a. von der Stadt zu zahlende Stipendien an die Magister zählten [37]. Daraus ergab es sich aber, daß mit der Zahlungspflicht die Stadt auch das Recht beanspruchte, Einfluß auf die Ernennung der Lektoren zu nehmen. In der Folge nahm der Einfluß der finanziell kräftigeren Stadt auf die Universitas immer mehr an Umfang zu. In Bologna z. B. weitete der Finanzausschuß, die ‚Gabella grossa‘, das Mitspracherecht zu einem Führungsanspruch aus, so daß die Universitas in ihrer Autonomie zunehmend eingeschränkt wurde, bis sie schließlich um die Wende des 16. Jahrhunderts nahezu sämtliche Vorrechte und Freiheiten an die Stadt verloren hatte [38]. Unter ähnlichen Voraussetzungen richtete sich in Paris während der Regierung Franz I. (1515–1545) die feste Besoldung der Doktoren ein [39]. Bei den obrigkeitlich gegründeten Universitäten, wie sie die deutschen Universitäten waren, bezogen die Magister und Doktoren feste Gehälter in Form von Deputaten und Salarien aus Zehnten und Zöllen, die der Landesherr seiner Universität zuwies [40].

[36] Um zur Magisterprüfung zugelassen zu werden, mußten entsprechende Scheine, ‚schedulae‘, vorgewiesen werden, vgl. H. Rashdall, Nr. 87, Bd. I S. 453 u. Bd. III S. 166.
[37] H. Rashdall, Nr. 88, Bd. I S. 209–210.
[38] F. Cavazza, Nr. 19, S. 187–188.
[39] J. Bonnerot, Nr. 10, S. 10 ff., J. Hillairet, Nr. 54, S. 471.
[40] G. Ritter, Nr. 91, S, 131–134.

3. Die Struktur der Universitates, Besonderheiten charakteristischer Beispiele

a) Bologna [41]

Bologna war ursprünglich eine reine Rechtsuniversitas. Es waren die fremden Scholaren, die sich je nach ihrer Herkunft aus Ländern jenseits oder diesseits der Alpen in zwei Universitates zusammenschlossen, der ‚universitas ultramontanorum' und der ‚universitas citramontanorum'. Die Universitates waren weiter unterteilt in kleinere landsmannschaftliche Verbände, die Nationen und ‚conciliariae'. Die ultramontane Universitas umfaßte eine Vielzahl von Nationen, dagegen gab es bei der citramontanen nur drei: ‚natio lombardorum', ‚natio tuschorum' und ‚natio romanorum'. Diese drei Nationen waren aufgegliedert in ‚conciliariae' [42].

[41] Vgl. dazu i. w. H. Rashdall, Nr. 88, Bd. I S. 142–175 u. S. 233–253 (die Artisten-Mediziner-Universitas betreffend).

[42] Diese „Begriffsverwirrung" findet in Rashdalls Hypothese von ursprünglich vier Universitates eine glaubwürdige Erklärung; s. Rashdall, Nr. 88, Bd. I S. 155–156. Nachdem von den vier Universitates die drei citramontanen Universitates Lombardorum, Tuschorum und Romanorum zusammengefaßt wurden zu e i n e r Universitas, wurden diese ehemaligen drei Universitates zu Nationen und deren ehemalige Nationen zu ‚conciliariae'.
Ursprünglich v i e r Universitates:

I Univ. Ultramontan. mit   Nationen
II Univ. Lombardorum mit   Nationen
III Univ. Tuschorum   mit   Nationen
IV Univ. Romanorum mit   Nationen
nun z w e i Universitates:

I Univ. Ultramontan. mit   Nationen
II Univ. Citramontan. mit   1 Nat. Lombard. mit Conciliariae
                         2 Nat. Tuschor. mit Conciliariae
                         3 Nat. Romanor. mit Conciliariae
Die Merkwürdigkeit, daß im Mittelalter größere Verbände meist in
v i e r Gruppen gegliedert werden – H. Rashdall, Nr. 88, Bd. III S. 56 wundert sich über die "mystic number four" –, wird anschaulich erklärt bei W. Müller, Nr. 76, S. 53–114. Dort Näheres zur Symbolik der Vier-

Die Nationen der ultramontanen Universitas und die ‚conciliariae' der citramontanen wählten jährlich je nach ihrer Größe einen oder zwei Repräsentanten, die ‚conciliarii'. Die Räte wählten dann jährlich den ihrer Universitas vorstehenden Rektor [43]. Er war ein älterer Student, der die Rechte schon mehrere Jahre studiert haben mußte. Da er neben den Verwaltungsaufgaben und Repräsentationspflichten auch die Gerichtsbarkeit innehatte, mußte er die niederen Weihen haben. Rektor und Räte bildeten das Konzilium, die Exekutive, der die Kongregation, die Studentenvollversammlung, das Parlament, gegenüberstand. In den Kongregationen wurden u. a. die Lektoren wettbewerbsmäßig nach Vorlage von Bewerbungen und Referenzen ausgewählt [44]. Die Lektoren schlossen mit der Universitas einen Lehrvertrag ab. Das Lehrgeld war auf eine genau einzuhaltende Stundenzahl des innerhalb eines Lehrjahrs zu behandelnden Stoffs festgesetzt [45]. Die Lektoren wurden vereidigt, die Statuten zu befolgen und dem Rektor Gehorsam zu leisten.

Dieser Macht der Studentenschaft stand die nicht mindere des Doktorenkollegiums gegenüber, in dem sich die Lektoren ihrerseits zusammengeschlossen hatten. Ohne Mitspracherecht der Universitas nahm das Doktorenkollegium die Prüfungen ab und sprach in einer anschließenden öffentlichen Zeremonie (‚conventus') unter Vorsitz des Archidiakonus (Kanzlers) die Lehrberechtigung aus.

zahl, der Aufteilung städtischer Gemeinwesen in vier Verwaltungsbezirke und des Bürgerheers in vier Verteidigungsgemeinschaften.

[43] H. Rashdall, Nr. 88, Bd. I S. 162–163 erwähnt, daß der Titel ‚rector' aus dem römischen Recht zur Bezeichnung von Zunftoberen entlehnt worden ist. Er galt als Äquivalent im Lateinischen zum Podestà im Italienischen.

[44] H. Rashdall, Nr. 88, Bd. I S. 210.

[45] Der Lehrplan mußte stundenweise genau erfüllt werden; jede Rückständigkeit wurde mit einer entsprechenden Minderung des Lehrgeldes geahndet. Dem Lektor war es ausdrücklich verboten, "to create holidays at his pleasure" („nec festa pro libito faciant"). Die Scholaren, die seine Kurse besuchten, hatten die Anzeigepflicht an einen Ausschuß – ‚denunciatores doctorum' –, der über geregelten Studienablauf wachen und dem Rektor von Unregelmäßigkeiten Meldung machen mußte. Vgl. dazu H. Rashdall, Nr. 88, Bd. I S. 195–197 und P. Classen, Nr. 22, S. 156.

Nach 1280 kam zu den beiden Rechts- oder Legistenuniversitates eine dritte Universitas hinzu, die der Artisten und Mediziner [46]. In Bologna waren die beiden Lehrfächer zusammengefaßt, da sich an die „naturwissenschaftlichen" Disziplinen der ‚artes liberales' Medizin mit Chirurgie und Pharmazie anschließen konnten [47]. Kurse in ‚artes liberales' wurden neben der Rechtslehre schon seit längerem gehalten, da Vorstudien für das spätere Rechtsstudium notwendig waren [48]. Fortwährende Streitigkeiten [49] zwischen den jüngeren Artes-Scholaren und den älteren und vornehmen Rechtsstudenten führten schließlich dazu, daß die Artisten zusammen mit den Medizinern, für die schon seit Beginn des 13. Jahrhunderts in Bologna Studienmöglichkeiten bestanden, eine eigene Korporation bildeten. Diese neue Artisten-Mediziner-Universitas glich strukturell den Legistenuniversitates. Sie bestand aus vier Nationen [50] und hatte einen eigenen Rektor sowie ein eigenes Doktorenkollegium.

Ein theologisches Studium erhielt Bologna erst 1360/64 auf Betreiben der Bettelorden und durch die Initiative des päpstlichen Legaten für Italien, Kardinal Albornoz [51]. Dieses Studium entwickelte sich aber nicht zu größerer Bedeutung.

[46] G. G. Forni, Nr. 35, S. 377. Die Vollgültigkeit des Studiums ist nicht gleichbedeutend mit der Vollzähligkeit der Lehrgebiete, vgl. H. Grundmann, Nr. 44, S. 37 und P. Classen, Nr. 23, S. 83: „Wohl nur eine der ältesten Universitäten lehrt alle damals üblichen Fächer, die Artes, Theologie, beide Rechte und Medizin, nämlich Oxford."
[47] G. G. Forni, Nr. 35, S. 377: gelehrt wurden Grammatik, Rhetorik, Logik-Philosophie, Mathematik, Astrologie-Astronomie, Medizin, Chirurgie, Pharmazie, vgl. dazu auch H. Grundmann, Nr. 45.
[48] F. Cavazza, Nr. 19, S. 34.
[49] A. Sorbelli, Nr. 107, Bd. 1 S. 191.
[50] Die vier Nationen waren die der Ultramontanen, der Lombarden, der Toscaner und der Römer in Entsprechung zur regionalen Abgrenzung bei den Legistenuniversitates, vgl. H. Rashdall, Nr. 88, Bd. I S. 156.
[51] B. M. Marti, Nr. 74, S. 17.

Im Gegensatz zu Bologna bildeten in Paris die Magister und Doktoren die Universitas. Es waren also nicht die Studierenden, die sich wie in Bologna je nach ihrer Herkunft und ihrem Studiengebiet getrennt in mehreren Universitates korporierten, sondern die Lehrenden, die das gleiche Berufsinteresse zu einer Gesamtuniversitas zusammenführte. Dementsprechend wurde in erster Linie unterschieden nach Lehrbereichen (Fakultäten) [53] und erst in zweiter Linie nach Herkunftsgebieten (Nationen). In den vier Fakultäten, die in Paris bald schon vollzählig vorhanden waren [54], war nur die untere Fakultät ‚artes liberales‘ noch weiter unterteilt in Nationen, weil sie zahlenmäßig die stärkste war. Die vier Nationen waren Frankreich (natio gallicorum), Picardie (natio picardorum), Normandie (natio normanorum) und England (natio anglicorum) [55]. Jeder Magister und jeder Scholar gehörte gemäß seiner Herkunft einer dieser von der Quadrantenteilung [56] abgeleiteten Gebietskörperschaft an. Aber nur die amtierenden Magister waren Mitglieder der Universitas und wahlberechtigt. Diejenigen, die als Absolventen der Artistenfakultät Magister waren, aber nicht lehrten, sondern als ‚magistri non regentes‘ an einer der drei oberen

[52] Vgl. dazu J. Bonnerot, Nr. 10, G. C. Boyce, Nr. 13, H. Denifle, Nr. 25, L. Halphen, Nr. 48, St. d'Irsay, Nr. 60, Bd. 1, G. Post, Nr. 86 u. Nr. 87; insbesondere aber P. Classen, Nr. 22, S. 174–180 und Nr. 23, S. 72–74, sowie H. Grundmann, Nr. 44, S. 48–58. Detaillierte Auskunft bei H. Rashdall, Nr. 88, Bd. I S. 298–342 u. S. 398–496.

[53] Fakultät nach ‚facultas docendi‘, d. h. die Fähigkeit, (in einem bestimmten Wissenschaftsgebiet) zu lehren.

[54] In Paris wurde nur kanonisches Recht gelehrt. Die Medizin löste sich von den ‚artes liberales‘ erst gegen Ende des 13. Jahrhunderts; 1270/74 wurde sie eine eigene Fakultät; vgl. H. Rashdall, Nr. 88, Bd. I S. 435 u. J. Hillairet, Nr. 54, S. 549.

[55] In den Nationen waren mehrere Landsmannschaften zusammengefaßt (Provinzen). Magister und Scholaren aus nördlichen Ländern gehörten zur ‚natio anglicorum‘, diejenigen aus südlichen zur ‚natio gallicorum‘, vgl. H. Grundmann, Nr. 44, S. 18 und H. Rashdall, Nr. 88, Bd. I S. 319–320.

[56] Zur Symbolik der Vierzahl (Quadrantenteilung römischer Auguren) s. o. S. 23 Anm. 42, S. 29, S. 74, S. 147, vgl. W. Müller, Nr. 76.

Fakultäten weiterstudierten, hatten wie die Scholaren der Artistenfakultät keine Stimme und gehörten weiterhin ihren Nationen an. Damit galt die Nationengliederung untergründig auch bei den drei oberen Fakultäten. Jede Nation wählte einen Repräsentanten, den Prokurator. Die vier Prokuratoren wählten den Rektor [57]. Rektor und Prokuratoren bildeten die Exekutive der Artistenfakultät, der die Vollversammlung aller Artes-Magister gegenüberstand. Die Doktoren der drei oberen Fakultäten Medizin, Jura und Theologie wählten als Repräsentanten je einen Dekan. Jede der vier Fakultäten bildete in sich eigene Korporationen mit eigenen Statuten und eigenem Siegel. An der Spitze stand der Rektor oder der Dekan, der den verwaltungsführenden Pedellen vorstand und die Fakultätsversammlungen leitete. Anfangs standen sich der Rektor der Artistenfakultät und die drei Dekane der oberen Fakultäten gleichberechtigt gegenüber. Aber im Laufe des 13. Jahrhunderts gelang es dem Rektor, sich über die drei Dekane zum Haupt der gesamten Universitas aufzuschwingen [58]. Rektor, Dekane und Prokuratoren bildeten nun die Exekutive der gesamten Universitas. Sämtliche Magister und Doktoren der vier Fakultäten waren vereint in der Generalkongregation. Nationen und Fakultäten berieten separat. Das Ergebnis wurde von den Prokuratoren der Nationen und den Dekanen der Fakultäten dem versammelten Hause vorgetragen, das darüber abstimmte. Der Rektor, der den Vorsitz führte, gab den Beschluß der gesamten Universitas bekannt.

Der Archidiakonus des Bischofs von Paris war als Kanzler der Kathedralschule auch der Kanzler der Universitas. Er hatte ein

[57] Dessen Gerichtsbarkeit bezog sich nur auf verwaltungstechnische und innerdisziplinäre Belange, vgl. H. Rashdall, Nr. 88, Bd. I S. 405.

[58] H. Rashdall, Nr. 88, Bd. I S. 327–334: ein Kampf, der Mitte des 13. Jahrhunderts begann. 1358 war die Vorrangstellung des Rektors vom Papst anerkannt, Bullen wurden adressiert an ‚Rectori, Magistris, Doctoribus et Scolaribus Universitatis Parisiensis‘, vgl. Chartul. Univ. Paris., Nr. 21, Bd. III Nr. 1239 und H. Rashdall, Nr. 88, Bd. I S. 402–404.

Zur Stellung des Rektors vgl. A. Budinszky, Nr. 16, S. 34–40; "Its dignity was mainly symbolic and representative", s. H. Rashdall, Nr. 88, Bd. I S. 404–405.

Mitspracherecht bei der Verleihung der Lehrberechtigung und übte weitgehend auch die Gerichtsbarkeit aus. Neben dem Kanzler war auch der Abt von Ste. Geneviève ermächtigt, die Lehrberechtigung auszusprechen. Allerdings erstreckte sich diese Befugnis des zweiten Kanzlers nur auf die Artistenfakultät [59]. Damit stellt sich die Artistenfakultät gegenüber den drei oberen Fakultäten dar als eine regelrechte Universitas mit Nationen, Prokuratoren, Rektor und eigenem Kanzler. Daraus darf geschlossen werden, daß es ursprünglich n u r die Artes-Magister waren, die die Universitas gebildet hatten, zumal gerade den freien Artes-Magistern der hauptsächlich im Umkreis der Abtei von Ste. Geneviève „wildgewachsenen" Schulen am ehesten an einem korporativen Schutz gelegen haben wird [60]. Dieser ursprünglichen ,universitas artistarum' haben sich erst später die drei oberen Fakultäten mit Dekanen und ebenfalls eigenem Kanzler hinzugesellt.

Die Annahme einer späteren Überlagerung der klaren Struktur der ursprünglichen ,universitas artistarum' mit Fakultäten anderer Wissenschaftsgebiete bietet eine Erklärung für den komplizierten Aufbau der Pariser Universitas. Diese Überlagerung muß vor 1215 geschehen sein; denn die ersten Statuten zur Neuregelung des Studiums an der Gesamtuniversitas datieren aus diesem Jahre. Sie sind vom päpstlichen Legaten Robert von Courçon im Auftrag von Papst Innocenz III. verfaßt worden [61].

[59] Vgl. H. Rashdall, Nr. 88, Bd. I S. 401. Seit wann der Abt von Ste. Geneviève diese Befugnis hatte, ist nicht genau festzustellen. Mit Sicherheit besaß er sie vor 1227, als Gregor IX. zugunsten des Abtes dem Kanzler der Domschule verbot, an die Lehrerlaubnis den Eid zu knüpfen, daß die lizensierten Magister nur zwischen den beiden Seinebrücken lehren dürften, s. o. S. 78, vgl. Chartul. Univ. Paris., Nr. 21, Bd. I Nr. 55 und H. Rashdall, Nr. 88, Bd. I S. 340–341.

[60] Auf diese „wildgewachsenen" Schulen bezieht sich ein Erlaß von Alexander III. auf dem III. Lateorankonzil 1159, der insbesondere französischen Bischöfen nahelegt, geeigneten (freien) Magistern ohne Entgelt die Lehrberechtigung zu erteilen; vgl. H. Grundmann, Nr. 44, S. 48 und H. Rashdall, Nr. 88, Bd. I S. 281.

[61] Chartul. Univ. Paris., Nr. 21, Bd. I S. 78 Nr. 20, P. Classen, Nr. 23, S. 19, H. Grundmann, Nr. 44, S. 53.

c) Oxford [62]

Ebenso wie Paris war Oxford eine Magisteruniversitas. Auch in Oxford liegt die Vermutung nahe, daß ursprünglich nur eine Universitas der Artes-Magister vorhanden war [63], der sich Anfang des 13. Jahrhunderts die Doktoren der anderen Wissenschaftsgebiete zugesellten. Es entstand eine Gesamtuniversitas mit vier Fakultäten, für die 1214 die erste gesetzliche Grundlage geschaffen wurde [64]. Aber im Gegensatz zu Paris behielt die als Fakultät ‚artes liberales‘ in den Gesamtverband eingeschlossene ehemalige ‚universitas artistarum‘ ihre Vorherrschaft gegenüber den drei oberen Fakultäten. Die oberen Fakultäten wählten keine Dekane und waren somit nicht in der Exekutive vertreten.

Die Artistenfakultät war gegliedert in Nationen, von denen ursprünglich wahrscheinlich vier vorhanden waren. Aber da fast nur Engländer in Oxford studierten und daher das Einzugsgebiet viel kleiner war als in Paris, reduzierte sich die Zahl auf zwei Nationen, die ‚boreales‘ und die ‚australes‘, die nördliche und die südliche [65]. Jede Nation wählte einen Prokurator. Die beiden Prokuratoren bildeten zusammen mit dem Rektor, der gleichzeitig Kanzler war und nicht von der Universität gewählt, sondern von der zuständigen kirchlichen Autorität eingesetzt wurde, die Exekutive.

Der Exekutive stand das Parlament der Magisterkongregationen gegenüber. In Oxford gab es drei Magisterkongregationen: die ‚congregatio plena‘ oder ‚congregatio magna‘, die ‚congregatio minor‘ und die ‚Black Congregation‘. Die ‚congregatio plena‘ war

---

[62] Vgl. dazu im allgemeinen H. Denifle, Nr. 25, St. d'Irsay, Nr. 60, Bd. 1, Ch. E. Mallet, Nr. 73, Bd. 1, H. E. Salter u. M. D. Lobel, Nr. 98, Bd. 3, Stat. Antiq. Univ. Oxon., Nr. 110. Im einzelnen s. insbes. H. Rashdall, Nr. 88, Bd. III S. 12–34 (zum Ursprung) und Bd. III S. 49–78 (zur Struktur).

[63] Vgl. weiter unten Stellung und Aufgabe der 'Black Congregation', vgl. Anm. 66.

[64] P. Classen, Nr. 23, S. 74.

[65] Stat. Antiq. Univ. Oxon., Nr. 110, S. 87. Zur Prokuratorenwahl ebd. Nr. 110, S. 64–66, 133–134 u. 143.

die Magistervollversammlung, in der sämtliche Magister der vier Fakultäten, die ‚magistri regentes' und (im Gegensatz zu Paris) auch die ‚magistri non regentes' versammelt waren. Diese Generalkongregation allein war befugt, Statuten zu erlassen. Die Abstimmung erfolgte getrennt nach Fakultäten. In der ‚congregatio minor' trafen sich nur die ‚magistri regentes' der vier Fakultäten, um Finanzierungs-, Studien- und Berufungsfragen zu klären. Diese Versammlung aller Ordinarien nahm die Prüfungen ab und sprach die akademischen Grade aus. Die ‚Black Congregation' war eine Versammlung nur der amtierenden Magister der Artistenfakultät. Wahrscheinlich hat sich in ihr die Magisterkongregation der ursprünglichen ‚universitas artistarum' erhalten [66]. In der ‚Black Congregation' wurden, getrennt nach Nationen, die Prokuratoren gewählt und Änderungen der Statuten diskutiert und vorgeschlagen. Die ‚Black Congregation' entschied, wie in Paris die Fakultätsversammlung der Artes-Magister, über die Zulassung (inceptio) derjenigen, die als ‚magistri regentes' lehren und in die Artistenfakultät aufgenommen werden wollten.

Den Kanzler-Rektor setzte der Bischof von Lincoln ein, in dessen Diözese Oxford lag. Aber diese von der Kirche noch entschiedener geplante autoritäre Führung der Universitas durch einen Kanzler-Rektor wirkte sich völlig anders aus, als es beabsichtigt war; denn gerade in der Stellung eines Rektors war der Kanzler zu eng an die Universitas gebunden, um gegensätzliche Interessen vertreten zu können. Und da der Bischof zu weit weg und die Diözese zu groß war, konnte er auch nicht verhindern, daß der Kanzler

---

[66] Bemerkenswert ist, daß in Cambridge, dessen Universitas der von Oxford nachgebildet worden ist, die Einrichtung der 'Black Congregation' fehlt. Man hat also auf die in Oxford aus der Tradition gewachsene Einrichtung verzichtet und gleich die Gesamtuniversitas, die sich in Oxford durch Überlagerung gebildet hatte, im Auge gehabt. Die Vorherrschaft der Artisten ist in Cambridge weitgehend eingeschränkt, hier hatten die Doktoren der oberen Fakultäten mehr Stimmrecht; die Jurisdiktion des Kanzlers war in Cambridge durch Mitspracherecht der Magister von Anfang an weitgehender begrenzt als in Oxford, auch wurde der Vizekanzler nicht vom Kanzler ernannt, sondern von den Magistern gewählt. Vgl. dazu insbes. H. Rashdall, Nr. 88, Bd. III S. 276–292.

sich zunehmend von ihm löste und der Universitas fester anschloß. Schließlich wurde der Kanzler aus der Reihe der Magister gewählt. Durch die Unabhängigkeit vom Bischof bedeutete die Machtbefugnis des Kanzlers, der auch die Gerichtsbarkeit ausübte, eine Stärkung der korporativen Autonomie der Universitas. Damit war die Institution des Kanzlers nicht eine konfliktträchtige Vormachtstellung, sondern eine Garantie friedfertigen Kontaktes zwischen Universitas und Kirche.

d) Die deutschen Universitäten [67]

Es bestanden außer in Bologna und Paris schon 15 weitere Universitäten in Italien, Frankreich, England und Spanien, als Kaiser Karl IV. in seiner Residenzstadt Prag 1348 die erste deutsche Universität gründete. In dem Maße, in dem das Studium in den fast 200 Jahren seines Bestehens zu einer Unterrichts- und Ausbildungsinstitution geworden war, hatte sich auch seine internationale Offenheit eingeengt. Mit den zunehmenden Chancen der Berufsausbildung war es ein nationales Anliegen geworden. Jeder mächtigere Landesherr wollte möglichst eine eigene Universität haben, an der er die Landeskinder zu eigenen Beamten, Juristen, Pfarrern und Lehrern ausbilden lassen konnte. Die Universitäten in Deutsch-

[67] Vgl. im allgemeinen Das Akademische Deutschland, Nr. 2, H. Denifle, Nr. 25, Die Deutschen Universitäten, Nr. 26, St. d'Irsay, Nr. 60, Bd. 1 u. 2, G. Kaufmann, Nr. 64, Bd. 2, F. Paulsen, Nr. 81. Einen guten Überblick über die reiche Literatur an Monographien gibt H. Grundmann, Nr. 44, S. 4–10. Größere Zusammenhänge werden dargestellt bei H. Grundmann, Nr. 44, S. 10–17, bei G. Ritter, Nr. 91, und bei H. Schelsky, Nr. 99, S. 17–47. Eine gute Orientierung vermittelt auch wieder H. Rashdall, Nr. 88, Bd. II S. 211–288 (bzw.) -300. Die Literatur zu den Untersuchungen einzelner Universitäten, bei denen sich auch das Nachschlagewerk ›Religion in Geschichte und Gegenwart‹ (RGG) als nützlich erwies, wird hier nicht näher aufgeführt. Sie ist i. w. unter dem Blickwinkel der baulichen Situation geprüft worden und wird bei der Behandlung dieser Frage – soweit notwendig – genannt.

land sind fürstliche oder städtische, auf jeden Fall obrigkeitliche Gründungen. Sie wurden von einem Stifter nach seinem Willen und mit seinen Mitteln ins Leben gerufen. Folgerichtig sind die Residenzstädte zugleich die Standorte der Universitäten.

Die deutschen Universitäten haben bewußt die Struktur und die Organisation des Studiums von den älteren ausländischen Universitäten übernommen. Im allgemeinen galt das Modell der Magisteruniversitas Paris als Vorbild. Grundlegend war die Gliederung nach Fakultäten. Aber die von Paris übernommene Gliederung war konsequent weiterentwickelt und zugleich geklärt worden: an der Spitze jeder Fakultät – auch der Artistenfakultät – stand ein Dekan. Wahl- und mitbestimmungsberechtigt waren nur die Magister und Doktoren. Sie wählten in Fakultätsversammlungen die Dekane und in der Vollversammlung den Rektor. Wenn aus repräsentativen Gründen ein junger Adliger oder Fürstensohn zum Rektor gewählt wurde, führte die Amtsgeschäfte ein Vizerektor [68]. Dekane und Rektor bildeten die Exekutive, der die Magistervollversammlung oder Generalkongregation gegenüberstand. Die Oberaufsicht über die Universität oblag dem Kanzler, der in den meisten Fällen eine kirchliche Autorität war. Er erteilte die Lehrberechtigung und besaß weitgehend die Gerichtsbarkeit.

Ausnahmen sind die frühen Gründungen Prag 1348 [69], Wien 1365 [70] und die Prag nachgebildete Universität Leipzig 1409 [71]. Bei diesen Universitäten wirkte Bologna noch nach. Sie hatten zusätzlich zur Gliederung in vier Fakultäten eine Gliederung in vier Nationen. Das bedeutet, daß in gewisser Weise auch Rechte der Studentenschaft berücksichtigt wurden. Diese Rechte wurden von den Prokuratoren als Repräsentanten der Nationen in der Exekutive und in der Generalkongregation vertreten.

Ein entscheidendes Merkmal der deutschen Universitäten ist die Stellung der Magister (Doktoren, Professoren). Sie wurden von der staatlichen Autorität berufen, auf unbegrenzte Zeit in ihr Amt ein-

[68] H. Rashdall, Nr. 88, Bd. II S. 281.
[69] A. Blaschka, Nr. 7, S. 39 ff., W. Tomek, Nr. 115.
[70] J. Schmidt, Nr. 100.
[71] H. Helbig, Nr. 50.

32

gesetzt und fest besoldet [72]. Unabhängig von der Studentenschaft bildeten sie einen festetablierten Professorenstand, dem es bald gelang, die akademische Macht auf sich zu vereinen [73]. Die Kongregationen, in denen der Rektor und die Dekane gewählt wurden, waren ausschließlich mit Ordinarien besetzt. Aber auch im Exekutivausschuß erwarben im Laufe des 15. Jahrhunderts meist alle Doktoren der oberen Fakultäten und Vertreter der Artistenfakultät Sitze.

4. Die Gestalt der Universität [74]

a) Mobilität – Fixierung

Die Universitates besaßen zunächst keine eigenen Gebäude und Grundstücke [75]. Sie waren örtlich nicht fixiert und dadurch beweglich, so daß sie sich jederzeit dem Zugriff lokaler Gewalten entziehen konnten, ohne dem Gegner Möglichkeiten zu Repressalien

[72] W. Ebel, Nr. 29, S. 57–72, H. Heimpel, Nr. 49, S. 87–108, G. Ritter, Nr. 91, S. 131–134 u. S. 140–150.

[73] "... there is a tendency to transfer academic power from popular congregations ... to an oligarchy of permanent an endowed professors." Zit. n. H. Rashdall, Nr. 88, Bd. II S. 284.

[74] Allgemeine Überblicke über B o l o g n a geben: F. Cavazza, Nr. 19, S. 6–19, G. G. Forni, Nr. 35, S. 378, H. Rashdall, Nr. 88, Bd. I S. 187–188, A. Sorbelli, Nr. 107, Bd. 1 S. 189–192. Über P a r i s : J. Bonnerot, Nr. 10, A. Budinszky, Nr. 16, S. 44–45, H. Rashdall, Nr. 88, Bd. I S. 406–408, A. Springer, Nr. 108. Über O x f o r d : Ch. E. Mallet, Nr. 73, Bd. 1 a. m. O., H. Rashdall, Nr. 88, Bd. III S. 164–168, H. E. Salter u. M. D. Lobel, Nr. 98, Bd. 3 a. m. O., A. Vallance, Nr. 116. Zu den Hospizien vgl. i. w.: F. Cavazza, Nr. 19, S. 120–123, A. B. Emden, Nr. 30, Ch. E. Mallet, Nr. 73, H. Rashdall, Nr. 88, Bd. I S. 498–499 u. Bd. III S. 169–175, G. Ritter, Nr. 91, S. 151–152, H. E. Salter u. M. D. Lobel, Nr. 98, Bd. 3, K. Schrauf, Nr. 101, S. 12–34 und Nr. 102, A. Vallance, Nr. 116, S. II–III.

Weiterhin Angaben zur baulichen Situation in den allgemeinen Darstellungen von Studentenleben in den Universitäten bei H. Rashdall, Nr. 88, Bd. III S. 339–357.

[75] Vgl. P. Classen, Nr. 23, S. 76.

zu bieten [76]. Eine besondere Aufmerksamkeit widmete man dem Buchbestand, der eine Kostbarkeit – „Bücher sind der Studenten kostbarster Schatz" [77] – für die Universitates war. Üblicherweise wurden die Frachtspesen für den Büchertransport von der zum neuen Standort gewählten Gaststadt ersetzt [78]. Aber je mehr sich die Universitates zu Lehr- und Ausbildungsstätten – zu Universitäten – wandelten und sich ihre Freiheitlichkeit einschränkte, wurde auch das Bedürfnis nach Mobilität hinfällig. Sie setzten sich innerhalb der Städte fest. Im Laufe des 14. Jahrhunderts wurden Gebäude erworben, die man zu eigener Nutzung herrichtete. Im 15. Jahrhundert wurden sogar zweckentsprechende Neubauten errichtet [79]. Und im 16. Jahrhundert entstanden dann Gesamtgebäude, in denen sich die Universität als Ganzes darstellte und repräsentierte.

b) Lehreinrichtungen

Die Vorlesungs- und Lehrtätigkeit fand anfangs hin und wieder unter freiem Himmel, hauptsächlich aber in gemieteten Räumen, in Privathäusern begüterter Lektoren und in Sälen statt, die die Klöster, die Domkapitel und die Stadt in öffentlichen Gebäuden zur Verfügung stellten. Bei Veranstaltungen mit zahlreicher Zuhörerschaft versammelte man sich auch auf Plätzen. So wurden in Bologna im 12. Jahrhundert auf der Piazza di S. Stefano Disputa-

[76] Vgl. H. Rashdall, Nr. 88, Bd. I S. 187.

[77] Statuten des Collegio di Spagna Nr. 32, in: B. M. Marti, Nr. 74, S. 32.

[78] Nach dem letzten großen Auszug von Bologna nach Siena 1321 wurden im Sieneser Stadtrat diesbezügliche Verhandlungen geführt, s. L. Banchi, Nr. 5, S. 237–247 u. S. 309–331.

[79] "It is curious to observe how universally the fifteenth century is the era of 'university buildings'. About the year 1440 the universities all over Europe were endeavouring to provide themselves with buildings of their own. It is more than an accidental coincidence that this was about the period at which the universities began to lose their independence, and to fall more and more under the control of their respective governments." Zit. n. H. Rashdall, Nr. 88, Bd. III S. 167.

tionen gehalten [80]. In Paris lehrte man zuerst sogar auf offener Straße in der Rue du Fouarre und auf der Place Maubert [81]. Erst in der zweiten Hälfte des 14. Jahrhunderts findet man Hinweise, daß Häuser für Lehrzwecke erworben wurden; und erst um die Mitte des 15. Jahrhunderts wurden eigene Bauten für Studium und Lehre errichtet.

c) Zentrale Einrichtungen

Für die Kongregationen, die großen Feierlichkeiten, die kirchlichen Feste, die Zeremonien des Lehrjahrbeginns, die der Rektoreinsetzung und die der Promotionen wurden Kirchen benutzt. Überhaupt waren die Klosterkirchen oder die Kathedralen die Zentren der Universitates. In den Sakristeien versammelte man sich zu Beratungen; dort waren auch oft die Archive und Bibliotheken untergebracht. Später, gegen Ende des 13. Jahrhunderts, machte sich der Einfluß der Bettelorden auch darin bemerkbar, daß die großen Kirchen der Dominikaner und Franziskaner in vielen Fällen als Orte der Versammlung und Beratung eine zentrale Bedeutung für die Universitäten gewannen.

d) Wohnstätten

Die individuelle Behausung war nicht der Regelfall. Zwar gab es die Studentenbude in Untermiete ,ad contubernia' oder ,ad cameram' [82] bei Stadtbürgern mehr oder weniger überall, auch nahmen die wohlhabenden Lektoren Studenten in ihren eigenen Häusern auf, aber üblich war es, daß sich mehrere Studenten zusammenfanden und ein ganzes Haus mieteten [83]. Es ist verständlich, daß es sich dabei vorwiegend um Studenten gleicher Sprache und Her-

[80] F. Cavazza, Nr. 19, S. 34/35.
[81] P. Glorieux, Nr. 39, S. 23, J. Hillairet, Nr. 54, S. 550 u. 562.
[82] H. Rashdall, Nr. 88, Bd. I S. 193.
[83] "The usual practice from the first was no doubt to live with a party of other students in a 'hospicium'." Zit. n. H. Rashdall, Nr. 88, Bd. I S. 499.

35

kunft – also gleicher Landsmannschaft – handelte. Dieses ‚hospicium', ‚bursa' oder ‚hall' genannte Haus wurde nach demokratischen Grundsätzen von einem aus der Mitte der Gemeinschaft gewählten Vorstand verwaltet [84]. Die gemeinschaftlich getragenen Auslagen für Miete und Bewirtschaftung versprachen eine Verminderung der Ausgaben für den Lebensunterhalt des einzelnen, außerdem unterstützte man sich gegenseitig durch Repetitionen beim Studium. Diese Hausgemeinschaften müssen schon sehr früh bestanden haben; denn eines der ältesten Rechte der Universitas, die Mietschätzung und Überprüfung, bezog sich auf die ‚hospicia' [85]. Im Laufe der Zeit gerieten die kommuneähnlichen Hausgemeinschaften immer mehr unter die Aufsicht des Universitätsregiments. Die Universität setzte insbesondere bei den Hospizien jüngerer Scholaren Magister oder auch Baccalaurei als Leiter und studienbeaufsichtigende Tutoren ein [86]. Im allgemeinen aber behielten die ‚hospicia' ihren privaten Charakter; so war es den Magistern und Baccalaurei bei Vorbehalt der Genehmigung durch die Universität überlassen, auf eigene Initiative Bursen zu eröffnen.

Arme Scholaren, die selbst den Mietanteil in Hospizien nicht zahlen konnten, fanden Aufnahme in den Hospitälern, die als soziale Einrichtungen nicht nur den Kranken und Alten, sondern auch den Armen zur Verfügung standen. In Paris war im Hôtel-Dieu an der Südseite von Notre Dame ein Raum für arme Scholaren reserviert. Aus dieser Stiftung für arme Scholaren ging eine besondere Einrichtung hervor, die sich folgenreich auf die Gestalt des baulichen Bildes der Universität auswirkte: das Kollegium.

[84] Vgl. P. Classen, Nr. 23, S. 77 u. dazu Anm. 37, einer Gemeinschaft von sechs Scholaren in einem Hospizium wird das Recht eingeräumt, einen Syndicus zu bestellen.

[85] Vgl. H. Rashdall, Nr. 88, Bd. I S. 148, S. 191 u. Bd. III S. 172: die in der Bulle Clemens III. 1189 formulierte Satzung fixiere eine schon seit langem geübte Gewohnheit.

[86] Vgl. insbes. K. Schrauf, Nr. 101, S. 12–19 u. ders., Nr. 102.

e) *Standorte*

Eine bestimmte Absicht bei der Standortwahl der verschiedenen Räumlichkeiten für Lehre, Versammlung und Unterkunft oder eine Absonderung der verschiedenen Universitates oder Fakultäten voneinander in bestimmte Bereiche ist in der Ursprungszeit nicht zu beobachten (Abb. 1, Abb. 6). Die Lehrsäle lagen verstreut in der Stadt. Das Bedürfnis der Nutzenden bestimmte die Lage und die Zweckmäßigkeit der Räume und war abhängig vom Zufall des Angebots. Die Universitas nistete sich unter Mitnutzung vorhandener Bauten mehr oder weniger planlos in der Stadt ein, so daß das bauliche Bild gekennzeichnet wird von einer Vielzahl an Provisorien. Diese Freiheitlichkeit im Sinne einer Flexibilität, diese rasche Anpassungsfähigkeit, bestimmt durch dauernd wechselnden Bedarf, ist immer ein Charakteristikum der Universität geblieben. Die Universitas lebte in Symbiose mit der Stadt. Das Vorhandensein einer Universitas bedeutete Ruhm und Profit für die Stadt. Dafür bot diese Raum und Entfaltungsmöglichkeit. Beide Partner, einander gleichberechtigt, ergänzten sich zu beiderseitigem Gewinn.

Mit dem fortschreitenden Prozeß allmählicher Etablierung und Fixierung der Universitates entstand gegen Ende des 13. Jahrhunderts die Tendenz, auch die planlose Streulage aufzugeben und eine überschaubare Ordnung anzustreben (Abb. 2, Abb. 7, Abb. 11). Eine Konzentration auf bestimmte Stadtviertel setzte sich durch. Den Zünften der Gewerbetreibenden waren besondere Stadtviertel vorbehalten. Dort hatten sich die Handwerker- und Kaufmannszünfte mit ihren Werk- und Verkaufsstätten, gesondert je nach Gewerbe, in bestimmten Zunftstraßen niedergelassen. Das war eine sinnvolle Ordnung, auf die heute noch alte Straßennamen wie Schusterstraße, Weberstraße, Bäckerstraße, Gerberau u. a. mehr hinweisen. Übrigens ist diese Ordnung in den Bazaren der Städte des Vorderen Orients heute noch erhalten. Und in gleicher Weise zogen sich die Zünfte der Magister und Scholaren, die einzelnen Universitates oder Fakultäten, in bestimmte Stadtviertel zurück und siedelten sich gesondert je nach Wissenschaftsgebiet in einzelnen „Zunftstraßen" an, die dann dementsprechend auch Schulstraße, Bücherstraße o. ä. hießen.

II. DIE KOLLEGIEN

5. DIE ENTSTEHUNG DER KOLLEGIEN [1]

Das Kollegium unterscheidet sich wesentlich vom Hospizium. Die Hospizien waren pensionsähnliche Herbergen, die freiheitlich aufgrund der Initiative der Studenten als gemeinschaftlich gemietete und verwaltete Häuser inmitten der Universitas entstanden. Die Kollegien dagegen waren klosterähnliche Internate, die als Stiftungen von Persönlichkeiten außerhalb der Universitas gegründet wurden. Privatleute stifteten nicht aus Interesse an der Universitas, sondern aus sozialer Verantwortung und karitativer Fürsorglichkeit Einrichtungen, die nach Statuten festgefügt und mit verzinslichem Grundkapital wohlversehen waren. Die Stipendiaten lebten unter Aufsicht und waren einer Regel getreu zu halbklösterlicher Lebensführung und zur Teilnahme an Seelenmessen zum Wohle des Gründers verpflichtet. Ihrem Ursprung nach sind die Kollegien universitasfremd. Ihre Gründung bezog sich auf allgemeine soziale Zustände, die zu steuern im Mittelalter eine Aufgabe der Gesellschaft war.

Für das religiöse Empfinden im Mittelalter ist es charakteristisch, das Allgemeinwohl durch Benefizien und Stiftungen karitativ zu fördern. Jeder einzelne war zur Almosengabe aufgerufen. Diese Aufforderung wurde von der kirchlichen Lehre unterstützt, nach der man mit guten Taten dem eigenen Seelenheil dienen konnte [2]. Als aber die Entwicklung der Stadtzivilisation vom 12. auf das

[1] Vgl. A. B. Emden, Nr. 30, J. Hillairet, Nr. 54, S. 471, B. M. Marti, Nr. 74, S. 17–19, H. Rashdall, Nr. 88, Bd. I S. 498–501 und Bd. III S. 169–175, A. Vallance, Nr. 116, S. II–V.

[2] Diese Erscheinung ist nicht nur im Christentum, das allein das Liebesgebot zum Kernsatz hat, sondern auch in allen anderen Weltreligionen, in besonderem Maße im Islam, zu finden.

13. Jahrhundert dem Höhepunkt zustrebte und mit den anwachsenden Bevölkerungsmassen die Anonymität zunahm, wurde die Situation für die Hilfsbedürftigen immer aussichtsloser, waren sie doch ausschließlich vom guten Willen einzelner abhängig.

Zwar gab es seit langem schon die Hospitäler, die Alten- und Krankenhäuser der Benediktiner- und Zisterzienserklöster[3]; diese wurden nun auch in den Städten bei den großen Pfarr- und Bischofskirchen eingerichtet. Aber eine regelrechte Institution mit der speziellen Aufgabe der Alten- und Krankenpflege und der Fürsorge für die hilflosen Armen entstand erst 1223 mit der Gründung des S t a d t ordens der Franziskaner.

Die Franziskaner kümmerten sich auch um die kranken, nicht aber um die armen Scholaren. Diese fanden Unterschlupf in den Armenasylen der Hospitäler; jedoch den Lebensunterhalt und die Mittel zum Studium mußten sie sich erbetteln.

Für Unterkunft u n d Unterstützung der armen Scholaren wurden die Kollegien gegründet. Sie waren nach der allgemein gültigen religiösen Auffassung karitative Stiftungen. Die ersten Stiftungen dieser Art für arme Scholaren sind bereits Ende des 12. Jahrhunderts bezeugt[4]. In der zweiten Hälfte des 13. Jahrhunderts nahm zahlenmäßig die Gründung von Kollegien aus privater Initiative für nichtklerikale Scholaren rasch zu; sie erreichte ihren Höhepunkt im 14. Jahrhundert. Während dieser Zeit weiteten sich die in den Kollegien gehaltenen Repetitionen immer mehr zu Lehrvorträgen aus[5]. Die Kollegien entwickelten sich von universitasfremden Einrichtungen zu Einrichtungen für Unterkunft, Unterstützung und L e h r e, wodurch sie in direkte Beziehung zur Universität traten. Sie entsprachen als Institutionen damit dem Wesen der inzwischen zur Lehranstalt Universität verfestigten Universitas und wurden in sie integriert. Im Verlauf des 15. und 16. Jahrhunderts gewannen besonders die Kollegien in Paris, Oxford und Deutschland so stark

[3] Vgl. U. Craemer, Nr. 24.

[4] H. Rashdall, Nr. 88, Bd. I S. 501–503, vgl. auch ebd. Bd. III S. 175 die „Studienstiftung" Alan Bassets.

[5] Vgl. J. Bonnerot, Nr. 10, S. 9–10, P. Glorieux, Nr. 39, S. 17–22, H. Rashdall, Nr. 88, Bd. I S. 518–519.

an Bedeutung, daß sie als die eigentlichen Lehreinrichtungen der Universitäten galten [6].

a) Die ersten weltlichen Kollegien in Paris [7]

Die ersten Kollegien entstanden in Paris. Für arme Scholaren war im Hospital von Notre Dame ein Raum reserviert. Diesen Raum erwarb 1180 ein aus dem Heiligen Land zurückkehrender Engländer, Jocius de Londoniis, mit Zustimmung des Kanzlers. Er stattete ihn mit Betten für 18 arme Scholaren aus und verfügte, daß den Scholaren monatlich eine Rente gezahlt werde [8]. Für dieses erste Kollegium, das Collège des Dix-Huits, bestanden anfangs noch keine Statuten. Die Kollegiaten unterstanden der Botmäßigkeit der Hospitalführung. Als besondere Aufgabe hatten sie den Ministrantendienst bei den Exequien gestorbener Patienten zu leisten. Nachdem das Hospital dem 1163 begonnenen und langsam weiter vorrückenden Neubau von Notre Dame weichen mußte, bezog die Gemeinschaft der 18 Scholaren ein eigenes Haus nahe der Kirche St. Christophe [9]. In den 1330 [10] erlassenen Statuten sind Seelenmessen und Vigilien für den Gründer des Kollegiums angeordnet. Das Kollegium siedelte später von der Seine-Insel über ins Quartier Latin in ein Haus zwischen Rue des Poirées und Rue des Cordiers [11].

Auch die zeitlich folgende Kollegiengründung war einem Hospital angeschlossen oder ging aus einer Hospitalgründung hervor. 1186 richtete mit Erlaubnis von König Philipp II. und Papst

[6] "In 1445 we find the university declaring in a petition to the King that 'almost the whole University resides in the Colleges'." Zit. n. H. Rashdall, Nr. 88, Bd. I S. 519/520; vgl. C. E. Bulaeus, Nr. 17, Bd. V S. 536, Chartul. Univ. Paris., Nr. 21, Bd. IV Nr. 2592.

[7] Vgl. i. w. H. Rashdall, Nr. 88, Bd. I S. 501–506.

[8] Chartul. Univ. Paris., Nr. 21, Bd. I Introd. Nr. 50.

[9] 1231 ist das Kollegium dort bereits eingerichtet.

[10] Vgl. H. Rashdall, Nr. 88, Bd. I S. 502 Anm. 1.

[11] J. Hillairet, Nr. 54, S. 502.

Urban II.[12] Graf Robert de Dreux in eigenen Häusern in der Nähe des Louvre ein Hospital ein, das offensichtlich auch armen Scholaren zur Verfügung stand; denn 1210 werden die ‚armen Scholaren von St. Thomas beim Louvre' erwähnt [13]. Das Kollegium St. Thomas du Louvre wurde 1217 vom Hospital getrennt und unter dem Namen St. Nicolas du Louvre eine selbständige Einrichtung. Es war ein Artistenkollegium unter der Führung eines Kanonikerkapitels und der Oberaufsicht des Bischofs.

1208–1209 gründete ein reicher Bürger das Kollegium der ‚Bons Enfants de St. Honoré' [14]. Es hatte 13 Betten. Allem Anschein nach war das Kollegium bestimmt für Grammatikscholaren, die der Führung eines Magisters unterstanden. Der Provisor war ein vom Stifter benannter Kanoniker, der weiterhin vom Bischof von Paris ernannt werden sollte.

Weitere frühe Gründungen waren das Kollegium der ‚Bons Enfants de St. Victor', das der Oberaufsicht des Kanzlers unterstand [15], und das ‚Collège de Constantinople', das 1205 [16] für griechische Studenten gegründet worden war.

b) Die klösterlichen Studienhäuser [17]

Neben den Bettelorden, die von ihren Stadtklöstern aus regen Anteil am Studium nahmen, suchten auch die anderen Orden, die in den Städten keine Klöster unterhielten, engen Kontakt zur Lehre an den Universitäten. Dicht nacheinander folgten in Paris

[12] Chartul. Univ. Paris., Nr. 21, Bd. I Introd. Nr. 14.

[13] Chartul. Univ. Paris., Nr. 21, Bd. I Nr. 10.

[14] Chartul. Univ. Paris., Nr. 21, Bd. I Nr. 9.

[15] C. E. Bulaeus, Nr. 17, Bd. III S. 217, Chartul. Univ. Paris., Nr. 21, Bd. I Nr. 184 u. Nr. 323. Das Kollegium ist eine frühe Gründung, wird aber erst 1248 erwähnt, als Innocenz IV. ihm eine eigene Kapelle gewährt. J. Hillairet, Nr. 54, S. 503.

[16] Chartul. Univ. Paris., Nr. 21, Bd. I Nr. 3. Ein Missionsprojekt Innocenz III., vgl. P. Classen, Nr. 23, S. 73. Vgl. auch J. Hillairet, Nr. 54, S. 561.

[17] Vgl. i. w. H. Rashdall, Nr. 88, Bd. I S. 506–507.

die Gründungen von Studienhäusern auswärtiger Orden: 1228 das Augustinerkollegium ‚Maison de l'Ordre du Val des Escoliers', 1246 das Collège du Chardonnet für Zisterzienser [18], 1252 das Collège des Prémontrés für Prämonstratenser [19], 1260/62 das Collège de Cluny [20] und 1263 das Collège de St. Denis für Benediktiner. Die studierenden Mönche lebten hier nach der Ordensregel, waren aber gleichzeitig Studenten. Und die Verbindung von monastischem Zusammenleben unter der strengen Disziplin der Ordensregel mit dem Lehrplan des Studiums war für die weitere Entwicklung des Kollegiums von entscheidender Bedeutung.

Nahezu ausnahmslos waren alle nachfolgenden Kollegien bis zur Gründung des Jesuitenkollegiums Louis le Grand 1562 Einrichtungen für nichtklerikale Studenten [21]. Der primäre Anlaß zur Gründung blieb weiterhin die mildtätige Stiftung für Unterkunft und Unterhalt armer Scholaren. Es kam aber nun ein pädagogischer Aspekt hinzu; die klösterlichen Kollegien, in denen die Ordensregel herrschte, zeigten vorbildlich, daß Disziplin im Zusammenleben die Intensität der Studienführung förderte. Und das nahm Robert de Sorbon zum Vorbild für die Gründung eines Kollegiums 1257 [22]. Das Collège de Sorbon erwarb über die regionalen Grenzen hinaus internationale Bedeutung. Viele spätere Kollegien in England, Italien, Spanien und Deutschland bezogen sich ausdrücklich auf die Struktur und betriebliche Organisation dieses Kollegiums.

[18] Chartul. Univ. Paris., Nr. 21, Bd. I Nr. 133, J. Hillairet, Nr. 54, S. 568.

[19] J. John, Nr. 62.

[20] J. Hillairet, Nr. 54, S. 502.

[21] Vgl. die Liste über Kollegiengründungen bis 1500 bei H. Rashdall, Nr. 88, Bd. I S. 536–539.

[22] P. Glorieux, Nr. 39, S. 17–21 und ders., Nr. 40, Bd. 1, J. Hillairet, Nr. 54, S. 495.

6. Die Struktur der Kollegien, gemeinsame Merkmale [23]

Die überwiegende Mehrzahl aller Kollegien waren Stiftungen für Scholaren gleicher Landsmannschaft [24]. Die zugewanderten Scholaren bedurften in der ihnen fremden Umgebung am ehesten der Hilfe und Unterstützung, zu der sich besonders diejenigen aufgerufen fühlten, die den auswärtigen Scholaren in heimatlicher Verbundenheit nahestanden. Der Stifter setzte die ihm heimatverwandten Scholaren gewissermaßen als Erben ein und ließ sie durch Stipendien in den Genuß des nachgelassenen Vermögens kommen.

Die Grundlage einer solchen Stiftung waren die Statuten. Sie waren denen der Mönchsorden nachgebildet und regelten auch das Zusammenleben in der Gemeinschaft bis ins kleinste Detail [25]. Sie glichen sich im wesentlichen überall, weil sie alle denselben Zweck verfolgten und alle dem gleichen Ziel dienten: vivere socialiter et collegialiter et moraliter et scholariter [26]. Zur Wahrung der Statuten, die den Bestand der Institution sicherten, waren Visitatoren bestellt. Diese waren anerkannte Autoritäten; entweder bildeten Kanzler und Repräsentanten der Universitas einen aufsichtführenden Ausschuß, oder es waren kirchliche Würdenträger, jedenfalls externe Persönlichkeiten, Provisoren genannt, die mit genügend

[23] Übersichtliche Darstellungen sind zu finden in: B. M. Marti, Nr. 74, S. 17–20, H. Rashdall, Nr. 88, Bd. III S. 353–376 und S. 404–422, G. Ritter, Nr. 91, S. 151–152, A. Vallance, Nr. 116, S. II–VI. Im einzelnen vgl. für B o l o g n a : H. Rashdall, Nr. 88, Bd. I S. 197–203, A. Sorbelli, Nr. 107, Bd. 1 S. 224–228 u. Bd. 2 S. 76–80. Für P a r i s : i. w. H. Rashdall, Nr. 88, Bd. I S. 497–539. Für O x f o r d : Ch. E. Mallet, Nr. 73, H. Rashdall, Nr. 88, Bd. III S. 169–235, H. E. Salter u. M. D. Lobel, Nr. 98, Bd. 3, A. Vallance, Nr. 116.

[24] Vgl. E. Armstrong, Nr. 3, S. 273.

[25] H. Rashdall, Nr. 88, Bd. I S. 506/507: "A convent inhabited by students necessarily assumed the form of a college (The ordinary monasteries also received students of their order); and the 'regular' college may have done much to suggest the idea of the more elaborate foundations which began to come into existence about the middle of the thirteenth century."

[26] P. Glorieux, Nr. 39, S. 17, das Motto, unter dem die Kollegiengemeinschaft der Sorbonne stand.

Machtfülle ausgestattet nachdrücklich das Amt der Visitatoren wahrnehmen konnten.

Die interne Führung der Kollegiengemeinschaft war einem Kollegien-Rektor anvertraut, der aus der Mitte der Kollegiaten auf begrenzte Zeit gewählt wurde. Die Machtbefugnis des Rektors und das Ausmaß seiner Jurisdiktion entsprachen etwa denen des Rektors der zugehörenden Universitas. Dem Kollegien-Rektor assistierten Prokuratoren, die die Verwaltung des Kollegiums und dessen Ländereien besorgten; sie waren ebenfalls Kollegiaten. Rektor und Prokuratoren bildeten die Exekutive, der die Vollversammlung aller Kollegiaten gegenüberstand.

Zu den Bediensteten des Kollegiums gehörte das betriebstechnische Personal: Hausmeister, Koch und Hausburschen, die der Weisungsbefugnis des Rektors unterstanden. Weiterhin gab es Kapläne für das Zelebrieren der Messen und studienbeaufsichtigende und lehrende Magister und Doktoren, die zwar keine Mitglieder der Kollegiengemeinschaft waren, aber deren Vergünstigungen mitgenossen.

Strukturell sind Kollegium und Universitas einander ähnlich. Der mehr oder minder demokratische Aufbau der Universitas findet sich auch in ihren Kollegien. Das zeigt sich besonders deutlich in der Stellung des Kanzlers bzw. des Visitators oder Provisors.

7. DIE STRUKTUR BERÜHMTER KOLLEGIEN

a) Die Sorbonne in Paris [27]

Das berühmteste Kollegium, das in seiner Ausstrahlungskraft als das Kollegium schlechthin gelten kann, gründete Robert de Sorbon (1201–1274), Kaplan Ludwigs IX., des Heiligen, 1257 für 16 arme Theologiestudenten. Die mildtätige Stiftung galt Graduierten, die das Artes-Studium mit dem Magistergrad abgeschlossen hatten und

[27] Vgl. dazu die gründliche Arbeit von P. Glorieux, Nr. 40, Bd. 1 u. 2 sowie den Überblick bei J. Bonnerot, Nr. 11, bei P. Glorieux, Nr. 39, und bei H. Rashdall, Nr. 88, Bd. I S. 507–509.

nun Theologie studierten und sich auf die Doktorprüfung vorbereiteten. Als Ausnahme vom Regelfall war das Kollegium keine Gründung für Studenten gleicher Landsmannschaft oder Nation, sondern für Studenten gleicher Fakultät [28]. Auch die bereits graduierten Studenten der oberen Fakultäten waren in Paris weiterhin Mitglieder der Nationen, denen sie bei Beginn ihrer Studien an der Artistenfakultät zugeteilt worden waren [29]. Und jede der vier Nationen wählte je nach Würdigkeit und Bedürftigkeit vier Studenten aus, die als Stipendiaten in den Genuß der Stiftung kommen sollten. Bald erlaubten weitere Schenkungen, daß das Kollegium 36 Stipendiatenstellen anbieten konnte. Die Absicht des Gründers war, über den Rahmen einer mildtätigen Stiftung hinaus eine Einrichtung zu schaffen, die – den Klöstern verwandt – die Mitglieder zu einer Gemeinschaft verbinden sollte [30]: durch die gleichen Studieninteressen und die gemeinsam zu befolgende Regel standen die Studenten untereinander in Kontakt, der ihren Studien förderlich war; gegenseitige Kritik und Anregung verhalfen ihnen im Sinne einer „Teamarbeit" ihr Studium gründlicher zu bewältigen. Dieser erzieherische Beweggrund war bis dahin einzigartig; er entsprach aber so sehr dem Wesen des Kollegiums, daß viele nachfolgende Gründungen ihn aufnahmen.

Neben den Kollegiaten wurde auch eine Anzahl von ‚beneficiarii' aufgenommen. Im allgemeinen waren diese ‚beneficiarii' arme Grammatik- oder Artes-Scholaren, die für Hilfeleistungen im Kollegium Unterkunft und Verpflegung erhielten und von den Kolle-

---

[28] "This absence of narrow local restrictions is an unusual feature in Parisian college constitutions, and perhaps laid the foundations of the future greatness of the college." Zit. n. H. Rashdall, Nr. 88, Bd. I S. 507.

[29] S. o. S. 27.

[30] « Robert, lui, rêva d'autre chose: il voulut que son Collège apportat un soutien réel pour les études, et qu'il constituat une véritable communauté de pensée et de vie. On trouve de cet idéal entrevu d'abord par lui, vécu ensuite, et pendant de longs siècles, par les membres du Collège, l'expression parfait dans la formule qui devait devenir bientôt traditionelle: vivere socialiter et collegialiter et moraliter et scholariter. » Zit. n. P. Glorieux, Nr. 39, S. 17.

giaten unterrichtet wurden [31]. Später hatte jeder Kollegiat einen armen ‚clericus' als persönlichen Diener, mit dem er auch das Zimmer teilte. Ob die ‚beneficiarii' mit den ‚clerici' identisch sind, ist nicht festzustellen. Jedenfalls richtete Robert de Sorbon 1271 auch ein Kollegium für Artes-Scholaren ein, das Petit Collège de Sorbon, später Collège de Calvi genannt [32]. Es schloß sich dem Hauptkolleg an.

Oberaufsichtsführendes Gremium waren Kanzler und Universitas. Die Zusammensetzung des Gremiums zeigt den komplizierten Aufbau der Universitas Paris um die Mitte des 13. Jahrhunderts [33]. Da die Sorbonne ein Theologenkollegium war, gehörten dem Visitatorengremium sämtliche Theologiedoktoren und der Kanzler an, der gleichzeitig Dekan der theologischen Fakultät war [34]. Weiterhin vertraten die Dekane der juristischen und medizinischen Fakultät die beiden anderen oberen Fakultäten. Außerdem war die Artistenfakultät vertreten durch den Rektor und die Prokuratoren. Dieses schwerfällige Gremium war sicherlich nicht sehr entscheidungsfreudig, so daß in der Praxis die Führung des Kollegiums weitgehend vom Provisor ausgeübt wurde [35]. Er wurde vom Gremium der Visitatoren ernannt; die Kollegiaten aber mußten ihre Zustimmung geben. Insofern beachtete man ein Mindestmaß demokratischen Verfahrens. Der Provisor war ein externer Kleriker, der die Führungs- und Disziplinargewalt hatte und die Aufgaben der allgemeinen Geschäftsführung sowie die Verwaltung des Vermögens wahrnahm. Der Rektor des Kollegiums, der ‚lator rotuli', wurde jährlich von der Gemeinschaft der Kollegiaten aus ihrer Mitte heraus gewählt. Sein Amt war nur von interner Bedeutung; er war

[31] C. Héméré, Nr. 51, f. 37, die ‚beneficiarii' waren in einem Hause, das später zu dem Petit Collège de Sorbon gehörte, untergebracht. Vgl. auch die Armenbursen in Wien u. S. 57 Anm. 72.

[32] J. Bonnerot, Nr. 11, S. 4, P. Glorieux, Nr. 40, Bd. 2 S. 31–33.

[33] Vgl. die Struktur der Pariser Universitas o. S. 26–28.

[34] H. Rashdall, Nr. 88, Bd. I S. 403.

[35] "In practice it would appear that the provisor was usually left to act by himself, and the governing body (Visitatorengremium) rarely interferred with the college, unless appealed to." Zit. n. H. Rashdall, Nr. 88, Bd. I S. 508 Anm. 6.

der Repräsentant der Gemeinschaft und besaß keinerlei Machtbefugnis. Bei den innerbetrieblichen Verwaltungsaufgaben, der
Kassenführung und der Beaufsichtigung der Bediensteten assistierten ihm zwei höhere und zwei niedere Prokuratoren, die ebenfalls
jährlich aus der Mitte der Gemeinschaft gewählt wurden.

Die Statuten hatte Robert de Sorbon selbst aufgestellt [36]. Sie
regelten den Ablauf des Tages, die reihum zu leistenden mehr oder
weniger angenehmen Dienste und die einzuhaltende Disziplin wie
Ausgangserlaubnis, abendliche Rückkehr, Empfang von Besuch,
Verhalten im Zimmer u. a. m. Man lebte zusammen in einer auf das
Studium abgestimmten Klausur. Auftretende Probleme und Streitigkeiten wurden gemeinsam besprochen und beigelegt. Jeder hatte
eine Stimme, jeder durfte sich äußern und gemeinschaftliche Aus-
sprachen anregen. Der Rektor führte bei diesen Generalversammlungen den Vorsitz und entschied. Kam keine befriedigende Lösung
zustande, dann wurde der Provisor angerufen. Für Verfehlungen
und Verletzungen der Regel waren einzeln festgesetzte Strafen an-
gesetzt. Im Vordergrund standen die Interessen der Gemeinschaft,
die jeden einzelnen zur Einordnung und Unterordnung privater
Ambitionen in gerechter Abwägung auf das allgemeine Wohl ver-
pflichteten.

Repetitionen und Disputationen gehörten zum Programm der
Statuten. Diese innerhalb des Kollegiums abgehaltenen Kurse und
Übungen sollten die außerhalb in den Lehrsälen stattfindenden
Lehrvorträge ergänzen und vertiefen. Diese Repetitionen wurden
von Studienmeistern geleitet. Für die Artes-Scholaren des Petit
Collège de Sorbon hatte man zunächst Magister der Artistenfakultät angestellt, bald aber übernahmen die Graduierten des Hauptkollegiums diese Aufgabe [37]. Für die Theologiestudenten selbst
wurden Doktoren der Fakultät angeworben. Schon nach einigen

[36] P. Glorieux, Nr. 39, S. 19–20, H. Rashdall, Nr. 88, Bd. I S. 509–510.
Die Statutensammlung in Chartul. Univ. Paris., Nr. 21, Bd. I Nr. 448 und
bei P. Glorieux, Nr. 40, Bd. 2 S. 94–106 u. 193–303.

[37] Vgl. P. Glorieux, Nr. 40, Bd. 1 S. 210, 1317 hob die Universitas für
die Kollegiaten, die als Graduierte ‚magistri non regentes‘ waren, das
Verbot auf, an der Artistenfakultät zu lehren; sie waren damit den
‚magistri regentes‘ gleichgestellt.

Jahrzehnten ihres Bestehens war die Sorbonne Schauplatz der allgemeinen Veranstaltungen der theologischen Fakultät. Zu Beginn des 14. Jahrhunderts wurden die großen Disputationen der Fakultät in der Sorbonne gehalten [38]. Zur Unterscheidung von den internen Kollegiendisputationen, den ‚sorbonica‘, zu denen sich jeden Samstag die Kollegiaten versammelten, bezeichnete man die Fakultätsdisputationen als ‚sorbonicae‘ [39]. Die Kurse und Übungen, an denen die meisten Theologiestudenten sich als Externe, als ‚socii sine bursa‘, zu beteiligen bestrebt waren, gewannen zunehmend allgemeines Interesse. Die Repetitionen weiteten sich mehr und mehr aus zu selbständigen Vorlesungen [40]. Als Studienmeister an der Sorbonne zu wirken, bedeutete eine Auszeichnung; viele Theologiedoktoren bewarben sich um diese Honorarprofessur. Unter den Bewerbern, die nach einer ‚probatio morum doctrinae‘ die Anwartschaft erworben hatten, entschied eine Auslosung [41]. Die Honorarprofessur wurde lebenslang gewährt. Seit Anfang des 16. Jahrhunderts betitelten sich sämtliche Doktoren der theologischen Fakultät als Doktoren der Sorbonne [42]. Die Sorbonne war nun das zentrale Lehrsaalgebäude und damit das Hauptgebäude der theologischen Fakultät.

Die Struktur der Sorbonne, die von vielen nachfolgenden Kollegiengründungen übernommen wurde [43], zeigt auf, wie eng das

---

[38] Vgl. Chartul. Univ. Paris., Nr. 21, Bd. II Nr. 693.

[39] Vgl. H. Rashdall, Nr. 88, Bd. I S. 509 Anm. 4, dazu auch Chartul. Univ. Paris., Nr. 21, Bd. II Nr. 693 und Statut von 1387 ebd. Bd. III Nr. 1534. Erwähnung von ‚sorbonicae‘ ebd., Nr. 21, Bd. II Nr. 701, und ‚sorbonica‘ ebd. Bd. II Nr. 1096.

[40] « Plus tard ces exercices intérieurs gagneront en importance, et constitueront la Sorbonique qui finira même par s'imposer à la faculté de théologie et attirera dans l'aula maxima du Collège toute la clientèle étrangère. » Zit. n. J. Bonnerot, Nr. 11, S. 5. Dort wird auch das Datum, die Zeit ab 1470, genannt.

[41] C. Héméré, Nr. 51, ff. 40–48 b, 52 b u. 54, H. Rashdall, Nr. 88, Bd. I S. 509 Anm. 3.

[42] H. Rashdall, Nr. 88, Bd. I S. 509 Anm. 4.

[43] Vgl. u. a. B. M. Marti, Nr. 74, S. 19, G. Ritter, Nr. 91, S. 135, K. Schrauf, Nr. 101, S. 34, A. Sorbelli, Nr. 107, Bd. 1 S. 225.

Kollegium mit der Universität verbunden war. Durch die Zusammensetzung des Visitatorengremiums besaß die Universität selbst die Kontrolle über das Kollegium. In Paris hatten die Kollegien nicht die Stellung selbständiger Korporationen neben der Universität, sondern waren ihr unterstellt [44]. Dies ist ein Charakteristikum der Kollegien in Paris, das sich folgenreich auswirkte; denn dadurch war der Grund gelegt für die Entwicklung zunehmender Integration der Kollegien in die Universität.

b) Das Spanische Kollegium in Bologna [45]

Das bedeutendste Kollegium der Universität Bologna, das Spanische Kollegium, wurde 1364 von einem Spanier für spanische Studenten gegründet. Als landsmannschaftlich gebundene Stiftung entsprach es dem Regelfall. Aber im Gegensatz zur Sorbonne und den meisten anderen Kollegien war der Anlaß nicht ein sozialmildtätiger Beweggrund, sondern ein kulturpolitischer Aspekt. Das Kollegium war bestimmt für junge spanische Adlige, die nach ihrem Studium in Bologna hohe Ämter im Dienste ihres Landes bekleiden sollten. Das Spanische Kollegium besteht heute noch unter ähnlichen Bedingungen: befähigte junge Wissenschaftler widmen sich hier einem vom spanischen Staat gewährten Stipendienstudium.

Der Gründer war der päpstliche Legat Kardinal Egidio Alvarez Carillo Albornoz (etwa 1300–1367). Kardinal Albornoz war eine der hervorragenden Persönlichkeiten des 14. Jahrhunderts; ihm gelang es, die von der hl. Katharina von Siena so populärwirksam beklagte „Babylonische Gefangenschaft" der Kirche in Avignon zu beenden und durch die Zurückeroberung des Kirchenstaats die Voraussetzungen für die Rückkehr des Papstes nach Rom zu schaffen. Als tatkräftiger Politiker und weitblickender Staatsmann war

---

[44] Vgl. H. Rashdall, Nr. 88, Bd. I S. 522/523, Rashdall spricht sogar von Usurpation der Visitationsrechte durch die Universitas.

[45] Vgl. i. w. B. M. Marti, Nr. 74, und E. Armstrong, Nr. 3, S. 273–293. Ebenso G. G. Forni, Nr. 35, S. 378 ff., H. Rashdall, Nr. 88, Bd. I S. 198–203, A. Sorbelli, Nr. 107, Bd. 1 S. 226/227.

Albornoz, der in Toulouse die Rechte studiert hatte, auch mit der Wissenschaft vertraut und sich der Pflicht bewußt, sie als Mäzen zu fördern. Seit er Bologna nach heftigen Auseinandersetzungen mit den Visconti 1358–1360 wieder dem Kirchenstaat zurückgewonnen und er der Stadt durch die Anlage des Renokanals wieder zu wirtschaftlicher Bedeutung verholfen hatte, galt sein besonderes Interesse der Universität. Auf seine Initiative hin wurde 1360/64 eine Fakultät für Theologie eingerichtet und 1364 das Spanische Kollegium für 24 spanische Studenten gegründet. Die Zahl der Kollegiaten setzte sich zusammen aus 16 Kanonisten (Kirchenrecht Studierende), 4 Medizinern und 4 Theologen; 1375 wurde sie auf 30 erweitert: 18 Kanonisten, 4 Mediziner und 8 Theologen.

Die Verfassung des Collegio di Spagna ähnelt derjenigen der englischen Colleges, steht aber im Gegensatz zur Verfassung der Pariser Kollegien. Die waren abhängig von der Universität und wurden auch weitgehend autoritär geführt. Dagegen besaß das Spanische Kollegium korporative Autonomie; alle Kollegiaten waren Erben des Kardinals und hatten Anteil am Vermögen und Eigentum des Kollegiums, zu dessen Sicherung und Mehrung sie verpflichtet waren. Der Führungsstab wurde aus der Mitte der Kollegiaten in geheimer Wahl auf befristete Zeit gewählt. Ein System von Kontrollen und Gegenkontrollen sicherte gegen Laxheit und Machtmißbrauch.

Die oberste Instanz war der externe Kardinalprotektor – gewissermaßen eine Vereinigung von Visitatorengremium und Provisor Pariser Kollegien. Der Protektor prüfte in jährlichen Visitationen Verwaltung und Disziplin und entschied in schwerwiegenden Fällen. Im Sonderfall konnte der Papst Visitatoren einsetzen. Der Rektor wurde aus der Gemeinschaft auf ein Jahr gewählt. Er war ein Student, mußte aber 25 Jahre alt und Kleriker sein, da er die Disziplinargerichtsbarkeit innehatte [46]. Außerdem besaß er volle Verfügungs- und Finanzbefugnis. Ihm standen vier Prokuratoren zur Seite, die ebenfalls aus der Gemeinschaft gewählt wurden. Wichtige Entscheidungen konnte der Rektor nur mit deren Zustimmung treffen, wenn nicht überhaupt der Mehrheitsentscheid der

[46] Vgl. die Stellung des Rektors der Universitas o. S. 24.

Generalversammlung notwendig war, in der jeder Kollegiat eine Stimme hatte. Somit glich die interne Struktur des Kollegiums der der Universität von Bologna [47].

Obwohl Kardinal Albornoz als Gesetzgeber sehr geschickt und berühmt war, ist es nicht sicher, daß er die ersten Statuten selbst entworfen hat. Als das Kollegium 1369 eröffnet wurde, existierten Statuten; aber es ist unbekannt, wer sie verfaßt hat. Die vorliegende Statutensammlung [48] geht hauptsächlich auf die erste Revision von 1375–1377 zurück. Spätere Revisionen haben weitere Ergänzungen gebracht. Die Statutensammlung besteht aus 61 Artikeln, die sich mit der Struktur und der betrieblichen Organisation befassen: den Aufgaben des Rektors, der inneren und äußeren Personal-, Güter-, Vermögens- und Finanzverwaltung [49], den Disziplinarregeln und -strafen [50], der Tageseinteilung, dem Studienablauf und den Detailfragen zu Mahlzeiten, Bekleidung und der Zimmer-

[47] "The Bologna college is governed as democratically as the Bologna university." Zit. n. H. Rashdall, Nr. 88, Bd. I S. 201.

[48] Die Statutensammlung bei B. M. Marti, Nr. 74, S. 77 ff.; ebd. S. 27–28 u. S. 34–35, die Statuten sind beeinflußt worden von den Regeln der Mönchsorden, Parallelen zu den Artikeln des zivilen Rechts sind nachzuweisen, wie auch voraufgegangene Kollegiengründungen vorbildhaft wirkten: das Collège St. Martial in Toulouse, eine Gründung von Papst Innocenz IV. 1358, das Collège St. Ruf in Montpellier, eine Gründung von Anglicus Grimoard 1364 (zu diesen beiden Kollegien vgl. auch H. Rashdall, Nr. 88, Bd. II S. 172 ff. und 134 ff.), sowie weitere Kollegien in Paris, Osma und Perugia. Weiterhin bei B. M. Marti, Nr. 74, S. 24 Anm. 53 u. 54 sowie S. 40: das Spanische Kollegium seinerseits war Vorbild für das Collegio Gregoriano 1371 und das Collegia Vives 1528, beide in Bologna, sowie für die Sapienza in Siena 1404 und in Spanien für Gründungen in Valladolid, Alcalà, Sevilla und Salamanca.

[49] Wie bei den meisten Kollegien bestand das Vermögen i. w. aus Grundeigentum, Liegenschaften und Ländereien.

[50] Vgl. die Statuten Nr. 34 u. 38 bei B. M. Marti, Nr. 74: abends pünktliche Heimkehr, Verbot nächtlichen Fernbleibens; das Kollegium in der Nacht durch das Fenster zu verlassen, wurde mit Verlust sämtlicher Rechte bestraft; Verbot des Waffentragens ohne Sondererlaubnis, des Würfelspiels, des Musizierens und des Tanzens.

ausstattung [51]. Zum Seelenheil des Gründers waren Messen vorgeschrieben.

Wie bei vielen Universitates und Kollegien unterstand das betriebstechnische Personal direkt dem Rektor. Vorhanden waren ein Verwalter, ein Hausmeister mit Gehilfen, ein Koch mit Gehilfen, fünf oder mehr Diener und Hausburschen. In Krankheitsfällen wurden Krankenpfleger bestellt, eine Aufgabe, die ausnahmsweise auch alte Frauen wahrnehmen durften [52]. Weiterhin gehörten zum Personenkreis vier Kapläne, die wie das betriebstechnische Personal auch im Kollegium wohnten, aber keine Angehörigen der Korporation waren, jedoch in den Genuß der allgemeinen Vergünstigungen kamen.

Repetitionen und Disputationen wurden im Kollegium gehalten. Von Anfang an waren eigene Lehrvorträge in Theologie vorgesehen, die ein beauftragter externer Doktor hielt. Ihm war ein Zimmer zugewiesen, aber auch er gehörte wie die Kapläne nicht zur Gemeinschaft. Bald wurden auch die anderen Lehrgebiete, bei denen die Kollegiaten sich eingeschrieben hatten, im Kollegium gelehrt. Aber aufgrund eines heftigen Protestes der Doktoren der öffentlichen Lehrsäle, die die Konkurrenz fürchteten, schlossen Universität und Kollegium einen Kompromiß, der die interne Lehrtätigkeit wieder einschränkte. Neben dem in den Statuten aufgeführten Raumnutzungsprogramm [53] ist u. a. die Bibliothek erwähnt. Den

[51] Vgl. Statut Nr. 18 bei B. M. Marti, Nr. 74, sowie E. Armstrong, Nr. 3, S. 284–285: die Kollegiaten bekamen zum Beginn des Studienjahres für den Winter ein gefüttertes Gewand, im Sommer trugen sie ein ungefüttertes. Jeder Kollegiat hatte ein Einzelzimmer, ausgestattet mit Bett, Strohsack als Matratze, Wolldecke, Daunensteppdecke und Bettücher von grobem Leinen, einer Bank und einem Tisch. Weitere Wünsche mußte sich jeder privat erfüllen; Ersatz war aus eigenem Gelde zu leisten.

[52] Vgl. Statut Nr. 19 bei B. M. Marti, Nr. 74: ein Arzt ist gegen eine jährliche Fixsumme zur Betreuung verpflichtet. Ein Krankenzimmer für zwei bis drei Betten mit Kamin und Abort soll im oder nahe bei dem Kollegium eingerichtet werden. Vgl. Statut Nr. 29 ebd.: keine Frau darf das Kollegium betreten. Ausnahmen sind direkte Verwandte oder mit Ausnahmegenehmigung vom Rektor alte Frauen zur Krankenpflege.

[53] Vgl. Statut Nr. 20 bei B. M. Marti, Nr. 74.

Grundstock bildete die Privatsammlung des Kardinals Albornoz, der sie mit dem Hinweis, „Bücher sind der Studenten kostbarster Schatz" [54], dem Kollegium zur Verfügung stellte und gepflegt wissen wollte. Die Bücher waren mit Ketten angeschlossen, eine Ausleihe auch innerhalb des Kollegiums war verboten. Die Aufstellung war nach Sachgebieten geordnet; eine Katalogliste, Sach- und Titelkatalog, war nahe der Tür aufgehängt oder ausgelegt.

c) Das New College in Oxford [55]

Eines der bedeutendsten Kollegien von Oxford, das die Struktur und betriebliche Organisation der Colleges in England stark beeinflußte [56], wurde 1379 vom Bischof von Winchester, William of Wykeham, gegründet. Das ‚novum collegium sancte Marie Wyntoniensis', kurz New College genannt, war bestimmt für 70 Scholaren aus der Diözese des Gründers. Die Belegschaft setzte sich zusammen aus 50 Artisten und Theologen, 10 Legisten (ziviles, d. h. römisches Recht Studierenden) und 10 Kanonisten (kirchliches Recht Studierenden). Es handelt sich also wie in der Mehrzahl aller Kollegien um eine landsmannschaftlich gebundene Stiftung. Die hohe Zahl der Kollegiaten zeigt auf, daß über den Rahmen einer mildtätigen Stiftung für arme Scholaren zum Wohle für das Seelenheil des Gründers hinaus ein kultureller Gesichtspunkt Anlaß war, wie er beim Spanischen Kollegium in Bologna und bei den regionalen landesherrlichen Universitäten Deutschlands zum Tragen kam: William of Wykeham war besorgt um eine gute Ausbildung befähigten Nachwuchses in seiner Diözese.

Die Korporation von New College besaß eine noch größere Unabhängigkeit als die des Spanischen Kollegiums. Während Beaufsichtigungsrechte externer Visitatoren, vor denen regelmäßig

[54] Vgl. Statut Nr. 32 bei B. M. Marti, Nr. 74.

[55] Vgl. dazu insbes. Ch. E. Mallet, Nr. 73, Bd. 1, H. Rashdall, Nr. 88, Bd. III S. 213–223, H. E. Salter u. M. D. Lobel, Nr. 98, Bd. 3.

[56] "Yet it is not so much in any distinctly original feature as in the greater scale of the whole institution that New College can justly be said to represent a new idea." Zit. n. H. Rashdall, Nr. 88, Bd. III S. 213.

Rechenschaft abzulegen war, den Verantwortungsbereich des Führungsstabes des Spanischen Kollegiums einengten, wurde der Leitung von New College unter weitgehendem Verzicht auf Visitationsrechte umfassendere Verfügungsgewalt eingeräumt[57]. New College ist ähnlich einer Abtei konstituiert worden; der Rektor (Warden) hatte etwa die Stellung eines Abtes. Er führte den Vorsitz im Exekutivausschuß, dem weiterhin der Vizerektor (Sub-Warden), fünf Dekane (Deans), drei Verwalter (Bursars) und eine bestimmte Anzahl – normalerweise elf – ältere Studenten (Seniors) angehörten. Unter den ‚Seniors' waren Legisten und Kanonisten, die als Rechtsberater fungierten. Das Führungskapitel wurde aus der Mitte der Gemeinschaft gewählt. Stimmberechtigt waren sämtliche Kollegiaten, selbst die jüngsten Scholaren, die noch keine Graduierten waren. Die Scholaren traten etwa mit fünfzehn Jahren ins Kollegium ein und erwarben nach einem zweijährigen „Noviziat", ungeachtet akademischer Grade, die Mitgliedschaft und das volle Stimmrecht. Auch hiermit hatte Wykeham ein dem Kloster entlehntes Verfahren als Novum in die Struktur englischer Colleges eingeführt; denn bisher waren in den Colleges nur Graduierte zugelassen[58].

Die Statuten[59], nach denen das Zusammenleben organisiert war, hat Wykeham selbst aufgestellt. Im wesentlichen entsprachen sie in allen den Tagesablauf regelnden Detailfragen dem üblichen. Aber nach dem Vorbild monastischer Lebensweise, die der Bischof von Winchester für seine Gründung vor Augen hatte, bestimmte strikter als anderswo das Stundengebet den Rhythmus des Alltags. Im Unterschied zu Paris, wo die Studien der Kollegiaten von Studienmeistern beaufsichtigt wurden, war diese Aufgabe in New College den älteren Studenten zugeteilt. Die älteren Studenten nahmen sich als freundschaftliche Berater, als Mentoren, der jungen Scholaren

[57] Vgl. H. Rashdall, Nr. 88, Bd. III S. 214 Anm. 3, 1398 stimmte der Papst der Ausnahme des Kollegiums von jeder kirchlichen Gerichtsbarkeit, außer der des Bischofs von Winchester selbst, zu.

[58] Vgl. A. Vallance, Nr. 116, S. IV–V.

[59] Die Statuten sind abgedruckt in Stat. of the Coll. of Oxf., Nr. 111, Bd. 1 (New College).

54

an, mit denen sie gemeinsam zu dritt oder viert ein Zimmer bewohnten. Wykeham übertrug die Praxis, wie sie in den ‚Halls' der ‚Undergraduates' bestand [60], auf das Kollegium; er war damit der Schöpfer des Tutoren-Systems, das für englische Colleges gültig wurde.

d) Kollegien und Bursen in Deutschland [61]

Als in Deutschland die ersten Universitäten gegründet wurden, waren die Kollegien in Paris z. B. schon weitgehend in die Universität integriert. Zusammen mit der Universitätsstruktur, insbesondere der von Paris [62], sind die Kollegien als Institutionen von den ausländischen Vorbildern übernommen worden. Sie gehörten in Deutschland zum Gründungsplan der Universität und waren ihr fest verbunden. Im Gegensatz zu den meisten ausländischen Kollegien von Landsmannschaften waren die Kollegien in Deutschland fakultätsgebunden; sie wurden von den Fakultäten geführt [63], deren Lehreinrichtungen sie waren und schon deshalb auch Nicht-Kollegiaten zum „Kolleg"-Besuch offenstanden. Die Mitgliedschaft konnten nur Graduierte erwerben. Auf diese Ausschließlichkeit muß nur bei den Kollegien der Artistenfakultät hingewiesen werden; denn die Studenten der oberen Fakultäten waren ja ohnehin Graduierte. Die Artistenkollegien wurden von Magistern gebildet, die als ‚magistri regentes' an der Artistenfakultät lehrten. Soweit sie es mit ihren Lehrverpflichtungen vereinbaren konnten, durften sie „nebenbei" weiterstudieren, wobei vorwiegend das sinngemäß

[60] Vgl. A. B. Emden, Nr. 30.

[61] Vgl. i. w. G. Ritter, Nr. 91, S. 314 ff. u. S. 151–152 sowie K. Schrauf, Nr. 101 und Nr. 102; eine zusammenfassende Darstellung gibt H. Rashdall, Nr. 88, Bd. II S. 283–284. Vgl. auch weiterhin G. Kaufmann, Nr. 64, Bd. 1 und Fr. Paulsen, Nr. 81.

[62] S. o. S. 25–28.

[63] "Faculty and college became identical." Zit. n. H. Rashdall, Nr. 88, Bd. II S. 285; vgl. auch ebd. Bd. II S. 221 u. Bd. II S. 323 (zit.): "In Germany and Scotland the colleges were created primarily to supply the universities with teachers; the commonlife could disappear without distroying the raison d'être of the college-foundation."

anschließende Theologiestudium gewählt wurde [64]. Hieraus erklärt sich die geringe Anzahl von Kollegien für Theologiestudenten an deutschen Universitäten. Ebenso gab es nur wenig Kollegien für Juristen und Mediziner, denn die Studenten der ‚scientiae lucrativae‘ waren meist wohlhabend [65].

Die Grammatikscholaren, die Studienanfänger und Nicht-Graduierten waren untergebracht in Bursen [66], Regentien [67] oder Codrien (Armenbursen) – den ‚hospicia‘ oder ‚Halls‘. Wie sehr die ursprünglich freiheitlichen Hausgemeinschaften der Hospizien in der Zwischenzeit immer abhängiger von der Universität geworden waren [68], zeigen die Bursen der Universität Wien, aber auch in Heidelberg [69] und Rostock [70] ist dasselbe zu beobachten. Die Bursen unterstanden der Aufsicht der Artistenfakultät und wurden nach einer auf gemeinschaftliche Disziplin ausgerichteten Regel streng geführt. Die Leitung hatten Baccalaurei oder Magister, die vom Dekan der Artistenfakultät im Einvernehmen mit dem Rektor der Universität ausgewählt wurden. Der Leiter einer Burse, der Konventor, war verantwortlich für Lebensführung und Studieneifer der Bursalen. Er leitete die Exerzitien und Repetitionen, wofür er Lehrgeld einzog oder mitunter auch von der Artistenfakultät entlohnt wurde. Er hatte die Verwaltung inne, nahm die Abgaben der Bursalen ein, legte Rechnung über die Verwendung der Gelder und sorgte für Lebensmittel und Heizmaterial. Die Abgaben, die die Bursalen zu leisten hatten, bestanden aus der ‚bursa‘, dem wöchentlich zu zahlenden Pensionsgeld für Miete und Beköstigung, dem ‚pastus‘, den Lehrgebühren und den ‚lignalia‘ oder ‚carbonalia‘, den Kosten für das Heizmaterial.

---

[64] Vgl. G. Ritter, Nr. 91, S. 151.
[65] Die Studenten der ‚scientiae lucrativae‘ (s. o. S. 17) waren meist wohlhabend.
[66] Burse nach ‚bursa‘, d. h. das wöchentlich zu zahlende Mietgeld.
[67] In Rostock z. B. werden die Bursen Regentien genannt, vgl. A. Fr. Lorenz, Nr. 70.
[68] S. o. S. 36, u. S. 101.
[69] Vgl. G. Ritter, Nr. 91, S. 393 ff.
[70] Vgl. A. Fr. Lorenz, Nr. 70.

Es gab zwei Arten von Bursen: die offizielle, die aufgrund einer Stiftung im Einvernehmen mit der Artistenfakultät eröffnet wurde, und die private, die Stadtbürger oder Magister auf eigenes Risiko einrichteten. Die durch Stiftungen ins Leben gerufenen Bursen waren meist landsmannschaftlich gebunden, da der Stifter – ähnlich den meisten Kollegiengründungen – die ihm Heimatverwandten im Sinne einer Erbschaft berücksichtigte. Die Bursalen bezogen Stipendien aus dem Stiftungskapital. Diese Stipendien waren befristet auf mittlere Studiendauer an der Artistenfakultät. Nach etwa fünf Jahren war das Magisterexamen, das Lizentiat, abzulegen. Die Privatbursen standen jedem Scholaren offen, der die Miete zahlen wollte und konnte. Die gestifteten wie auch die privaten Bursen wurden nach einer vom Stifter oder von der Artistenfakultät vorgegebenen Regel geführt. Die Bursen in Deutschland entsprachen damit im wesentlichen den Kollegien ausländischer Universitäten. Das unterscheidende Merkmal ist die ausschließende Aufnahme von Artes-Scholaren, von Nicht-Graduierten. Aus Gründen der Disziplin und des Studienerfolges wurde das Zusammenwohnen von Scholaren in Bursen von der Universität begrüßt, ja sogar vorgeschrieben. In Wien z. B.[71] mußten wohlhabende Studenten, die es sich leisten konnten, privat zu wohnen, dafür die Erlaubnis des Rektors einholen und eine vertrauenswürdige Persönlichkeit als Bürgen für Lebenswandel und Studienführung benennen.

Für Scholaren, die die ‚bursa' nicht zahlen konnten, gab es Armenbursen (‚domus pauperum') oder Codrien. In den Codrien waren auch Lateinschüler untergebracht, die von den Scholaren als Gegenleistung für die Hilfe beim Almosensammeln unterrichtet wurden. Obwohl auch die Codrien von Magistern geführt wurden, war dort die Disziplin laxer und das Leben ungebundener, so daß sie bei den Scholaren beliebter waren, der Universität aber viel zu schaffen machten[72].

[71] Vgl. K. Schrauf, Nr. 101, S. 13.
[72] Vgl. K. Schrauf, Nr. 101, S. 15/16, in Wien wurde 1421 die Aufhebung der Codrien erwogen. Nach einer Reform 1455 wurden die zahlungsfähigen Scholaren in Bursen eingewiesen, die Codrien in verbilligte Bursen umgewandelt und die Lateinschüler in Kloster- und Hospitalschulen untergebracht.

8. Die Gestalt der Kollegien

Der Raumbedarf für gemeinsame Unterkunft, Beköstigung und Chordienste mußte in irgendeiner Weise erfüllt werden. Die ersten Kollegien, die noch den Hospitälern eng verbunden waren, hatten nur einen eigenen Schlafsaal; die anderen Räume: Speisesaal mit Wirtschaftsräumen und die Kapelle wurden zusammen mit den Patienten des Hospitals benutzt [73]. Für die folgenden Kollegiengründungen, die nun selbständige Einrichtungen waren, richtete man vorhandene Bürgerhäuser ein [74]. Zur Lösung des Raumproblems wurden also ähnliche Maßnahmen ergriffen wie bei den Universitates, aber mit dem Unterschied, daß die Kollegiengründer die Häuser erwarben und nicht nur mieteten. In der überwiegenden Mehrzahl aller Kollegien schliefen die Kollegiaten zu mehreren in Schlafräumen. Daß ein gemeinsamer Schlafsaal, ähnlich dem Dormitorium eines Klosters, benutzt wurde, ist bei einigen großen Pariser Kollegien zu beobachten; so waren im Collège de Navarre, das 1304 von der Gemahlin Philipps IV., Jeanne, Königin von Navarra, für 70 Kollegiaten gegründet wurde, 20 Grammatikscholaren, 30 Philosophie- und 20 Theologiestudenten nach Alter und Fakultät getrennt in großen Dormitorien untergebracht [75]. Einzelzimmer dagegen wie im Spanischen Kollegium und im Colegio Mayor de San Bartolomé in Salamanca galten als luxuriös [76]. Der Versammlungssaal war meist auch gleichzeitig der Speisesaal, das Refektorium [77]. Ausreichend große Vorratsräume waren notwendig, da das Kollegium den Bedarf an Nahrungsmitteln aus eigenen landwirtschaftlichen Betrieben deckte. Die meisten frühen Kollegien besaßen für den Chordienst und die Zelebration der Seelenmessen keine eigenen Kapellen; wenn sie nicht einem Kanoniker-

---

[73] Das 1180 gegründete Collège des Dix-Huits und das 1186/1210 gegründete Collège St. Thomas du Louvre, s. o. S. 41.

[74] Das erste selbständige Kollegium war das 1205 gegründete Collège de Constantinople, s. o. S. 41, vgl. J. Hillairet, Nr. 54, S. 561.

[75] Vgl. J. Hillairet, Nr. 54, S. 509 u. H. Rashdall, Nr. 88, Bd. I S. 514.

[76] Vgl. H. Rashdall, Nr. 88, Bd. I S. 514 u. Bd. II S. 89/90.

[77] So u. a. bei der Sorbonne, vgl. A. Vallance, Nr. 116, S. X–XI.

kapitel und dessen Stiftskirche angeschlossen waren [78], benutzten sie die Pfarrkirche mit, in deren Sprengel das Kollegium lag, oder sie hatten ein Zimmer als Oratorium eingerichtet, in dem ein Tragaltar aufgestellt worden war [79].

Wenn für den Raumbedarf ein Haus nicht ausreichte, strebte man den Erwerb von benachbarten Anwesen an, um möglichst eine zusammenhängende Gruppe von Häusern zu haben. Das ist schon aus funktionellen Gründen verständlich. Wegen der Grundstücksaufteilung der Straßengevierte nach Art einer Blockbebauung ergab sich dabei oft eine lockere Gruppierung um einen Hof [80]. Wenn auch diese Gruppierung mehr oder weniger zufällig gewesen sein mag, so ist doch bei der Sorbonne z. B. ein den Grunderwerb steuerndes Leitbild zu beobachten, das durch Umbau vorhandener Häuser und Einfügen späterer Neubauten erkennbar wurde (Abb. 15, Abb. 16) [81]. Dieses Leitbild war das der klosterähnlichen Innenhofanlage: einmal ist die Bauidee, eine Gemeinschaft in einer Baukörpergruppierung um einen verbindenden Innenhof sinnfällig zum Ausdruck zu bringen, sehr alt [82], und zum andern hatte man im Kloster, dem insbesondere das Collège de Sorbon ideell und organisatorisch nachgebildet worden ist [83], das entsprechende Vorbild vor Augen.

Obwohl man annehmen dürfte, daß die reicheren Orden am ehesten Studienhäuser als Neubauten nach einem klosterähnlichen

[78] Die Kollegien St. Thomas du Louvre und des Bons Enfants de St. Honoré waren Kanonikerkapiteln angeschlossen, s. o. S. 41.

[79] Vgl. J. John, Nr. 62, S. 29 u. A. Vallance, Nr. 116, S. XI.

[80] "The earlier of them arose from the loose arrangement of buildings round a court, but at last the quadrangle was adopted as the natural form in which college buildings might be deliberated planned." Zit. n. H. Rashdall, Nr. 88, Bd. III S. 201, vgl. auch A. Vallance, Nr. 116, S. VII–VIII.

[81] S. u. S. 116 ff.

[82] Vgl. dazu L. Veltheim-Lottum, Nr. 117, darin die Innenhof-Haustypen der Vorderasiatischen und Mittelmeer-Kulturen. Ein eindrucksvolles Beispiel ist das Wikingerlager von Trelleborg auf Seeland um 1000 n. Chr., vgl. dazu K. Gruber, Nr. 41, S. 23–24 u. W. Müller, Nr. 76, S. 102–105.

[83] S. o. S. 41–42, S. 44–46.

Schemaplan errichtet hätten, wurden in Paris und Oxford zur Unterbringung studierender Mönche zuerst auch nur Häuser erworben und entsprechend eingerichtet. Das 1252 in Paris gegründete Collège des Prémontrés wurde in einem vorhandenen Hause untergebracht [84]. Durch Vorkaufsrechte sicherte man sich nachbarliche Anwesen [85]. Als der Baubestand baufällig geworden war, wurden 1440 Aula, Lehrsäle und Studentenzimmer renoviert. Inwieweit es sich bei diesen Arbeiten um die Errichtung von Neubauten handelte, ist ungewiß [86]. Auch für das 1246 gegründete Zisterzienser-Kollegium Collège du Chardonnet entstand erst später ein Neubau [87]; dies ist um so verwunderlicher, da die Zisterzienser dafür berühmt waren, die technisch versiertesten Baumeister und Ingenieure der damaligen Zeit zu sein [88]. In Oxford wurden erst im 15. Jahrhundert die beiden 1283 und 1289 gegründeten großen Benediktiner-Kollegien Gloucester College [89] und Durham College [90] einheitlich neu aufgebaut. Der Neubau von Gloucester College 1420–1426 war eine Innenhofanlage mit Kapelle, Bibliothek, Refektorium, Küche und Studentenzimmern [91]. Der Quadrangle-Neubau von Durham College ist zwischen 1409 und 1421 fertiggestellt worden [92]. Ein Ausstattungsverzeichnis von 1428 [93] zählt auf: Kapelle

[84] Vgl. J. John, Nr. 62, S. 12.
[85] Vgl. J. John, Nr. 62, S. 12–16.
[86] Vgl. J. John, Nr. 62, S. 18.
[87] Vgl. J. Hillairet, Nr. 54, S. 573.
[88] Die Zisterzienserklöster waren die technischen Hochschulen ihrer Zeit, vgl. K. Gruber, Nr. 41, S. 51.
[89] Vgl. Ch. E. Mallet, Nr. 73, Bd. 1 S. 132–135, H. Rashdall, Nr. 88, Bd. III S. 185.
[90] Vgl. Ch. E. Mallet, Nr. 73, Bd. 1 S. 135–137, H. Rashdall, Nr. 88, Bd. III S. 186–188.
[91] Bei H. E. Salter u. M. D. Lobel, Nr. 98, Bd. 3 S. 298–309 u. a. Grundrißpläne, bei A. Vallance, Nr. 116, S. 92–95 Abbildungen und Stich von D. Loggan (1675).
[92] Bei H. E. Salter u. M. D. Lobel, Nr. 98, Bd. 3 S. 238–251 u. a. Grundrißpläne, bei A. Vallance, Nr. 116, S. 73–77 Abbildungen sowie Stiche von Bereblock (1566) und D. Loggan (1675). 1555 ging Durham College über in Trinity College.
[93] Vgl. H. E. Salter u. M. D. Lobel, Nr. 98, Bd. 3 S. 239.

mit Sakristei, Hall als Versammlungs- und Speisesaal, Küche mit Vorratsräumen, Schatzkammer, Parlatorium, Zimmer des Warden, zwölf heizbare Studentenzimmer und Stallungen. Die in dem Verzeichnis nicht erwähnte Bibliothek wurde 1417–1421 über der Sakristei und der anschließenden Schatzkammer eingerichtet [94].

Bevor die Orden ihre Studienhäuser in einheitliche Gesamtanlagen umgebaut hatten, waren schon Neubauten für weltliche Kollegien entstanden, in denen im Zusammenwirken von Gründer und Architekt die Vorstellung von einer der Institution in funktioneller und formaler Hinsicht wesensgemäßen Gestalt baulich verwirklicht wurde. Eine Neugründung fand in dem eigens für sie entworfenen Neubau die ihr entsprechende Gestalt.

Der erste Kollegienneubau der abendländischen Universität wurde für das 1364 gegründete Collegio di Spagna 1365–1367 in Bologna errichtet. Und dieser Neubau zeigt in der Klarheit der Innenhofanlage, in welch hohem Maße an funktioneller Systematik und gestalterischer Harmonie die Bauaufgabe Kollegium schon beim ersten Male bewältigt worden ist (Abb. 18, Abb. 19) [95]. Das ist nur dann verständlich, wenn man bedenkt, daß die Einrichtung Kollegium schon mehr als 150 Jahre bestand. Während dieser Zeit hatte sie sich institutionell gefestigt und war nach dem Vorbild der Schöpfung Roberts de Sorbon ideell auf ein klosterähnliches Internat ausgerichtet worden. Dieser Idee lag das Leitbild der Innenhofanlage eines Klosters nahe, aus dem sich ein Schemaplan entwickeln konnte [96]. So steht das Spanische Kollegium zwar am Beginn der Ära von Kollegienneubauten, ist selbst aber die Frucht des Reifeprozesses von der der Bauaufgabe Kollegium immanenten Bauidee zu dem allgemein verbindlichen Schemaplan. Der zeitlich nächstfolgende Kollegienneubau ist der für New College 1380–1386 in Oxford (Abb. 20, Abb. 21) [97]. New College ist nach dem Vorbild des Spanischen Kollegiums auf demselben Schema der klosterähnlichen Innenhofanlage aufgebaut worden. Es ist der für die Uni-

[94] Vgl. A.Vallance, Nr.116, S. 75.
[95] S. u. S. 127.
[96] Vgl. A. Vallance, Nr. 116, S. VII–VIII.
[97] S. u. S. 132.

61

versität Oxford erste einheitlich und funktionell klar geplante Quadrangle und hatte auf die College-Architektur Englands tiefgreifenden Einfluß [98]. Aber nicht nur in England folgte man dem im Collegio di Spagna so vorbildlich ausgeformten Grundrißschema, sondern auch auf dem Kontinent [99]. Das Bauwerk verkörperte in funktionell-formaler Einheit das Charakteristische der Bauaufgabe, nämlich Wohnen und Lehre einer bestimmten Anzahl ausgewählter Studenten – einer Exklusivgemeinschaft – zum Ausdruck zu bringen. Die Institution Kollegium hatte die ihr wesensgemäße Gestalt gefunden. Und da die Kriterien zur Konzeption überregional gültig waren, gewann das Bauwerk den Rang eines Bautyps.

[98] Vgl. A. Vallance, Nr. 116, S. VIII.
[99] In welchem Maße der Typenplan gültig war, stellen besonders anschaulich Kollegienneubauten in spanischen und portugiesischen Universitäten dar. Strukturell sind diese Kollegien von den italienischen Kollegien, insbesondere dem Collegio di Spagna, beeinflußt worden; vgl. H. Rashdall, Nr. 88, Bd. II S. 89 ff., s. o. S. 51 Anm. 48. Daß damit auch das Grundrißschema übernommen wurde, zeigen u. a. Kollegienneubauten in Valladolid, das Colegio de San Gregorio von 1488 (4), in Salamanca, das Colegio Mayor de San Bartolomé aus dem 15. sowie die Kollegien de Calatrava und de Santiago aus dem 16. Jahrhundert, und in Evora (Portugal), das für diese 1559 gegründete Universität etwa gleichzeitig errichtete Colegio de Santo Espirito. Auf eine vollständige Aufzählung sämtlicher Kollegienneubauten in europäischen Universitäten vom 14. bis zum 17. Jahrhundert wurde verzichtet. Um die eigentliche Bauabsicht und Bauidee erkennbar zu machen, wurden diejenigen Kollegien ausgewählt, die am Anfang einer wesentlich durch sie bestimmten Entwicklung stehen.

Zweiter Teil

DAS BAULICHE BILD DER UNIVERSITÄT UND DER BAUTYP KOLLEGIUM

III. DAS BAULICHE BILD DER UNIVERSITÄT

9. BOLOGNA (Abb. 1–5) [1]

a) Die Lehreinrichtungen

Die Rechtsschulen der Frühzeit bis 1200 (Abb. 1)

Das Rechtsstudium in Bologna bestand etwa seit 1100 [2]. Gelehrt wurde hauptsächlich in Privathäusern, die meist Eigentum der Gelehrten waren. Die privaten Lehrsäle lagen irgendwo in der Stadt. Nachrichten darüber sind äußerst spärlich. Bulgaro, einer der vier Rechtsgelehrten, die Kaiser Friedrich I. auf dem Ronkalischen Reichstag 1158 berieten [3], las in seinem Haus nahe der alten Piazza Maggiore im Vicolo della Scimmia. Dieser offensichtlich prachtvolle Bau diente nach 1179 dem Podestà als Residenzpalast. 1185 ist eine Rechtsschule des Piacentino im Palast der Adelsfamilie Castelli erwähnt. Aber auch in Klosterschulen und in der Kathedrale S. Pietro wurden die Rechte gelehrt. In der Klosterkirche S. Procolo, die später Bedeutung für die Universitas hatte, soll Irnerius [4] (etwa 1055/60–1125) das Zivilrecht (römisches Recht) gelehrt haben. Gratian (gest. etwa 1140), der berühmte Lehrer des kanonischen Rechts und Kodifikator der Dekretalien, lehrte in der Klosterschule von S. Felice. Von Bedeutung waren auch die Klosterschule von S. Stefano und die Kathedralschule von S. Pietro.

---

[1] Vgl. dazu i. w. F. Cavazza, Nr. 19, und die Inventarbände von G. B. Guidicini, Nr. 46, von denen der 5. Band mir nicht zugänglich war. Vgl. weiterhin A. Sorbelli u. L. Simeoni, Nr. 107, Bd. 1 Kap. VI Nr. 8 S. 189–192, Kap. VII Nr. 4 S. 224–228 und Bd. 2 Kap. VI Nr. 5 S. 76–80.

[2] Vgl. P. Classen, Nr. 22, S. 165.

[3] Vgl. H. Grundmann, Nr. 44, S. 42.

[4] Vgl. H. Grundmann, Nr. 44, S. 40–41.

Auf der Piazza di S. Stefano fanden im 12. Jahrhundert Disputationen statt.

In der Kathedralschule wurde insbesondere kanonisches Recht gelesen, das vornehmlich Sache der Kleriker war. Auch die Stadt stellte Räume in öffentlichen Gebäuden zu Vorlesungszwecken zur Verfügung. Diese Gebäude lagen an der alten Piazza Maggiore, in der man noch den zentralen Platz des römischen Castrums, aus dem sich Bologna entwickelt hatte, erkennen kann [5]. An der Ostseite der alten Piazza Maggiore standen nebeneinander der alte Palazzo del Comune und die Hauptpfarrkirche der Stadt S. Ambrogio, der ‚Tempio del Comune‘. Der alte Palazzo del Comune oder Palazzo Pubblico war 1121 errichtet worden. Hier las Alberico di Porta Ravegnana, ein Schüler von Bulgaro. Von Alberico heißt es, er habe so viele Schüler gehabt, daß er auf die Säle im Palazzo del Comune angewiesen gewesen sei. Diese Hörsäle werden als ‚Curia Sancti Ambrosii‘ erwähnt. Im Umkreis von S. Ambrogio, in der ‚Corte di S. Ambrogio‘, wird ebenfalls von Hörsälen, den ‚Scolae Sancti Ambrosii‘, berichtet. Damit ist schon in der Frühzeit des Studiums in Bologna eine gewisse Konzentration auf das Stadtzentrum zu beobachten. Dieses Bemühen setzte sich auch später fort. Nach 1200 wurde die alte Piazza Maggiore aufgelassen und weitgehend überbaut. Eine neue Piazza Maggiore entstand weiter nördlich mit neuen öffentlichen Gebäuden. Diese neue Piazza Maggiore besteht noch heute. An ihrer Westseite wurde um 1200 der neue Palazzo del Comune errichtet, an der Nordseite baute man um 1250 den Palazza del Podestà, und ab 1390 entstand an der Südseite anstelle von S. Ambrogio der Neubau von S. Petronio.

Die Rechtsschulen von 1200 bis 1300 (Abb. 1)

Nachdem sich die Legistenuniversitates um 1200 korporiert hatten und die Studentenzahlen anwuchsen, sind auch die Angaben über Lehreinrichtungen ausführlicher. Erst seit dieser Zeit sind Mietverträge über Lehrräume in Bürgerhäusern zu finden. Aus dem

[5] Vgl. A. Finelli, Nr. 34, Tafel II.

Werk ›Rhetorica Novissima‹, das der Rechtsgelehrte Buoncompagno 1220 verfaßt hatte, sind bemerkenswerte Hinweise auf den idealen Standort von Lehreinrichtungen zu erfahren: „Das Haus, das als Schule bestimmt ist, muß dort stehen, wo die Luft frisch und rein ist, so weit ab, das Frauen es nicht jederzeit besuchen können, fern vom Lärm des Platzes, dem Scharren der Pferde, dem Quietschen der Wagen, dem Bellen der Hunde und von all dem täglich belästigenden Aufruhr." [6] Daraus geht hervor, daß die Lage der Lehrsäle inmitten der Stadt für den Lehrbetrieb als ungünstig empfunden wurde und daß Randlagen außerhalb der engen, lärmerfüllten Gassen der Vorzug zu geben sei. Dem steht entgegen, daß die zentrale Stadtlage des Hörsaals von Accursio gerühmt wurde. Der Rechtsgelehrte Accursio (gest. 1260) las in seinem eigenen Hause, das er sich neben dem neuen Palazzo del Comune an der neuen Piazza Maggiore errichtet hatte. Dort lehrte auch noch sein Sohn Francesco 1273. Dieses weitläufige, palastartige Gebäude ging später in der Erweiterung des Palazzo del Comune auf, besteht aber zum Teil als dessen südlicher Anbau heute noch. Mehrere Lehrsäle lagen auch in den Kanonikerhäusern von S. Apollinare. Anstelle dieser Kirche wurde nach 1250 der Palazzo del Podestà errichtet; die Lehrräume wurden mit denen vom ‚Corte di S. Ambrogio' zusammengelegt, wo weiterhin Räume zu Lehrzwecken vermietet wurden, bis das Areal 1420 für den voranschreitenden Neubau von S. Petronio geräumt werden mußte. Die Lehrsäle von ‚Corte di S. Ambrogio' werden nach 1200 häufig erwähnt. Hier unterhielt der berühmte Rechtsgelehrte Odofredo mehrere Lehrräume, die noch sein Sohn Alberto weiterführte.

In der zweiten Hälfte des 13. Jahrhunderts siedelten sich Schulen zu beiden Seiten der Via dei Libri an, die deshalb auch Via delle

[6] „La casa destinata ad uso di scuole deve essere costruita in luogo dove si goda di aria libera e pura, lontana dalla facile frequenza delle donne, dai clamori della piazza, dallo scalpitio de'cavalli e dal cigolio dei carri, dal latrar dei cani e da ogni incomodo rumore." Zit. n. F. Cavazza, Nr. 19, S. 189/190.

Das Werk ›Rhetorica Novissima‹ von Buoncompagno in: Bibliotheca juridica Medii Aevi, Hg. Augusto Gaudentio, Bononiae 1892, Bd. II S. 279 ff.

Scuole genannt wurde [7]. Die Häuser der nördlichen Straßenseite fielen während der Kämpfe der beiden Bürgerparteien der Geremei und Lambertazzi 1274 einer Feuersbrunst zum Opfer. Die Brandstatt war lange unter dem Namen ‚Guasto degli Andalo' nach den dort gelegenen Häusern dieser Familie oder auch ‚Guasto delle Scuole' bekannt.

Außerhalb des Bereichs im Stadtzentrum und dem Stadtviertel von Porta Procula, wo sich mit den Schulen in der Via dei Libri oder Via delle Scuole eine „Zunftstraße" bildete, wird 1267–1274 eine Rechtsschule des Tomaso Piperata im Adelspalast der Storlitti erwähnt. Dieser Hinweis ist der einzig zu belegende Fall eines Hörsaals der Rechte im Stadtviertel von Porta Nova, obwohl es dort mehrere gegeben haben muß [8]. Von einem Rechtsstudium in Klöstern oder in der Kathedralschule im 13. Jahrhundert ist nichts mehr bekannt.

Die Artes- und Medizinschulen von 1200 bis 1300 (Abb. 1)

Mit Sicherheit wurde zu Beginn des 13. Jahrhunderts in Bologna schon Medizin gelehrt [9]. Ebenso muß es auch seit dieser Zeit Artes-Schulen gegeben haben, die nur deshalb nicht besonders erwähnt werden, weil sie meistens den ‚hospicia' angeschlossen waren. Die Hospizien, in denen gleichzeitig gelehrt wurde, bezeichnete man mit dem Zusatz ‚ad usum scolarium'. Zusammen mit den Hospizien hatten sich die Artes-Schulen im Stadtviertel von Porta Nova angesiedelt. Sie lagen vorwiegend im engeren Umkreis von S. Salvatore in der Via Porta Nova [10]. Ebenso war dieses Stadtviertel auch

[7] Es handelt sich um einen Abschnitt der heutigen Via Farini zwischen der Via d'Azeglio (ehem. Via S. Mamolo) und der (heutigen) Piazza Galvani.

[8] Sonst hätte man ja die Juristen nicht zu zwingen brauchen, das Stadtviertel allein den Artisten-Medizinern zu überlassen, vgl. F. Cavazza, Nr. 19, S. 120.

[9] Vgl. F. Cavazza, Nr. 19, S. 34.

[10] Ursprünglich hieß die Straße in ihrer Ausdehnung von S. Francesco bis zur Piazza Maggiore Via Porta Nova. Gemeint ist hier das Straßen-

Standort der meisten Medizinschulen, denen oft auch Apotheken angeschlossen waren; denn die Kenntnis der Anwendung von Heilmitteln gehörte im Sinne eines Pharmaziestudiums notwendig zur Ausbildung des Mediziners. Die Medikamente wurden aus Heilkräutern gewonnen, die im Klostergarten von S. Salvatore angepflanzt und studiert wurden. Aus den Heilkräutergärten entwickelten sich die Botanischen Gärten und aus der Heilkräuterlehre das Botanikstudium. Das Brauen der Medikamente war Sache von Spezialisten. Nach 1550 geschah es unter Aufsicht aller Mediziner im Garten von S. Salvatore; späterhin fand es alljährlich im Frühjahr als feierlicher Akt vor der Stadtöffentlichkeit im Hof des Archiginnasio statt.

Die Lehreinrichtungen nach 1300 (Abb. 2)

Als sich aufgrund fortwährender Streitigkeiten mit den Juristen gegen Ende des 13. Jahrhunderts die Artisten und Mediziner in einer eigenen Universitas korporiert hatten, ergab sich auch eine räumliche Absonderung der Universitates voneinander. Die Gebietstrennung wurde vom Stadtrat unterstützt, da auch die Bürgerschaft unter den oft blutigen Kämpfen zwischen den Studenten zu leiden hatte [11]. Der Bereich für die Juristen-Universitates war das Stadtviertel von Porta Procula und der für die Artisten-Mediziner-Universitas war das Stadtviertel von Porta Nova. Der feste Standort für Lehreinrichtungen des zivilen und kanonischen Rechts war bis zur Mitte des 15. Jahrhunderts ein Bezirk innerhalb des Stadtviertels von Porta Procula, der begrenzt wurde im Norden von der Pfarrei S. Geminiano [12], im Osten von der Strada delle Casette

stück der heutigen Via 4. Novembre zwischen Via C. Battisti und der Piazza Roosevelt.

[11] Vgl. A. Sorbelli, Nr. 107, Bd. 1 S. 191.

[12] S. Geminiano wird mit dem Beinamen ,de scolis' häufig erwähnt. Die Kirche wurde 1438 abgerissen, um dem Neubau von S. Petronio Platz zu machen. Die Grenze liegt etwa beim ehemaligen Corte di S. Ambrogio auf Höhe des Chores von S. Petronio, vgl. F. Cavazza, Nr. 19, S. 67.

di S. Andrea [13], im Süden von der Via Marsili zwischen S. Procolo und S. Domenico und im Westen von der Via S. Mamolo [14]. Der engere Bereich des Stadtviertels von Porta Nova, in dem die Lehreinrichtungen der Artisten und Mediziner bis zum Ende des 16. Jahrhunderts lagen [15], wurde im Norden begrenzt vom Pozzo dei Tibaldi in Höhe der Via delle Banzole [16], im Osten von der (neuen) Piazza Maggiore, im Süden von den ,Volte dei Ramisini' [17] und im Westen von S. Salvatore.

Mit Beginn des 14. Jahrhunderts war endgültig die Streulage der Lehrräume innerhalb der Stadt aufgegeben worden. Die Standorte waren festgelegt auf bestimmte Stadtviertel, die eigens zur Anmietung, dem Erwerb und der Einrichtung von Lehrsälen und Lehrgebäuden den Legisten- [18] und Artisten-Mediziner-Universitates

[13] S. Andrea degli Ansaldi oder della Scuole ist eine der meisterwähnten Pfarrkirchen. Sie lag im Winkel zur Via Farini an der Westseite der heutigen Piazza Cavour. Die Kirche östlich streifend führte die Strada delle Casette di S. Andrea von der Via Farini bis zur Piazza di S. Domenico – es ist die heutige Via Garibaldi, vgl. F. Cavazza, Nr. 19, S. 69.

[14] Heute die Via d'Azeglio. Im Winkel von Via Carbonesi, die westliche Verlängerung der Via Farini, und der Via d'Azeglio lag die ebenfalls häufig erwähnte Kirche S. Giacomo de'Carbonesi.

[15] In der Statutensammlung der Universität Bologna, Nr. 112, S. 268 ist eine Beschreibung des Areals zu finden: „De loco ubi debent essere scolae et scolis reparandis: Statuerunt quod aliquis doctor legens in medicina non possit habere, seu retinere, scolas suas alibi quam in loco et contratis hactenus consuetis. Loca autem et contratas consuetas declaraverunt fore a latera sero platea Comunis bononiae ex una parte, usque ad puteum Theobaldorum ex alia, inter voltas Ramisinorum ex alia, et intra ecclesiam Sancti Salvatoris ex alia; nec ultra ipsos terminos possint esse scolae aliquae in scientia supradicta."

[16] Die Nordfront der heutigen Piazza Roosevelt.

[17] Die ,Volte dei Ramisini' lagen wenig entfernt von der Einmündung der Via Belfiore in die Via Carbonesi, also östlich neben dem Collegio di Spagna.

[18] Die beiden Juristenuniversitates der Ultramontanen und der Citramontanen sonderten sich örtlich nicht voneinander ab, sondern lebten friedlich zusammen im Quartier von Porta Procula und benutzten gemeinsam auch die zentralen Einrichtungen.

reserviert waren. Hierin kann man eine bewußte, wenn auch verspätete Planung sehen. Innerhalb der festgelegten Grenzen der Stadtviertel von Porta Procula und Porta Nova reihten sich die Hörsaalbauten beidseits der Straßen auf. Es bildeten sich in den „Zunftvierteln" regelrechte „Zunftstraßen". Die Hauptstraße der Scholarenzunft der Juristen waren die Via dei Libri oder Via delle Scuole [19] und die Via S. Mamolo [20] von der alten Piazza Maggiore bis zur Klosterkirche S. Procolo. Die Hauptstraße der Scholarenzunft der Artisten und Mediziner war die Via Porta Nova [21] von der neuen Piazza Maggiore bis zur Klosterkirche S. Salvatore.

Die Schulen von S. Petronio (Abb. 2)

Im Laufe des 14. und 15. Jahrhunderts hatte die Universität immer mehr von ihrer ursprünglichen akademischen Freiheit eingebüßt [22]. Dieser Vorgang zeichnet sich ab im baulichen Bild. Wenn Rashdall betont, daß das 15. Jahrhundert die Ära von ‚university buildings' sei [23], dann trifft das auch für Bologna zu. In dem Maße, in dem die Universität in das Stadtgefüge eingegliedert wurde, übernahm die Stadt nicht nur die Besoldung der Professoren, sondern auch die bauliche Fürsorge. Die ‚Gabella grossa', der Finanzausschuß, der auch die Gelder für den Neubau von S. Petronio verwaltete, errichtete ein Lehrsaalgebäude östlich neben der Hauptpfarrkirche der Bürgerschaft an der Piazza Galvani, dort, wo heute das Archiginnasio steht. In diesen Schulen von S. Petronio, die 1447 erstmalig als „scholle grande" und 1455 als „nuove e grandi Scuole" erwähnt werden, hatten hauptsächlich die Juristen ihre

[19] Das Straßenstück der heutigen Via Farini zwischen Via d'Azeglio (ehem. Via S. Mamolo) und Piazza Cavour.

[20] Die heutige Via d'Azeglio.

[21] Die heutige Via 4. Novembre, die die östliche Verlängerung des noch bestehenden Straßenstücks von Via Porta Nova ist.

[22] S. o. S. 22.

[23] S. o. S. 34 Anm. 79.

Vorlesungssäle; aber auch Artisten waren vereinzelt hier Lehrsäle zugewiesen [24].

Das Hörsaalgebäude der „Schulen von S. Petronio" ist das erste Bauwerk, das eigens für Lehrzwecke für die Universität Bologna um 1450 errichtet worden ist. Dadurch wurden die Lehrräume der Juristen in den „Zunftstraßen" zusammengefaßt und an einer Stelle konzentriert. Das Stadtviertel von Porta Procula wurde als Bereich der Juristen Mitte des 15. Jahrhunderts aufgegeben. Dagegen blieb das Viertel von Porta Nova noch weitere hundert Jahre der Bereich der Artisten und Mediziner; denn von den wenigen abgesehen, die in den Schulen von S. Petronio lehren durften, unterhielten doch die meisten Artes- und Medizinlektoren Lehrsäle bei S. Salvatore. Erst 1563 bezogen sie das gemeinsam für Juristen und Artisten-Mediziner errichtete Archiginnasio, das Lehrsaalgebäude der gesamten Universität Bologna, das anstelle der Schulen von S. Petronio 1562–1563 errichtet worden war (Abb. 3).

Die Einrichtung der Lehrsäle

Der Rechtsgelehrte Buoncompagno gibt in seinem Werk ›Rhetorica Novissima‹ [25] von 1220 nicht nur Hinweise auf den idealen Standort von Lehrräumen, sondern erwähnt auch, wie diese Lehrräume auszusehen hätten und einzurichten seien. Buoncompagno fordert ein Haus, ausreichend breit und lang; der Lehrsaal soll im Obergeschoß liegen, über eine bequeme Treppe erreichbar sein und genügend Fenster zur Belichtung und Belüftung haben. Die Wände sollen einheitlich grün gestrichen sein; Bilder, die die Aufmerksamkeit beeinträchtigen könnten, dürfen nicht aufgehängt werden. Der Lehrsaal soll nur einen Eingang haben. Die Kathedra soll so aufgestellt sein, daß der Lektor jeden Hereinkommenden im Auge

[24] Ein Artistenlektor wird erwähnt, vgl. F. Cavazza, Nr. 19, S. 74–78. Außerdem waren den Artisten im nördlich anschließenden Hospital della Morte zwischen Via Foscherari und Via Clavature Lehrsäle zugewiesen, für die die Gabella grossa jährlich Miete zahlte, vgl. G. B. Guidicini, Nr. 46, Bd. IV S. 57.

[25] S. o. S. 67 Anm. 6.

habe; außerdem müsse er Aussicht auf Bäume und Gärten haben, da der Anblick der Natur das Gedächtnis stärke. Alle Plätze der Scholaren sollen gleiche Sitzhöhe haben, damit sie den erhöht sitzenden Lektor sehen können. Diese Forderungen stellen den Idealfall dar; sie wären nicht gestellt worden, wenn das Programm in der Praxis immer erfüllt worden wäre. Wie die Lehrsäle tatsächlich eingerichtet waren, zeigen die Reliefs auf den Sarkophagen und den Grabmälern bei S. Domenico und S. Francesco [26]. Die Kathedra, der Lehrstuhl, stand erhöht auf einem Podest meist an der Schmalseite des Raumes. Die frühen Darstellungen zeigen die Bänke der Scholaren ähnlich einem Chorgestühl an den Langseiten einander gegenüber aufgestellt; der Raum wurde also breit und nicht längs genutzt – eine Art der Sitzanordnung, wie sie heute noch im englischen Unterhaus üblich ist und wie sie bei der Einrichtung von St. Peter in Rom zum Konzil zur Anwendung kam [27]. Auf den späteren Darstellungen erscheint dann eine Aufreihung in Längsachse hintereinander en face des Vortragenden [28]. Die handwerkliche Ausführung des Mobilars reichte von einfachen Holzbänken und Tischen bis zu reichgeschnitztem Gestühl. Die Bänke waren festmontiert und wurden als Inventar insgesamt gemietet oder gekauft.

Die Kleidung der weltlichen Scholaren war die Toga, die der klerikalen die Kutte; die meisten trugen eine Kopfbedeckung, eine einfache Kappe, ein Barett, eine Kapuze oder auch einen turbanähnlichen Schal nach florentinischer Tracht [29].

[26] Vgl. C. Ricci, Nr. 90.
[27] Vgl. H. G. Evers, Nr. 31, S. 109–167 über die Breitrichtung der Basilika.
[28] So das Grabrelief des Matteo Gandoni von 1330 im Museo civico, Bologna.
[29] Vgl. dazu H. Rashdall, Nr. 88, Bd. III S. 385–393.

b) Die zentralen Einrichtungen

Die zentralen Einrichtungen vor 1300 (Abb. 1)

Das Zentrum der beiden Legistenuniversitates war S. Procolo. Es war mittelalterlicher Brauch, auch außerhalb der Gottesdienste sich in Kirchen zu versammeln. Schon 1087 traf sich in S. Procolo eine der vier Bürgergemeinschaften [30]; und es ist anzunehmen, daß diese Benediktiner-Klosterkirche schon von Anfang an Ort der Generalversammlungen der Universitates war. Bis zum Ende des 13. Jahrhunderts fanden die Kongregationen der beiden Rechtsuniversitates in S. Procolo statt; hier wurden die Rektoren, die Räte (consiliarii) und die Lektoren gewählt, die Statuten diskutiert und Beratungen gehalten. Auch nach 1300, als die großen Bettelordenskirchen Zentren der Universitates waren, wurden die kirchlichen Feste noch in S. Procolo gefeiert, und die Mönche des Klosters zelebrierten weiterhin die Exequien für verstorbene Scholaren.

Neben S. Procolo, dem Versammlungsort der Scholarenuniversitates, war die Kathedrale S. Pietro etwa seit 1179 Sitz der Doktorenkollegien. Hier wurden die akademischen Feste, die Einsetzungszeremonien der Rektoren und die Promotionsfeierlichkeiten abgehalten. Die Alte und Neue Sakristei von S. Pietro waren bis ins 16. Jahrhundert die Beratungsräume der Doktoren der einzelnen Lehrgebiete. Die Bezeichnung eines innerhalb des Klaustrums gelegenen Saales als ‚Saal der Doktoren' hat sich noch bis heute erhalten [31]. Das Läuten von S. Pietro bestimmte den Rhythmus des Stundenplans.

Eine ähnlich zentrale Bedeutung, wie sie S. Procolo für die Universitates der Jurastudenten hatte, besaß S. Salvatore für die Artes- und Medizinscholaren. Der größte Teil der Artes- und Medizinschulen, die nach 1200 im Stadtviertel von Porta Nova eröffnet

[30] S. Procolo war Sitz der Bürgergemeinschaft eines Stadtviertels, vgl. F. Cavazza, Nr. 19, S. 213. Aus dieser Bürgergemeinschaft rekrutierte sich der Teil des Bürgerheers, der für die Verteidigung des Stadttores Porta Procula und des dazugehörigen Mauerrings verantwortlich war, vgl. dazu W. Müller, Nr. 76, S. 53–92.

[31] Der Saal ist heute Archiv.

wurden, lag im Pfarrbereich von S. Salvatore und unterstand damit der Aufsicht des Kapitels. Die Chirurgie-Examina wurden aus Gründen der Pietät nicht öffentlich in S. Pietro, sondern hinter verschlossenen Türen in S. Salvatore abgenommen [32]. Ein Teil des Klostergartens war, wie schon erwähnt, der Heilkräutergarten der Mediziner.

Die zentralen Einrichtungen nach 1300 (Abb. 2)

Als um 1300 die Artisten und Mediziner eine eigene Universitas bildeten und eine Trennung der Universitäts-Stadtviertel sich durchgesetzt hatte, wurden auch die zentralen Einrichtungen neu festgelegt. Es waren die großen Kirchen der Bettelorden, der Dominikaner und Franziskaner. Zu Beginn des 13. Jahrhunderts hatten sich die Bettelorden in Bologna niedergelassen [33]. Seitdem bemühten sie sich, auf die Universitates Einfluß zu nehmen [34]. Der Erfolg dieser Bemühungen wird dadurch dokumentiert, daß die Klosterkirchen der Bettelorden die Zentren der Universitates wurden.

Die beiden Juristenuniversitates, die Ultramontanen und die Citramontanen, benutzten vom Beginn des 14. Jahrhunderts bis ins 16. Jahrhundert gemeinsam die Klosterkirche der Dominikaner S. Domenico (erbaut 1235–1350) für Generalversammlungen, Studieneröffnungsfeiern, Wahlen der Rektoren, der Räte und der Lektoren sowie für Beratungen. In der Sakristei, die das Archiv war, bewahrte man die Statuten, die Urkunden und Siegel auf. Bei den Wahlen sollten Mönche die Aufsicht führen, damit Würde und Ordnung gewahrt bleibe; trotzdem kam es oft zu tumultartigen

[32] Vgl. F. Cavazza, Nr. 19, S. 208/209, das war bis ins 16. Jahrhundert üblich. Die spätere Begründung in den Statuten der Artisten-Mediziner-Universitas von 1395, „... dicta examina fiant in Sancto Salvatore, ut consuetum est, et non in ecclesia cathedrali propter multa scandala evitanda." wird auch schon für diese Zeit zugetroffen haben.

[33] Dominicus starb 1221 in Bologna und wurde in der Klosterkirche der Dominikaner beigesetzt.

[34] S. o. S. 14.

Szenen[35]. Der Artisten- und Mediziner-Universitas stand die Franziskanerkirche S. Francesco (erbaut 1236–1263) vor der Porta Nova zur Verfügung[36].

Die Trennung der Universitates und die Absonderung ihrer zentralen Bereiche galt auch für die Toten. Juristen und Artisten wurden auf den in ihrem Bereich liegenden Friedhöfen von S. Domenico und S. Francesco begraben. Die prachtvollen Grabmäler einiger Gelehrter stehen heute noch auf der Piazza di S. Domenico und hinter dem Chor von S. Francesco.

1322 wurde beschlossen, dem Andenken der Beilegung des letzten schweren Konflikts zwischen Stadt und Universität 1321, dem der Auszug nach Siena gefolgt war[37], eine Kirche zu errichten. Die Kirche S. Maria della Pace, auch S. Maria degli Scolari genannt, wurde als Stiftung eines Bürgers außerhalb von Porta Procula an der Via S. Mamolo errichtet[38]. Sie wird 1366 als einer der Versammlungsorte der Juristenuniversitates erwähnt und ist die erste eigens zur Benutzung von Scholaren erbaute Universitätskirche.

Waren auch die Universitates der Scholaren voneinander abgesondert und hatten sie eigene für den Verlauf des Studiums notwendige zentrale Bereiche, so blieb die Kathedrale S. Pietro weiterhin der Versammlungsort der Doktorenkollegien. Dort fanden sich zum Abschluß des Studiums auch die Scholaren zusammen[39]. S. Pietro war das Zentrum, das die gesamte Universität Bologna bei Rektoreinsetzungs- und Promotionsfeierlichkeiten nach außen

[35] Vgl. F. Cavazza, Nr. 19, S. 217–218.

[36] Inwieweit bei der Zuordnung der Kirchen, S. Domenico den Juristen (Geisteswissenschaftlern) und S. Francesco den Artisten-Medizinern (Naturwissenschaftlern), Bezug auf die fachliche Lehrtätigkeit der Orden genommen wurde, ist nicht bekannt. Bemerkenswert ist, daß berühmte Naturwissenschaftler, wie Roger Bacon, der schon chemische und physikalische Experimente als Beweiskraft für seine Theorien heranzog, Franziskaner waren. Auch setzte die Aufgabe des Franziskanerordens, die Alten- und Krankenpflege, medizinisch-naturwissenschaftliche Kenntnisse voraus.

[37] Vgl. L. Banchi, Nr. 5, s. o. S. 34 Anm. 78.

[38] Vgl. H. Rashdall, Nr. 88, Bd. I S. 172–173.

[39] Mit Ausnahme der Chirurgie-Examen.

hin repräsentierte. Im 15. Jahrhundert fanden die Versammlungen der Doktorenkollegien auch in der neuen Kirche S. Petronio und in Ausnahmefällen im Palazzo Pubblico statt [40].

Außer den für Versammlungen vorbehaltenen zentralen Einrichtungen gab es auch ein Gebäude, in dem das Sekretariat untergebracht war, das also als Verwaltungszentrum anzusehen ist. Hier war der Amtssitz der für die Verwaltungstätigkeiten angestellten Bediensteten, vor allem der des Generalpedells. Hier wurden die Matrikellisten geführt, die Studienscheine und Urkunden ausgestellt und die Bücher von den ‚stationarii' ausgeliehen und verkauft [41]. Damit war diese zentrale Einrichtung gewissermaßen auch die Universitätsbibliothek [42]. Erwähnt wird 1368 ein solches Gebäude nur für die Artisten- und Mediziner-Universitas. Der Standort ist nicht genau bekannt. Es war aber zu beiden Universitätsvierteln (quartieri scolastici) zentral gelegen und von den Werkstätten der Kopisten, Buchbinder und Miniaturmaler umgeben. Cavazza nimmt an, daß es ein solches Gebäude auch für die Juristen gegeben haben muß [43]. Für diese Annahme gibt es keinerlei Hinweise. War ein entsprechendes Gebäude auch für die Juristenuniversitates vorhanden, dann ist aber der Hinweis auf die zentrale Lage zwischen den beiden Quartieren unnötig. Es kann daher angenommen werden, daß diese ‚statio bidellorum' auch den Juristen diente [44]. Anfang des 14. Jahrhunderts wird allerdings ein Haus erwähnt, in dem einige Pedelle, Buchbinder und ‚peciarii' der Juristenuniversitates gewohnt haben [45]. Das Haus lag hinter der nördlichen Bebauung der Via dei Libri in einer Stichgasse, die parallel zur Via dei Libri von der (heutigen) Piazza Galvani ausging. Ob das Haus außer

---

[40] Vgl. A. Sorbelli, Nr. 107, Bd. 1 S. 192.

[41] Vgl. A. Sorbelli, Nr. 107, Bd. 1 S. 191.

[42] Exakte Hinweise auf eine Bibliothek sind nicht zu finden.

[43] Vgl. F. Cavazza, Nr. 19, S. 125.

[44] G. G. Forni, Nr. 35, S. 378 ist dieser Meinung: „Oltre che i Lettori avevano grande importanza nello Studio i bidelli che in locali propri ‚la stazio bidellorum' posta al centro delle due università dei legisti e degli artisti, vendevano libri e riscuotevano le bolette scolastiche."

[45] Das Haus des Paolo Liazzari und des Azzone Ramenghi, vgl. F. Cavazza, Nr. 19, S. 96–99.

den Wohnungen auch noch Diensträume hatte, ist nicht zu ermitteln.

Ein Gebäude, das auch als eine zentrale Einrichtung betrachtet werden kann und dem in den Urkunden viel Aufmerksamkeit gewidmet wird, ist das Bordell [46]. Überhaupt sind viele Hinweise auf Standorte der Lehreinrichtungen in den Universitätsstädten Dokumenten zu entnehmen, die sich mit der Unterbringung der Freudenmädchen befassen. Offensichtlich waren Studenten eine begehrte und einträgliche Kundschaft, da sich diese Häuser möglichst zentral in den Universitätsvierteln ansiedelten. Auch war man im Mittelalter weniger vorurteilsbehaftet und prüde und erregte sich über „Sittenlosigkeiten" weniger heftig, so daß man sich nicht scheute, einer solchen Standortwahl freimütig zuzustimmen. 1360 wurde vom Stadtregiment verfügt, das Bordell aus der Corte dei Bulgari [47] in die Häuser des Rolandino Galluzzi zu verlegen [48]. Gleichzeitig wurde aber auch angeordnet, daß zum Schutze der Scholaren, welche die an der Via dei Libri gelegenen Schulen besuchten, eine Mauer zu errichten sei. Dieser „Schutz" wird sich wohl mehr gegen die Verlockungen dieser Mädchen gerichtet haben als auf die Fürsorge zur Sittenreinheit der Studenten; denn sonst hätte man ja der Verlegung des Standortes weiter ins Zentrum des Universitätsviertels nicht zuzustimmen brauchen.

c) Die Wohnstätten

Hospizien

Die meisten Studenten schlossen sich zu Hausgemeinschaften zusammen und mieteten ‚hospicia'. Obwohl für die Standorte keinerlei Bindungen bestanden und man sich auch nach dem Angebot

---

[46] Vgl. G. B. Guidicini, Nr. 46, Bd. IV S. 55–56.

[47] Das Haus im Vicolo della Scimmia, in dem Mitte des 12. Jahrhunderts der berühmte Bulgaro seinen Lehrsaal hatte, s. o. S. 65.

[48] Diese Häuser lagen nördlich hinter den Schulen der Via dei Libri und waren zugänglich über eine Stichgasse von der Via S. Mamolo aus.

richten mußte, wurde doch das Stadtviertel von Porta Nova bevorzugt. Hier lagen die meisten Hospizien und hielten sich hier auch bis ins 15. Jahrhundert [49].

Kollegien [50] (Abb. 2)

Nach dem Vorbild der Konvikte, die einzelne Orden für ihre studierenden Mönche schon seit dem Ende des 12. Jahrhunderts in Bologna eingerichtet hatten [51], entstanden aufgrund von Stiftungen seit der 2. Hälfte des 13. Jahrhunderts Kollegien für Laien, besonders für die zahlreichen auswärtigen Studenten des zivilen Rechts. Die Kollegien waren hauptsächlich landsmannschaftliche Gründungen für Studenten gemeinsamer nationaler Herkunft. Einen entscheidenden Einfluß auf das Studium haben die verhältnismäßig wenigen Kollegien in Bologna nicht ausgeübt [52]. Die interne Lehre in den Kollegien stellte nie eine ernsthafte Konkurrenz zur Lehre in den öffentlichen Lehrsälen dar. Dennoch wurde sie von den Lektoren der öffentlichen ‚scolae‘ beargwöhnt und mußte wie im Spanischen Kollegium [53] wieder eingeschränkt werden. Die Lehreinrichtungen der Universität behielten in Bologna weiterhin ihre Dominanz; das zeigen die Mitte des 15. und sogar noch Mitte des 16. Jahrhunderts errichteten eigenen Lehrsaalgebäude: die Schulen von S. Petronio und das Archiginnasio.

Die Kollegien lagen verstreut in der Stadt; soweit überhaupt Standorte feststellbar sind, kann man allerdings beobachten, daß

[49] Vgl. F. Cavazza, Nr. 19, S. 136.

[50] Vgl. insbes. H. Rashdall, Nr. 88, Bd. I S. 197–203, A. Sorbelli, Nr. 107, Bd. 1 S. 224–228 und L. Simeoni, Nr. 107, Bd. 2 S. 76–80.

[51] Vgl. A. Sorbelli, Nr. 107, Bd. 1 S. 224, die klösterlichen Studienhäuser nahmen auch nichtklerikale Studenten auf, ausgenommen waren allerdings die Studenten des zivilen (römischen) Rechts und der Medizin.

[52] "The colleges which played so large part in the development of the northern universities were comparatively unimportant in Bologna and the other Italian universities. They were ... boarding houses, and not places of education." Zit. n. H. Rashdall, Nr. 88, Bd. I S. 197/198.

[53] Vgl. E. Armstrong, Nr. 3, S. 277.

sich die Kollegien außerhalb etwa auf der südlichen Grenze des Universitätsbereichs angesiedelt hatten, also nicht wie in Paris oder Oxford, wo sie das Universitätsviertel durchsetzten und dadurch enger mit dem Studienbetrieb verbunden waren (Abb. 8, Abb. 9, Abb. 12). Jedoch wurde Nähe zum Schwerpunkt der Lehreinrichtungen angestrebt [54]. Mit Ausnahme vom Spanischen Kollegium, für das ein eigener Neubau errichtet wurde (Abb. 18, Abb. 19), waren alle anderen Kollegien in vorhandenen Bürgerhäusern oder in Adelspalästen eingerichtet worden [55].

[54] Vgl. B. M. Marti, Nr. 74, S. 20.

[55] Collegio Avignonese 1261, Standort unbekannt, s. G. B. Guidicini, Nr. 46, Bd. I S. 313–314. Collegio Bresciano 1326, ein Haus i. d. Via Barberia im späteren Pal. Zambeccari, s. G. B. Guidicini, Nr. 46, Bd. I S. 93–94. Collegio Reggiano 1362, Standort unbekannt, s. G. B. Guidicini, Nr. 46, Bd. I S. 314. Collegio di Urbano V. 1364, Standort unbekannt, s. G. B. Guidicini, Nr. 46, Bd. I S. 315, das Coll. ging im Collegio Gregoriano auf. Collegio Gregoriano 1370 im Pal. Pepoli i. d. Via Castiglione, s. G. B. Guidicini, Nr. 46, Bd. I S. 301–317. Collegio Ancarano 1448, ein Haus i. d. Via Tagliapietre, später im Pal. Zanchini i. d. Strada delle Casette di S. Andrea (Via Garibaldi), s. G. B. Guidicini, Nr. 46, Bd. I S. 209–210. Collegio Vives 1538, ein Haus i. d. Via Val d'Aposa, s. G. B. Guidicini, Nr. 46, Bd. I S. 211. Collegio Ferrerio 1541 im Pal. della Viola i. d. Via Filippo Re, s. L. Simeoni, Nr. 107, Bd. 2 S. 78. Collegio Illirico-Ungarico 1552, ein Haus i. d. Via Centotrecento Nr. 4, s. L. Simeoni, Nr. 107, Bd. 2 S. 78. Collegio Montaldo 1586 im Pal. Bonifazio Sacchi, s. L. Simeoni, Nr. 107, Bd. 2 S. 79. Collegio Poeti 1551, Standort unbekannt, s. L. Simeoni, Nr. 107, Bd. 2 S. 79. Collegio Fieschi 1508, Standort unbekannt, s. L. Simeoni, Nr. 107, Bd. 2 S. 79. Collegio Pallantieri 1610, Standort unbekannt, s. L. Simeoni, Nr. 107, Bd. 2 S. 79. Collegio Fiammingo o. Jacobs 1650, ein Haus i. d. Via Cartoleria Nuova (Via Guerrazzi), s. L. Simeoni, Nr. 107, Bd. 2 S. 79. Collegio Comeli 1663, ein Haus i. d. Strada Maggiore Nr. 71, s. L. Simeoni, Nr. 107, Bd. 2 S. 80.

d) Das bauliche Bild nach 1550 (Abb. 3)

Das Archiginnasio [56] (Abb. 4, Abb. 5)

Bisher war die Universität in den Stadtorganismus integriert. Sie hatte sich eingenistet in dem südlichen Bereich, dessen größte Ausdehnung knapp 1000 Meter betrug (Abb. 2). Auf der Peripherie des annähernd elliptischen Bereichs lagen die Versammlungsorte. Aber sie waren so angelegt, daß die unmittelbare Zuordnung der beiden Bettelordenskirchen im Osten und Westen zu den Bezirken der Juristen und Artisten-Mediziner und die der Kathedrale im Norden zur gesamten Universität gewahrt blieb: sie lagen jeweils von den Schwerpunkten des ihnen zugehörenden Bezirks bzw. des gesamten Bereichs mit 400–500 Metern etwa gleichweit in zumutbarer Entfernung. So blieben die Entfernungen zu den allgemeinen Lehreinrichtungen der einen oder anderen Disziplin, die die Kollegiaten weiterhin aufsuchen mußten, möglichst gering. Wenn auch diese Infrastruktur kaum als bewußte Planung gewertet werden kann, so hat sie sich doch aus einem vernünftigen Wachstum und aus dem Bewußtsein einer sozialen Bindung zwischen freier Universität und freiem Bürgertum ergeben. Als dann aber die „Schulen von S. Petronio" um 1450 errichtet und die Lehreinrichtungen der Juristen weitgehend in einem Bauwerk konzentriert wurden, beginnt sich ein Prozeß abzuzeichnen, der infolge zunehmenden Verlustes korporativer Freiheiten die Universität in die Isolation führte. Die Kulmination dieses Vorganges wird in der Absicht erkennbar, ein Lehrsaalgebäude für die gesamte Universität Bologna zu errichten.

Anstelle des Mitte des 15. Jahrhunderts von der Stadt errichteten und inzwischen offenbar baufällig gewordenen Gebäudes der „Schulen von S. Petronio" ließ der Vicelegat Kardinal Pier Donato Cesi 1562–1563 im Auftrag der Kurie ein großes Lehrsaalgebäude erbauen (Abb. 4, Abb. 5). Die Planung ging davon aus, die Lehr-, Versammlungs- und Verwaltungseinrichtungen der gesamten Uni-

---

[56] Vgl. F. Cavazza, Nr. 19, S. 227–278, G. G. Forni, Nr. 35, S. 377–389, A. Sorbelli u. L. Simeoni, Nr. 107, Bd. 2 S. 19–27.

versität, gemeinsam für Juristen und Artisten-Mediziner, an einem
zentralen Ort in e i n e m Bauwerk unterzubringen. Der Architekt
war Bernardino Trebiglia (gen. Terribilia). Kardinal Cesi hatte sich
im Universitätsbau Erfahrungen erworben. Auf seine Initiative hin
war der Albergo del Bò [57] in Padua, in dem seit 1493 die Lehrräume der dortigen Universität [58] untergebracht waren, 1552 von
Andrea della Valle aus der Schule des Sansovino in einen zweigeschossigen Gebäudekomplex umgebaut worden. Die Lehrräume
wurden durch einen kreuzgangähnlichen Innenhof mit doppelter
Loggienreihe erschlossen. Dieses Aula- und Hörsaalgebäude der
Universität Padua war Vorbild für den Neubau in Bologna. Der
Standort des sogenannten Archiginnasio erscheint durch die Tradition gerechtfertigt. Doch spielten in Wirklichkeit weder die Lage
der ehemaligen Schulen von S. Petronio noch städtebauliche oder
zweckbestimmte Interessen der Stadt oder Universität [59] dabei eine
Rolle; allein kirchenpolitische Erwägungen waren entscheidend für
diese Standortwahl: die römische Kurie wollte den von der Stadt
übergroß geplanten Weiterbau von S. Petronio verhindern, weil sie
eine Größenkonkurrenz zu St. Peter in Rom befürchtete [60].
Errichtet wurde ein langer, einhüftiger Flügelbau mit achsial-
mittig angesetztem Innenhof. Ebenerdig waren zur Straße hin
Buch(?)-Läden eingerichtet worden. Am Innenhof lag dem Ein-
gangsportal gegenüber die eigene Universitätskapelle, die anstelle
der ehemaligen Kirche S. Maria de'Bulgari deren Titulatur übernahm. Die Räume zu beiden Seiten der Kapelle waren Beratungs-
zimmer der Rektoren und Prokuratoren beider Disziplinen Jura
und Artes-Medizin sowie Aufenthaltsräume der Professoren und
ihrer Pedelle. In einem weiteren Raum war vermutlich die Verwaltung untergebracht. Im Obergeschoß lagen die Hörsäle. In den

[57] So heißt es noch heute nach dem Albergo del Bò, dem Gasthof zum
Büffel oder zum Ochsen, „büffeln" oder „ochsen" für angestrengtes Studieren.

[58] Vgl. H. G. Lindner, Nr. 68, H. Rashdall, Nr. 88, Bd. II S. 9–21.

[59] Nach Buoncompagnos Vorstellungen (s. o. S. 67) hätte die Wahl
des Standortes mehr auf eine Randlage außerhalb des Stadtzentrums fal-
len müssen.

[60] Vgl. F. Cavazza, Nr. 19, S. 227, G. G. Forni, Nr. 35, S. 380.

großen Aulen am Nord- und Südende des Straßenflügels versammelten sich Artisten-Mediziner und Juristen zu ihren Konventen, die nun nicht mehr in S. Francesco und S. Domenico stattfanden. Die Bibliothek, die vorher allem Anschein nach in der ‚statio bidellorum' untergebracht worden war, ist im Archiginnasio wahrscheinlich nach Fachbereichen getrennt in den beiden Aulen der Artisten und Juristen aufgestellt worden. Für die Sektionen, die bisher in S. Salvatore vorgenommen worden waren, benutzte man zunächst einen Raum im Obergeschoß über dem Beratungsraum der Artisten [61]; 1639 wurde daneben über der Kapelle ein „Anatomisches Theater", größer und mit festen Gestühlrängen, von Antonio Levanti eingerichtet [62]. Im Innenhof fanden die öffentlichen akademischen Feiern, u. a. das Brauen der Medikamente [63], statt.

Im Archiginnasio waren die bis dahin mehr oder weniger in der Stadt verstreut liegenden Einrichtungen für Lehre, Versammlung und Verwaltung der Universität Bologna vereint worden. Auf ein Gesamtgebäude konzentriert, hat sich die Universität aber auch

[61] Vgl. F. Cavazza, Nr. 19, S. 153–155 u. S. 254, Sektionen wurden schon seit Beginn des 13. Jahrhunderts in der Medizinschule Salerno, seit Beginn des 14. Jahrhunderts in Bologna und Venedig vorgenommen; sie waren aber mit großen Schwierigkeiten verbunden, denn es bedurfte langer Verhandlungen und der Erlaubnis des Podestà sowie des Rektors, Leichen sezieren zu dürfen. Das Anatomische Theater war deshalb keine ständige Einrichtung, der Raum wurde zu entsprechendem Anlaß mit einer provisorischen Holzkonstruktion ausgebaut, s. K. Rückbrod, Nr. 95, S. 44–45.

[62] Vgl. F. Cavazza, Nr. 19, S. 256–260, G. G. Forni, Nr. 35, S. 384, im 17. Jahrhundert waren die Sektionen öffentliche akademische Feiern. Die ‚Funzione dell'Anatomia' fanden als bedeutende Attraktionen, zu denen der Adel und die städtischen Würdenträger eingeladen wurden, während der Karnevalszeit statt und dauerten 10 Tage. Man erschien maskiert und in Verkleidung. Aufgrund der Forderungen nach guten Sichtverhältnissen entstand der Raumtyp des mit steigendem Gestühl theaterähnlich eingerichteten Hörsaals. Der erste eigens für Sektionen bestimmte Hörsaal, das erste Anatomische Theater wurde 1594 von dem bedeutenden Mediziner und Chirurgen Girolamo Fabrizi d'Acquapendente für die Universität Padua geschaffen, s. K. Rückbrod, Nr. 95, S. 44–46.

[63] S. o. S. 69.

gleichzeitig zurückgezogen und von der Umwelt isoliert. Durch Mittel der Repräsentation, die der Universitas ursprünglich wesensfremd waren, stellt sie sich als exklusive Lehranstalt in der Gestalt eines frühbarocken Palastes dar. Das dokumentiert eindrucksvoll die Situation der von der staatlichen Autorität abhängig gewordenen Universität. Dieser repräsentative Palastbau verhinderte zum Schaden der ehemals berühmten Studien [64] eine Entfaltung der seit dem Ende des 16. Jahrhunderts sich ausweitenden und an Bedeutung zunehmenden Lehre und Forschung der Naturwissenschaften. Entgegen der Absicht einer Konzentration mußte daraufhin der Ausweg ins Provisorium gesucht werden. Schon im 17. Jahrhundert wurden für naturwissenschaftliche Studien u. a. S. Petronio [65] und Räume im Palazzo Pubblico benutzt [66].

Der Palazzo Poggi

Je mehr die Universitäten „verinstitutionalisierten", desto intensiver wirkten Gegenkräfte, die seit der Renaissance die Verbindung zwischen Wissenschaft und Universität lockerten und im Verlauf des 16. und 17. Jahrhunderts sogar lösten [67]. Außerhalb der Universitäten entstanden ,Gelehrte Gesellschaften' und ,Wissenschaftliche Akademien' für humanistische und naturwissenschaftliche Studien [68]. Aber von diesen Gelehrtenzirkeln ging auch eine Bewe-

[64] Vgl. F. Cavazza, Nr. 19, S. 281–285.

[65] Der berühmte Astronom Domenico Cassini lehrte 1653 dort, vgl. G. G. Forni, Nr. 35, S. 381.

[66] Die naturwissenschaftlichen Sammlungen und die physikalischen Kabinette waren im Palazzo Pubblico untergebracht, in dessen Innenhof man auch den Botanischen Garten anlegte, vgl. F. Cavazza, Nr. 19, S. 278.

[67] Vgl. A. Nitschke, Nr. 77, S. 17–20, H. Schelsky, Nr. 99, S. 31–47.

[68] 1530 gründete in Frankreich Franz I. neben der Sorbonne und ohne Beziehung zu ihr das Collège des lecteurs du roi, das spätere Collège Royal oder Collège de France. Im 17. Jahrhundert wurden – um nur einige zu nennen – die Académie française 1635 von Richelieu, die Royal Society 1662 in London und die Preußische Akademie der Wissenschaften 1700 in Berlin gegründet. Für junge Adlige entstanden die höfischen Rit-

gung aus, die schließlich gegen Ende des 18. Jahrhunderts zu einer Reform und Befreiung der „im Zunftwesen erstarrten Universität" (Schelsky) führte [69]. Wie überall in Europa wurden auch in Bologna um die Wende vom 17. zum 18. Jahrhundert Privatakademien gegründet [70], die nach Vereinigung mit der Universität das Studium wieder aufleben ließen. Das schlug sich in einer neuen baulichen Konzeption nieder [71].

Um 1690 gründete Eustachio Manfredi eine philosophisch-geisteswissenschaftliche Akademie, die ‚Academia degli Inquieti'. An dieser „Akademie der Unruhigen" konnte über den Rahmen der im traditionellen Bildungsgut blockierten Universitätslehre hinaus studiert werden, was Humanismus und Rationalismus an reicheren Quellen erschlossen hatten. Diese Akademie nahm Luigi Ferdinando Graf Marsili 1708 in seinem Palast auf und vervollständigte sie mit seinen Sammlungen, seiner Bibliothek, chemischen und physikalischen Laboratorien sowie einer Sternwarte. Marsili war der Begründer des ‚Istituto delle Scienze', dem noch die von Papst Clemens XI. gegründete ‚Academia Clementina', eine Kunstakademie für Maler, Bildhauer und Architekten, angeschlossen wurde. Das ‚Istituto delle Scienze' kam 1712 als Stiftung des Marsili an die Stadt, die sie in dem Palast unterbrachte, der für Kardinal Poggi Ende des 16. Jahrhunderts von Pellegrino Tibaldi und Bartolomeo Trianchi in der Via Zamboni erbaut worden war. Ende des 18. Jahrhunderts wurde die Universität mit dieser Akademie der Wissenschaften vereinigt. 1803 fand eine Übersiedlung der Universität aus dem Archiginnasio in den Palazzo Poggi statt. Um Raum zu schaffen, wurde die ‚Accademia delle Belle Arti' in das ehemalige Kloster S. Ignazio verlegt. Der Palazzo Poggi war nun das Lehrsaalgebäude der Universität Bologna mit Bibliothek, Archiv, Naturwissenschaftlichen Sammlungen und Kabinetten.

terakademien, an denen neben der Pflege ritterlicher Tugenden Naturwissenschaften als „Kameral-Wissenschaften" gelehrt wurden, vgl. dazu A. Willburger, Nr. 120.

[69] Vgl. A. Nitschke, Nr. 77, S. 20–23, H. Schelsky, Nr. 99, S. 48 ff.

[70] Vgl. F. Cavazza, Nr. 19, S. 285–288.

[71] Vgl. G. G. Forni, Nr. 35, S. 382 ff., A. Sorbelli u. L. Simeoni, Nr. 107, Bd. 2 S. 123 ff.

Chemische Laboratorien wurden im nahegelegenen Garten della Viola errichtet, wo auch der Botanische Garten angelegt wurde. In der Folge siedelten sich im Umkreis des Palazzo Poggi alle weiteren Universitätsinstitute an, so daß im Verlauf des 19. Jahrhunderts im nordöstlichen Stadtbereich ein neues Universitätviertel entstand. Im Archiginnasio ist seit 1838 die Biblioteca Comunale untergebracht.

10. PARIS (Abb. 6–10) [72]

a) Die Lehreinrichtungen

Die Schulen der Frühzeit bis 1200 (Abb. 6)

Die bedeutendste Philosophie- und Theologieschule war die Kathedralschule von Notre Dame. In der bischöflichen Aula (aula episcopi) sollen nach einer Notiz Mitte des 12. Jahrhunderts vor 300 Scholaren Vorlesungen gehalten worden sein [73]. Berühmt waren ebenfalls die Klosterschulen von Ste. Geneviève und St. Victor [74]. Es gab aber auch private Schulen, die freie Magister auf eigenes Risiko eröffnet hatten. Daß auf eigene Initiative freie Magister lehren durften, war insbesondere den französischen Bischöfen auf dem dritten Laterankonzil 1179 von Alexander III. nahegelegt worden; dazu sollte geeigneten Magistern ohne Entgelt die Lehrberechtigung erteilt werden [75]. Diese „wildgewachsenen" Schulen lagen hauptsächlich in zwei Bereichen: im Umkreis der Kathedrale und im Umkreis der Abtei von Ste. Geneviève. Die Schulen im Umkreis der Kathedrale lagen in Häusern auf und zwischen den

---

[72] Vgl. insbes. J. Bonnerot, Nr. 10, dort werden die Lehreinrichtungen der einzelnen Fakultäten genannt. Weiterhin geben A. Budinszky, Nr. 16, S. 43 ff., sowie der Inventarband J. Hillairet, Nr. 54, S. 469 ff. viele Hinweise, die auch bei H. Rashdall, Nr. 88, Bd. I S. 276–289, S. 340–343, S. 406 ff. und S. 433 ff. zu finden sind. Oberflächlich allgemein ist A. Springer, Nr. 108.

[73] Vgl. P. Classen, Nr. 22, S. 176.

[74] Vgl. P. Classen, Nr. 22, S. 157.

[75] Vgl. H. Grundmann, Nr. 44, S. 48.

Seinebrücken; erwähnt werden Schulen auf dem Petit-Pont und dem Grand-Pont [76]. Die Schulen auf dem Mont Ste. Geneviève – dem Parnaß – lagen irgendwo in Häusern, in denen man Zimmer mietete, die man je nach besserem oder preisgünstigerem Angebot ständig wechselte.

Die Lehreinrichtungen der Universitas von 1200–1300 (Abb. 7)

Nach 1200 schlossen sich die freien Magister mit denen der Kathedralschule zur Universitas zusammen. Der Kernbereich der Universitas war ein Straßengeviert auf dem linken Seine-Ufer [77] beim Benediktiner-Priorat St. Julien-le-Pauvre zwischen der Rue du Fouarre, Rue Galande, Rue de la Bûcherie und Place Maubert. Dort hatte die Artistenfakultät ihre Lehrräume. Über die Lage im einzelnen ist nichts bekannt. Ebenso ist ungewiß, in welchem Umfang Räume zur Verfügung standen; denn es soll auch unter freiem Himmel in der Rue du Fouarre und auf der Place Maubert gelehrt worden sein.

Die Mediziner waren zunächst der Artistenfakultät angeschlossen. 1274 gaben sie sich eigene Statuten und wurden eine selbständige Fakultät. Die Lehrsäle lagen verstreut auf dem rechten Seine-Ufer bei St. Germain l'Auxerrois, auf der Seine-Insel in der Cité und auf dem linken Seine-Ufer im Bereich der Artistenfakultät.

Die Juristen – in Paris wurde nur kanonisches Recht gelesen – lehrten anfänglich noch in der Kathedralschule, eröffneten dann aber eigene Lehrsäle im Clos Bruneau, in einem Bezirk, der heute begrenzt wird von den Straßen Rue Jean de Beauvais, Rue St. Hilaire und Rue des Carmes.

Die Theologen hielten den engsten Kontakt zum bischöflichen Kanzler und zur Kathedralschule. Die theologische Fakultät benutzte auch das Siegel des Kanzlers. Gelehrt wurde die Theologie in der Kathedralschule, im Dominikaner- oder Jakobinerkloster

---

[76] Chartul. Univ. Paris., Nr. 21, Bd. I Introd. Nr. 54 u. 55.
[77] Vgl. H. Rashdall, Nr. 88, Bd. III S. 427 ff.

St. Jacques, im Franziskanerkloster Les Cordiers und in den großen Kollegien, hauptsächlich in dem 1257 eröffneten Kollegium Roberts de Sorbon, das schon 1270 als „Sorbonne" ein Begriff für theologisches Studium war [78].

Die Lehreinrichtungen nach 1300 (Abb. 8, Abb. 9, Abb. 10)

Nach 1300 ist über die Standorte der Universitätseinrichtungen mehr Klarheit zu gewinnen. Zunehmend konzentrierten sich die Ansiedlungen auf dem linksufrigen Stadtbereich, der mehr und mehr durchsetzt wurde von der Universität, so daß sich eine Gliederung des gesamten noch von dem Mauerring Philipps II. umzogenen Stadtareals ablesen läßt: auf der Seine-Insel die Cité mit der Königs- und Bischofsresidenz, auf dem rechten Seine-Ufer die Ville der Bürgerschaft mit den meisten Zünften der Gewerbetreibenden und linksufrig das Universitätsviertel, das Quartier Latin. Die „Zunftstraße" der Artistenfakultät war die Rue du Fouarre. 1329 werden Artistenlehrräume in der Rue du Fouarre, die die einzelnen Nationen mieteten, erwähnt [79]. Die Armut der Fakultät war so groß, daß kein Mobiliar angeschafft werden konnte und die Scholaren auf Stroh sitzen mußten. Nach diesen mit Stroh ausgelegten Lehrräumen erhielt die Straße Rue du Fouarre, Vicus Stramineus, Strohgasse, ihren Namen [80]. Nach 1364 erwarben die Nationen diese bisher gemieteten Häuser [81]. Die Nation der Engländer-Deutschen besaß zwei Häuser an der Kreuzung Rue du Fouarre – Rue Lagrange. Der französischen und der normannischen Nation gehörten die Häuser Rue du Fouarre Nr. 10 und Nr. 8; wo die picardische Nation ihr Haus hatte, ist unbekannt. Die Lehreinrichtungen der Artistenfakultät hielten sich in der Rue du Fouarre bis zum Ende des 15. Jahrhunderts. Zu dieser Zeit wurden die

[78] Vgl. J. Bonnerot, Nr. 11, S. 4.

[79] Vgl. C. E. Bulaeus, Nr. 17, Bd. IV S. 100, 187, 213, 224 sowie Chartul. Univ. Paris., Nr. 21, Bd. II Nr. 655, 793, 897.

[80] Vgl. auch Dante, Divina Commedia, Paradiso, 10. Gesang 136–138.

[81] Vgl. G. G. Boyce, Nr. 13, S. 118.

eigenen Lehrsäle von den Nationen aufgegeben, weil sich die Lehrtätigkeit endgültig in die Kollegien zurückgezogen hatte.

Für die theologische Fakultät gewann seit dem Ende des 13. Jahrhunderts das Collège de Sorbon zunehmend zentrale Bedeutung. Die Vorlesungen, die noch Anfang des 14. Jahrhunderts im Kapitelsaal von Notre Dame und danach für kurze Zeit in der Klosterkirche der Mathuriner stattfanden, wurden schließlich nur noch in der Sorbonne gehalten [82]. Für die externen Theologiestudenten, die seit Bestehen des Kollegiums als ,socii sine bursa' an den internen Lehrkursen teilnehmen durften, wurde 1470 ein eigenes Lehrgebäude, die Ecoles Externes, an der Nordseite der Rue des Poirées eingerichtet [83]. Seit etwa 1550 war die Sorbonne Zentrum der theologischen Fakultät und wurde Ende des 19. Jahrhunderts das Hauptgebäude der gesamten Universität Paris.

Die Lehrsäle der Mediziner lagen noch um die Wende des 14. Jahrhunderts verstreut im Bereich der Artistenfakultät und auf der Seine-Insel. Erst 1470 erwarb die Fakultät ein Haus in der Rue de la Bûcherie zwischen Rue du Fouarre und Rue des Rats (heute die Rue de l'Hôtel-Colbert). Weitere Ankäufe in der Nachbarschaft und Aus- und Umbauten ließen hier in der Zeit vom 16. bis zum 18. Jahrhundert das Zentrum medizinischer Lehre entstehen, das 1741 grundlegend erneuert und dem 1744 der Neubau eines Anatomischen Theaters hinzugefügt wurde. Eine eigene Fakultätsbibliothek bestand seit 1732; die Sammlungen waren an verschiedenen Orten, u. a. im Refektorium des Mathurinerklosters, untergebracht. Da Erweiterungen nicht mehr möglich waren, erzwang die Raumnot eine Dezentralisierung; 1775 benutzte man zusätzlich die von den Juristen verlassenen Lehrsäle in der Rue de Jean de Beauvais.

Neben der medizinischen Fakultät bestand seit 1271 eine Korporation der Chirurgen. Als ihr 1616 öffentliche Lektionen erlaubt wurden, kam die Korporation in den Verbund zur Universität. Seit 1698 waren die Rechte zur wissenschaftlichen Lehre und zur Verleihung akademischer Grade anerkannt; 1731 wurde ihr der

---

[82] Vgl. J. Bonnerot, Nr. 11, S. 18.
[83] S. u. S. 122.

Rang einer Académie de Chirurgie verliehen. Die Chirurgen hatten sei 1694 ein eigenes Anatomisches Theater in einem Neubau beim Franziskanerkloster in der Rue des Cordeliers (heute die Rue de l'Ecole de Médecine) und errichteten in der Nähe 1768 ein eigenes Lehrsaalgebäude. 1793 wurden die Fakultät Medizin und die Akademie der Chirurgen vereinigt; die getrennt liegenden Lehreinrichtungen wurden zusammengelegt in den Bezirk von Rue de l'Ecole de Médecine, Boulevard St. Germain, Rue Hautefeuille, Rue Dupuytren, Rue Antoine Dubois, Rue Racine und Rue Monsieur le Prince, wo zwischen 1878 und 1900 weitere Neubauten entstanden. Mehrere Hospitäler waren den Fakultäten Medizin und Chirurgie als Kliniken angeschlossen.

Wie die Chirurgen bildeten auch die Apotheker eine eigene Korporation, die 1576 als Académie de l'art de l'apothicairerie in engeren Kontakt zur Universität kam. Die Lehreinrichtungen wurden denen der Chirurgen entgegengesetzt östlich vor der alten Stadtmauer Philipps II. im Faubourg St. Marcel angesiedelt. Der Heilkräutergarten entstand auf dem Gelände der alten Gräben. Seit 1626 wurde der Botanische Garten ständig erweitert, bis er die Grenzen erreichte, die er heute als Jardin des Plantes mit den Instituten für Botanik und Zoologie einnimmt.

Die juristische Fakultät, die sich im 14. Jahrhundert im Clos Bruneau angesiedelt hatte, errichtete dort in der Rue de Jean de Beauvais 1415 ein Lehrsaalgebäude. Im 17. und 18. Jahrhundert stellten die nördlich der Abtei von Ste. Geneviève benachbart liegenden Kollegien de Cambrai, de Montaigu und de Reims weitere Räume zur Verfügung, bis man sich Ende des 18. Jahrhunderts zu einem Neubau entschloß, der dem Pantheon gegenüber von 1763 bis 1772 ausgeführt wurde. Die Schulen im Clos Bruneau wurden der medizinischen Fakultät überlassen. Den Lehrsaalbau der Juristen aus dem Barock vergrößerte man 1892–1896 zu dem noch heute bestehenden Baublock an der Place du Pantheon, der Rue Soufflot, der Rue St. Jacques und der Rue Cujas.

b) Die zentralen Einrichtungen

Die zentralen Einrichtungen vor 1300 (Abb. 6, Abb. 7)

Das Zentrum der Universität war die Kirche des Benediktiner-priorats St. Julien-le-Pauvre. Diese im „Zunftviertel" der Artes-Magister und -Scholaren gelegene, ihnen als Pfarrkirche zugehörige älteste Kirche von Paris erfüllte zwei Funktionen: sie war die zentrale Einrichtung der Fakultät der Artisten u n d die der gesamten Universitas. Die Nationen trafen sich hier zur Prokuratorenwahl, und der Rektor wurde hier gewählt, aber auch die Generalversammlung der Gesamtuniversitas fand hier statt. Ebenso wurden die Privilegien der Universitas von seiten der Stadt in dieser Kirche beschworen. So zeichnet sich auch im baulichen Bild der in der Struktur erkennbare Entwicklungsvorgang von einer ursprünglichen Universitas der Artes-Magister zur Universitas der Magister aller vier Lehrgebiete ab [84]. Die ursprüngliche ‚universitas artistarum' hatte sich bei St. Julien auf dem linken Seine-Ufer angesiedelt und benutzte die Kirche als zentrale Einrichtung. Als sich dann die Magister der anderen Wissenschaftsgebiete der ‚universitas artistarum' zugesellten und die ‚universitas magistrorum' bildeten, wurde St. Julien auch der zentrale Versammlungsort der Gesamtuniversitas. Bei den Kongregationen wurde getrennt nach Nationen und Fakultäten beraten. Dementsprechend waren jeder der vier Nationen und jeder der drei oberen Fakultäten im Kirchenschiff getrennte Bereiche zugewiesen.

Neben den Beratungen und Versammlungen der Magister waren die Prüfungen von entscheidender Bedeutung. Dem Grad ihrer Wichtigkeit [85] entsprach die Lokalität. Das Zwischenexamen, das ‚examen baccalariandorum', das über den Studienfortschritt der Artes-Scholaren entschied, wurde in den Lehrräumen der Artisten abgenommen. Dagegen fand das Abschlußexamen in Kirchen statt. Der erste Abschnitt des Magisterexamens, die Fachprüfung, wurde in St. Julien abgenommen; zur Verleihung der Lehrberechtigung

[84] S. o. S. 28.
[85] S. o. S. 16.

91

als Artes-Magister versammelte man sich in der Abteikirche von Ste. Geneviève oder auch in der Kathedrale Notre Dame [86]. Wo allerdings im 13. Jahrhundert die beiden Teile der Promotion, die Fachprüfung und die anschließende Verleihung des Doktorhutes, stattfanden, ist unbekannt. Es kann aber angenommen werden, daß das „Rigorosum" in dem zentralen Versammlungsort der jeweiligen Fakultät gehalten wurde, und da die oberen Fakultäten einen engen Kontakt zum bischöflichen Kanzler hatten, wird wie in Bologna die Stätte der Verleihung der Doktorwürde die Kathedrale gewesen sein.

Das Archiv der Universitas war das Mathurinerkloster. In dieser Klosterkirche des Trinitarierordens wurden die Truhen mit den Dokumenten und Wertgegenständen aufbewahrt. Das Siegel der Universitas war aber in einer Truhe verschlossen, die in der Abteikirche von Ste. Geneviève stand. Zu dieser Truhe besaß jede Fakultät und jede Nation einen besonderen Schlüssel, so daß die Zustimmung der gesamten Universitas vorliegen mußte, um die Schlüssel vollzählig beisammen zu haben und die Truhe öffnen zu können. Wenn man sich über die Beglaubigung von Erlässen auf keinen Kompromiß einigen konnte, kam es auch vor, daß die Majorität beschloß, die Truhe aufzubrechen [87].

Eine eigene Bibliothek besaß die Universitas nicht. Die schon seit dem 12. Jahrhundert berühmte Bibliothek der Abtei von Ste. Geneviève wurde mitbenutzt. Sie stand z. B. dem Collège de Sorbon zur Verfügung, das aber bald, wie alle anderen großen Kollegien, eine eigene Bibliothek einrichtete.

Das einzige Eigentum der Universitas oder vielmehr der Artistenfakultät war seit dem Beginn des 13. Jahrhunderts ein Grundstück außerhalb der Stadtmauern auf dem linken Seine-Ufer zwischen dem Kloster St. Germain-des-Prés und dem heutigen Marsfeld [88]. Wozu dieses ‚Pré-aux-Clercs' genannte freie Feld eigentlich benutzt wurde, ist nicht bekannt. Sicher ist nur, daß es ein Spiel- und Sportplatz der Scholaren war. Wenn diese Nutzung mehr als

[86] Es war dem Kandidaten freigestellt, an welchen Kanzler er sich wenden wollte, s. H. Rashdall, Nr. 88, Bd. I S. 460/461.
[87] Vgl. C. E. Bulaeus, Nr. 17, Bd. IV S. 163 u. Bd. V S. 555/556, 776.
[88] Vgl. H. Rashdall, Nr. 88, Bd. III S. 427–429.

eine Verlegenheitslösung war und einer bestimmten Absicht entsprach, dann wären die Sportanlagen der früheste Grundbesitz der Pariser Universitas gewesen. Vielleicht war noch die Erinnerung an den Lehrplan der Antike wach, in dem Sport und körperliche Ertüchtigung als wesentlicher Ausgleich für geistige Anspannung breiten Raum einnahmen; eine Erkenntnis, die auch in Bologna bei den Forderungen Buoncompagnos nach frischer und reiner Luft und Ausblick auf Gärten lebendig gewesen sein mag [89]. Im Laufe der Zeit ging diese Erkenntnis verloren. Das ,Pré-aux-Clercs' wurde später stückweise verpachtet und verkauft.

Die zentralen Einrichtungen nach 1300 (Abb. 8)

Um 1300, zu derselben Zeit, als in Bologna die Generalversammlung nicht mehr in S. Procolo, sondern in den großen Bettelordenskirchen stattfanden, wurden für die Generalversammlungen der Universitas nicht mehr St. Julien-le-Pauvre, sondern die Kirchen der Dominikaner und Franziskaner, auch der große Kapitelsaal des Zisterzienserklosters (Les Bernardins), meistens aber das Refektorium des Mathurinerklosters benutzt [90]. Die kirchlichen Feiern der gesamten Universitas fanden in der Dominikaner- und Franziskanerkirche und auch in der Kapelle des Kollegiums von Navarra statt. St. Julien war nur noch das Zentrum der Artistenfakultät, die ihre Versammlungen meist dort, manchmal aber auch im Mathurinerkloster abhielt [91]. Auch die drei anderen Fakultäten hatten eigene Versammlungsorte, von denen nur die der Mediziner bekannt sind. Es waren die Kirchen Ste. Geneviève-la-Petite in der Cité, später auch das Mathurinerkloster und das Collège d'Harcourt.

Wie jede der vier Fakultäten hatte auch jede der vier Nationen einen eigenen Versammlungsort. Die Nation der Engländer-Deutschen benutzte die Kirche St. Côme, die französische Nation die Kapelle des Kollegiums von Navarra, die normannische die des

[89] S. o. S. 67.
[90] Vgl. C. E. Bulaeus, Nr. 17, Bd. III S. 486, Bd. IV S. 223–224, Bd. V S. 606.
[91] Vgl. Chartul. Univ. Paris., Nr. 21, Bd. I Nr. 485, Bd. II Nr. 570.

Kollegiums d'Harcourt und die picardische die Kirche St. Julien, bis ihr 1487 ein eigener Kapellenbau gewährt wurde.

Nach 1300 wurden das Archiv aus dem Mathurinerkloster und die Siegeltruhe aus der Abtei Ste. Geneviève gemeinsam in der Kapelle des Kollegiums von Navarra deponiert. Seit dieser Zeit war diese Kapelle die zentrale Archiv- und Schatzkammer der Universitas. Eine übergeordnet zentrale Bedeutung hatte das Kloster der Mathuriner in der Rue St. Jacques. Es war Ort der Verwaltung und Amtssitz des Rektors. Ende des 15. Jahrhunderts zählte man das Mathurinerkloster zu den drei berühmtesten Gebäuden von Paris: die Kathedrale Notre Dame als Sitz des Bischofs, das Palais Royal als Sitz des Königs und des Parlaments und das Kloster der Mathuriner als Sitz der Universität [92].

Auch nach 1300 gab es keine zentrale Universitätsbibliothek. Die meisten Kollegien besaßen reiche Bibliotheken, die untereinander und mit den Klosterbibliotheken von Ste. Geneviève und St. Germain-des-Prés einen Leihverkehr organisiert hatten [93]. Soweit überhaupt noch außerhalb der Kollegien gelehrt wurde, was gegen Ende des 15. Jahrhunderts bei Artisten und Theologen nicht mehr der Fall war, standen auch den Nichtkollegiaten die Kollegienbibliotheken offen [94]. Wann Fachbereichsbibliotheken bei der medizinischen und juristischen Fakultät zusammengestellt wurden, ist un-

[92] So nach einer Aussage des Ordensgenerals der Trinitarier, Robert Gaguin, vgl. A. Budinszky, Nr. 16, S. 45.

[93] Vgl. J. John, Nr. 62, S. 37–38, H. Rashdall, Nr. 88, Bd. I S. 491 sagt: "The college libraries of Paris, Oxford, and Cambridge were lending libraries. Out of 1.722 books, ranging over the subjekts of the faculties, in the Sorbonne Library, only 330 were kept apart in the library proper; the others were distributed in accordance with a system of ‚electiones' afterwards adopted by the colleges in the English universities."

[94] Vgl. H. Rashdall, Nr. 88, Bd. I S. 516–517, Zitat ebd. S. 517 Anm. 1: "At Paris the difficulty was largely met by the college libraries. The library of the Sorbonne was partly formed by its original benefactors, and by 1338 amounted to 1.700 volumes. At Navarre the surplus revenue was to be spent in books. The library is mentioned in many other college statutes. While some of the books were chained in the library, other could be taken out by the fellows and retained for long periods, so that they were dispensed from the necessity of buying text-books for lectures."

bekannt. Jedenfalls besaßen die Mediziner und Juristen im 18. Jahrhundert eigene Fakultätsbibliotheken in ihren Lehrsaalgebäuden.

Wie in Bologna, wo das Bordell gewissermaßen als zentrale Einrichtung seinen Standort nahe den an der Via dei Libri gelegenen Lehrsälen hatte [95], bestand in Paris ein ähnliches Etablissement in der Rue du Fouarre, dort, wo die Artistenschulen lagen, die von den meisten Studenten besucht wurden. 1358 wurde wohl aus den Gründen, die 1360 in Bologna zur Errichtung einer Mauer zum „Schutze" der Scholaren führten, angeordnet, die Rue du Fouarre beidseits mit Ketten abzuschließen [96]. Da diese Maßnahme nicht als direktes Verbot dieser Einrichtung gewertet werden kann, bleibt zu vermuten, daß man das Problem der Sexualität der Studentenschaft in Paris ebenso realistisch betrachtete wie in Bologna.

c) Die Wohnstätten

Hospizien

Hospizien müssen in Paris schon sehr früh bestanden haben, denn in den Statuten Roberts von Courçon 1215, die u. a. die studentische Selbstverwaltung in den ,hospicia' regelten, wird die Miettaxierung der gemeinschaftlich gemieteten Häuser als schon lange gebräuchliche Gewohnheit erwähnt [97]. Aber im Gegensatz zu Bologna, wo sich die Hospizien noch lange hielten, gingen sie in Paris zum größten Teil in den zahlreichen Kollegiengründungen auf.

Kollegien (Abb. 8, Abb. 9) [98]

Der anfangs bevorzugte, bald aber ausschließliche Standort für die rasch sich vervielfachenden Kollegiengründungen war das links-

[95] S. o. S. 78.
[96] Vgl. J. Hillairet, Nr. 54, S. 550.
[97] Vgl. A. Budinszky, Nr. 16, S. 54, C. E. Bulaeus, Nr. 15, Bd. III S. 82, Chartul. Univ. Paris., Nr. 21, Bd. I Nr. 20.
[98] Zur Lage der Kollegien vgl. insbes. J. Hillairet, Nr. 54, S. 469 ff.

ufrige Stadtviertel, das Quartier Latin. Zu den im 12. und 13. Jahrhundert eröffneten Kollegien kamen im 14. Jahrhundert 37 weitere und im 15. Jahrhundert noch 11 hinzu. Um 1500 gab es nahezu 70 Kollegien in Paris. Als integrierte Bestandteile der Universität[99] hatten die Kollegien das gesamte Universitätsviertel durchsetzt. Da die Kollegien seit der Mitte des 15. Jahrhunderts zumindest für die Hauptstudien Philosophie (artes liberales) und Theologie die eigentlichen Lehreinrichtungen waren[100], bestimmten sie in entscheidendem Maße das bauliche Bild der Pariser Universität. Die Kollegien lagen zusammen mit den Lehrsaalgebäuden der medizinischen und juristischen Fakultät in einem Bereich von etwa 750 m Durchmesser. Die zentralen Einrichtungen von übergeordneter Bedeutung, die Kirche St. Julien als Versammlungsort der zahlenmäßig stärksten Artistenfakultät, das Mathurinerkloster als Verwaltungszentrum und die Sorbonne als Versammlungsort der Hauptfakultät Theologie, reihten sich, gleichsam ein Rückgrat des gesamten Universitätsbereichs bildend, zwischen den beiden Promotionsorten, der Kathedrale Notre Dame im Norden und der Abtei Ste. Geneviève im Süden. Auf der südlichen Peripherie lagen die zentralen Einrichtungen, die eine besondere bzw. weniger allgemeine Bedeutung hatten: das Collège de Navarre als Schatzkammer der Universität und als nur zeitweilig benutzte Versammlungsorte die Bettelordensklöster und das Collège d'Harcourt. Bei aller Vorsicht, diese erst nachträglich ablesbare Struktur als bewußte Standortplanung nicht überzubewerten, ist doch die sinnvolle Anordnung auffällig.

d) Das bauliche Bild nach 1550 (Abb. 10)

Im 16. Jahrhundert wurde die Vielzahl der Kollegien reduziert; denn für den Studienbetrieb waren die vielen kleinen und verstreut liegenden Kollegien nicht effektiv genug. Man begegnete der Ver-

[99] S. o. S. 48.
[100] Vgl. C. E. Bulaeus, Nr. 17, Bd. V S. 536, Chartul. Univ. Paris., Nr. 21, Bd. IV Br. 2592. "In 1445 we find the university declaring in a petition to the King that 'almost the whole University resides in the Colleges'." Zit. n. H. Rashdall, Nr. 88, Bd. I S. 519/520.

zettelung des Lehrbetriebs mit einer Konzentration der Lehreinrichtungen; damit wurde aber auch hier die Universität weitgehend von der Umwelt isoliert. Diese zentralen Lehrsaalgebäude sind der sichtbare Ausdruck von Studienreformen, die unter dem Druck von staatlicher und kirchlicher Autorität im Zuge der Gegenreformation durchgeführt wurden und denen die letzten Freiheiten und Privilegien der Universität zum Opfer fielen [101]. Wie im Lehrsaalgebäude der gesamten Universität Bologna, dem Archiginnasio 1562–1563, entstand in Paris in dem 1562 gegründeten Jesuitenkollegium Collège de Clermont, später Collège Louis le Grand genannt, ein zentrales Lehrsaalgebäude für die Artistenfakultät; und für die Sorbonne wurde 1628–1648 auf Veranlassung Richelieus von Lemercier ein Neubau als Zentrum theologischen Studiums geschaffen (Abb. 17). Da in dem großen Jesuitenkollegium die meisten kleinen Kollegien aufgingen, bestanden neben den beiden Hauptlehrsaalgebäuden philosophischer und theologischer Studien im 17. und 18. Jahrhundert nur noch neun große Kollegien [102] mit Mitgliederzahlen von 20 bis 70 Kollegiaten. Nach Vertreibung der Jesuiten 1764 durch Choiseul und Aufhebung des Ordens 1772 fiel das Collège Louis le Grand an die Universität. Während der Revolution wurden sämtliche Kollegien aufgehoben. Um die baulichen Verhältnisse zu ordnen, plante Napoleon ein Universitätsgesamtgebäude zwischen Pont de la Concorde und Pont de Jéna, das 1812 begonnen, aber infolge der politischen Konstellation nicht ausgeführt wurde [103]. In der Zeit der Restauration wurde die Universität weitgehend wiederhergestellt, so wie sie vor der Revolution bestanden hatte.

Lycée Louis le Grand und Collège de Sorbon waren die Lehrsaalgebäude für Geistes- und Naturwissenschaften (Faculté des Lettres und Faculté des Sciences) und Theologie. Die Fakultäten Jura und Medizin behielten ihre Lehrsaalgebäude an der Place du

---

[101] Durch Universitätsreformen unter Heinrich IV. 1598 und 1600 sind alle Vorrechte aufgehoben worden, vgl. J. Bonnerot, Nr. 10, S. 10.

[102] Die Kollegien d'Harcourt, Cardinal Lemoine, de Navarre, de Montaigu, du Plessis, de Lisieux, de la Marche, des Grassins, des Quarte-Nations, s. J. Hillairet, Nr. 54, S. 471 u. 499.

[103] Vgl. J. Bonnerot, Nr. 10, S. 11.

Pantheon und in der Rue de l'Ecole de Médecine. Seit 1821 gewannen die Vorstellungen eines Gesamtgebäudes wieder Gewicht. Die Sorbonne wurde Zentrum für die Wissenschaftsgebiete, die schon immer für das Geistesleben der Pariser Universität repräsentativ waren: Philosophie (artes liberales) und Theologie. Geistes- und Naturwissenschaften wurden zusammen mit der Theologie dort untergebracht. Da das Bauwerk dafür bald zu klein war, entschloß man sich zu einem Neubau, der als Ergebnis eines Wettbewerbs 1883 von H. P. B. Nénot 1885–1901 ausgeführt wurde. Der Neubau nahm das ganze Geviert zwischen Rue de la Sorbonne, Rue des Ecoles, Rue St. Jacques und Rue Cujas ein; von dem Bau des Lemercier blieb nur noch die Kirche erhalten. Die Universität Paris besaß nun ein zentrales und repräsentatives Hauptgebäude und nannte sich, an die historische Entwicklung anknüpfend, Sorbonne.

11. Oxford (Abb. 11, Abb. 12) [104]

a) Lehreinrichtungen und zentrale Einrichtungen
um 1300 (Abb. 11)

Wie in Bologna und Paris wurde auch in Oxford zuerst in gemieteten Räumen gelehrt. Die Lehrräume lagen verstreut in den östlichen Stadtvierteln beiderseits der High Street [105]. Die Lehrräume der Artisten und der Mediziner waren hauptsächlich im Umkreis von St. Mary's Church zu finden. Diese Kirche benutzte die theologische Fakultät als Vorlesungssaal. Lehrsäle für die Juristen werden Ende des 13. Jahrhunderts in der Umgebung von St. Edward's Church erwähnt.

Das Zentrum der Universitas war seit der frühesten Zeit St. Mary's Church an der High Street. Die Kirche war der Ort der Magistervollversammlungen, der ‚congregatio plena' oder ‚congre-

[104] Vgl. dazu i. w. H. Hurst, Nr. 59, Ch. E. Mallet, Nr. 73, H. Rashdall, Nr. 88, H. E. Salter, Nr. 97, H. E. Salter u. M. D. Lobel, Nr. 98, und A. Vallance, Nr. 116.

[105] In anderen Stadtteilen sind Lehreinrichtungen nie erwähnt worden, s. H. Rashdall, Nr. 88, Bd. III S. 165 Anm. 3.

gatio magna'; auch die ‚congregatio minor' traf sich hier [106]. Für diese Kongregationen wurde 1320–1327 ein eigenes Bauwerk, das ‚Congregation House', errichtet. Es war ein seitenschiffähnlicher Anbau an der Nordseite der Kirche. Im Erdgeschoß lag der Versammlungssaal und im Obergeschoß die Bibliothek [107]. Darüber hinaus war St. Mary's Church Gerichtsgebäude und Schatzkammer der Universität. Die Promotionen und die Disputationen in Latein (latin sermons) wurden hier vorgenommen. Weitere zentrale Einrichtungen waren die Kirchen St. Mildred und St. Peter-in-the-East. In St. Mildred's Church versammelte sich die ‚Black Congregation', und in St. Peter's fanden die Disputationen in Englisch (english sermons) statt.

b) Lehreinrichtungen und zentrale Einrichtungen nach 1300 bis 1600 (Abb. 12)

Erst mit Beginn des 15. Jahrhunderts sind genaue Standorte der Lehreinrichtungen überliefert. Die Stadt, die auf einem nach den Himmelsrichtungen ausgerichteten Straßenkreuz angelegt worden war, ist klar gegliedert in vier Viertel. Die Nord-Süd-Achse wurde gebildet vom Straßenmarkt der Northgate Street (Carfax – Corn Market) und Fish Street (St. Aldate's Street); die Ost-West-Achse waren High Street und Castle Street (Great Bailey, Queen Street). Westlich der Nord-Süd-Achse zu beiden Seiten der Castle Street lagen nahe der Wasserburg die Stadtviertel der Bürgerschaft. Die beiden Stadtviertel östlich der Nord-Süd-Achse zu beiden Seiten der High Street waren die Universitätsviertel. „Zunftstraßen" waren neben der High Street die Jury Lane, die Little Jury Lane und die School Street.

An der School Street hatten sich vorwiegend die Lehrsäle der Artisten angesiedelt [108]. Hier lagen auch die ‚Schools', die der Abtei

[106] Zu den Kongregationen vgl. o. S. 29–30.

[107] Bibliotheken brachte man aus Sorge vor Feuchtigkeit hauptsächlich in Obergeschossen unter, vgl. A. Vallance, Nr. 116, S. XVIII.

[108] Schon die Benennung kennzeichnet sie als „Zunftstraße" ähnlich der Via delle Scuole in Bologna und der Rue du Fouarre in Paris. 1408 wer-

von Oseney gehörten und die 1439 zusammengefaßt wurden in einem Neubau, der das Hauptlehrsaalgebäude der Artistenfakultät war. Die Magister zahlten Miete an die Abtei. Nach einem Mitte des 16. Jahrhunderts durchgeführten Wiederaufbau ist das Bauwerk überliefert als ein zweigeschossiges Gebäude mit je fünf Lehrsälen im Erd- und Obergeschoß [109].

1426 beschloß die Universität eine Geldsammlung, um für die theologische Fakultät, die bisher in St. Mary's Church gelehrt hatte, ein eigenes Lehrsaalgebäude zu errichten. Der zweigeschossige Saalbau der ‚Divinity School' gegenüber den ‚Schools of Arts' war 1488 fertiggestellt; im Erdgeschoß lag das Auditorium, und im Obergeschoß wurde die Bibliothek von St. Mary's Church untergebracht.

Die Lehrsäle der Juristen bei St. Edward's Church bestanden noch im 15. Jahrhundert. Offensichtlich waren sie sehr erneuerungsbedürftig; denn in den Jahren von 1465 bis 1488 sammelte die Universität Gelder, damit die juristische Fakultät Renovierungsarbeiten durchführen konnte.

St. Mary's Church war weiterhin als Versammlungs- und Promotionsort und als Stätte der Beratung und Verwaltung das Zentrum der Universität. Von den anderen Kirchen, die eine mehr oder weniger untergeordnete Bedeutung für die Universität hatten, blieben nur St. Peter-in-the-East und St. Edward erhalten; St. Mildred's Church mußte 1429 dem Neubau von Lincoln College weichen.

c) Wohnstätten

Hospizien

Ähnlich wie in Bologna und Paris schlossen sich die meisten Scholaren in kleineren, unabhängigen und sich selbst regierenden

---

den 32 Artes-Schulen in einem Bereich nördlich von St. Mary's Church erwähnt, vgl. H. Rashdall, Nr. 88, Bd. III, S. 165 Anm. 3 und A. Vallance, Nr. 116, S. 4.

[109] Es waren Lehrsäle vorhanden für Grammatik, Rhetorik, Logik, Arithmetik, Musiktheorie, Geometrie, Astronomie, Moralphilosophie,

Gemeinschaften zusammen und bewohnten ein gemeinsam gemietetes Haus, ein ‚hospicium' – in England ‚Hall' oder ‚Hostel' genannt [110]. Die Wahl der Häuser war abhängig vom Angebot; und so ist es verständlich, daß die Halls in der Stadt verstreut lagen [111]. Die Initiative zur Gründung von Halls ging von den Graduierten aus, den Baccalaurei und Magistern, die dann auch die Führung innehatten [112]. Zu den Führungsaufgaben gehörten Hilfe und Beaufsichtigung bei den Studien der Scholaren, den Nichtgraduierten, die hauptsächlich die Belegschaft der Halls bildeten. Die Leiter von Halls wurden 1432 ausdrücklich von der Universität ermahnt, diese Tutorenaufgaben wahrzunehmen [113]. Zu dieser Zeit hatten die Halls ihre Selbständigkeit verloren und waren regelrechte Universitätseinrichtungen geworden [114]. Viele Halls gehörten den Klöstern, die gegen Ende des 13. Jahrhunderts beträchtlichen Haus- und Grundbesitz in Oxford hatten. Diese Halls unterstanden dann der Aufsicht der Ordensoberen. Die meisten Halls wurden später den Colleges angeschlossen.

Kollegien [115] (Abb. 11, Abb. 12)

Neben den Halls entstanden die Kollegien. Soweit sie nicht von den Klöstern eingerichtet, sondern gestiftet wurden, waren die

Naturphilosophie und Metaphysik, vgl. H. Rashdall, Nr. 88, Bd. III S. 116 Anm. 1 und A. Vallance, Nr. 116, S. 4.

[110] "The normal home of the mediaval undergraduate must be sought in halls, and his normal resort for instruction in the schools or lecture rooms rented by a regent master". Zit. n. H. Rashdall, Nr. 88, Bd. III S. XXIII, vgl. ebd. S. 169–172.

[111] Eine Lagekarte bei H. E. Salter u. M. D. Lobel, Nr. 98, zwischen S. 36 u. S. 37.

[112] Vgl. A. B. Emden, Nr. 30.

[113] Vgl. H. Rashdall, Nr. 88, Bd. III S. 171, Stat. Antiq. Univ. Oxon., Nr. 110, S. 243–244.

[114] "Meanwhile we may note their significance as marking the completion of the process by which the ancient hall or hostel was transformed from a private house rented by a society of students into a recognized university institution." Zit. n. H. Rashdall, Nr. 88, S. 172.

[115] Vgl. insbes. A. Vallance, Nr. 110, S. 11 ff.

Gründer zumeist doch kirchliche Würdenträger oder Bischöfe umliegender Diözesen; nur in Einzelfällen waren es Privatpersonen, die dann die Statuten – falls sie diese selbst aufstellten – von Autoritäten, im allgemeinen von Bischöfen, legalisieren lassen mußten. Während die Kollegien in Paris nahezu autoritär geführt wurden und der Universität unterstellt waren, behielten die Colleges in England weitgehend ihre Unabhängigkeit. Die unterschiedliche Entwicklung liegt darin begründet, daß die Pariser Kollegien hauptsächlich für junge Artes-Scholaren geschaffen wurden, dagegen die Kollegiaten in Oxford meist schon Graduierte waren [116]; denn für die Artes-Scholaren waren die Halls da. Daraus folgte, daß die Kollegien in Paris sehr viel früher Universitätseinrichtungen wurden als in Oxford; in Paris hatte sich die Lehrtätigkeit schon gegen Ende des 15. Jahrhunderts in die Kollegien zurückgezogen [117], in Oxford geschah das erst um 1600.

In Oxford entstanden ab 1250 die Kollegien in rascher Folge nacheinander. Während die Halls über das gesamte Stadtgebiet verstreut lagen, war man bei den Kollegien darauf bedacht, sie im Universitäts-Stadtbezirk, in den beiden Vierteln nördlich und südlich der High Street, anzusiedeln. Die begehrteste Lage war längs der High Street; bei den abgelegenen Colleges ist die Tendenz sichtbar, Erweiterungen möglichst so auszurichten, daß eine spätere Verbindung zur High Street hergestellt werden konnte. Die entfernteren Standorte an der Stadtmauer – Balliol und Magdalen College lagen sogar außerhalb des Mauerkreises – bezeugen, daß es den Gründern nicht gelungen war, im Zentrum Grundstücke zu erwerben. Im Gegensatz zu den weltlichen Kollegien, die innerhalb der Stadt möglichst nahe beim Universitätszentrum um St. Mary's Church errichtet wurden (Balliol, Magdalen und später Wadham College sind Ausnahmen), lagen die Kollegien der Mönchsorden außerhalb, vor der Stadtmauer. Diese Standorte sind bewußt gewählt worden; die klösterlichen Einrichtungen sollten abgesondert sein.

[116] Zur Unterscheidung der Kollegien von Paris und der von Oxford vgl. H. Rashdall, Nr. 83, Bd. I S. 510.

[117] S. o. S. 88–89, S. 96.

d) Das bauliche Bild nach 1600

Von staatlicher Seite war verfügt worden, daß alle Studenten Angehörige von Colleges sein mußten [118]. Dort konnten sie auch einen wesentlichen Teil ihrer Studien unter Anleitung von Tutoren absolvieren. Dadurch waren die um 1600 mehr als 20 Kollegien die eigentlichen Schwerpunkte des Lehrbetriebs. Wie in Paris bestimmten auch in Oxford die Kollegien die bauliche Gestalt der Universität. Mit ihren Tortürmen bereicherten sie das Stadtbild und die Silhouette der kleinen Stadt.

Aber neben den Colleges gab es ein Hörsaalgebäude. Es war der Lehrsaal- und Bibliotheksbau der ‚Divinity School‘, der durch Erweiterungen Anfang des 17. Jahrhunderts das Hauptgebäude der Universität wurde. Anlaß zu den Erweiterungen war die Vergrößerung der Bibliothek (Bodleian Library). 1610–1612 errichtete man quer vor der östlichen Schmalseite von ‚Divinity School‘ einen Anbau (Arts End), mit dem man Raum gewann für die Bibliothek im Obergeschoß und der auch gleichzeitig den Theologiehörsaal darunter um ein ‚Proscholium‘ vergrößerte. Diesem T-förmigen Baukörper wurde 1613–1624 hufeisenartig ein dreigeschossiger Dreiflügelbau vorgelegt, so daß eine Innenhofanlage entstand. Dieses ‚Schools Quadrangle‘ hatte in den beiden unteren Geschossen Lehrsäle, das oberste dritte Geschoß wurde von der Bibliothek genutzt. Der Torturm mittig im Ostflügel des Quadrangular trug ein Observatorium, darunter war das Archiv untergebracht. Aber schon zehn Jahre später war eine erneute Erweiterung der Bibliothek notwendig. An die alte ‚Divinity School‘ baute man nun westlich 1634–1640 einen Querflügel (Selden End) an, der im Obergeschoß der Bibliothek weitere Räume zuwies. Im Erdgeschoß lagen zwei Säle, von denen der größere das neue Congregation House [119] und der kleinere das Amtszimmer des Kanzlers war. In dem durch

---

[118] Ein Erlaß der Zugehörigkeitspflicht sämtlicher Studenten zu Colleges von Königin Elizabeth I. 1581, vgl. H. Rashdall, Nr. 88, Bd. III S. 234–235, A. Vallance, Nr. 116, S. V.

[119] Bis 1638 fanden die Magistervollversammlungen im Congregation House von St. Mary's Church statt, vgl. A. Vallance, Nr. 116, S. 3.

die Anbauten des 17. Jahrhunderts erweiterten Gebäude der ‚Divinity School' sind die zentralen Einrichtungen vereinigt worden zu einem zentralen Auditoriengebäude mit Bibliothek, Archiv und Amtssitz der Universitätsführung. Nur wenig später als in Bologna und Paris besaß die Universität Oxford damit ein Hauptgebäude, das verglichen werden kann mit dem Archiginnasio und den Kollegien Sorbonne und Louis le Grand. Damit war aber keineswegs eine Konzentration im Sinne einer Isolation verbunden. Die traditionelle Streulage einer Vielzahl von Baulichkeiten im engeren und weiteren Umkreis vom Zentrum bei St. Mary's Church blieb bestehen und erhielt sich auch, als durch das Anwachsen der Studentenzahlen und die Auffächerung der Lehrgebiete weitere Einrichtungen notwendig wurden.

Für die Kongregationen und Feierlichkeiten reichte St. Mary's Church nicht mehr aus. Daraufhin entschloß man sich, ein eigenes Aulagebäude, das Sheldonian Theatre [120], nördlich hinter der Universitätskirche neben der ‚Divinity School' zu errichten. Der Architekt war Christopher Wren, der – angeregt vom Marcellus Theater in Rom – den Bau plante und von 1664–1669 ausführen ließ.

Die Schreiber, Kopisten und Miniaturmaler – später insgesamt das Druckereigewerbe – standen immer in engem Kontakt zur Universität [121]. Erzbischof Sheldon gab zusammen mit dem Aulaprojekt den Auftrag, auch den universitätseigenen Druckereibetrieb besser auszustatten; die Unterbringung im Sheldonian Theatre stellte sich aber bald als betrieblich ungünstig heraus. So wurde östlich neben dem Aulagebäude ein eigenes Verlags- und Druckereihaus, das Clarendon Building [122], 1711–1713 von Nicholas Hawksmoor errichtet. Als man 1830 den Betrieb in einen Neubau an der Walton Street verlegte, wurde das Clarendon Building Verwaltungssitz der Universität.

[120] Sheldon, der Erzbischof von Canterbury, war der Auftraggeber, vgl. H. E. Salter u. M. D. Lobel, Nr. 98, S. 50–54.

[121] S. o. S. 19, u. S. 121, S. 126.

[122] Das Gebäude ist benannt worden nach dem Historiker Lord Clarendon, der mit den Einnahmen aus seinem erfolgreichen Werk ›History of the Great Rebellion‹ wesentlich den Bau finanzierte, vgl. H. E. Salter u. M. D. Lobel, Nr. 98, S. 54–55.

1714 stiftete Dr. John Radcliffe seine naturwissenschaftliche Sammlung der Universität. Für diese die Bodleian Library mit naturwissenschaftlichen Werken ergänzende Bibliothek wurde zwischen St. Mary's Church und Bodleian Library (Divinity School) von James Gibbs 1737–1749 ein Gebäude errichtet. Die Radcliffe Camera ist – bemerkenswert für den Bibliotheksbau – als Zentralbau konzipiert worden. Es waren funktionelle Gründe, die das Preisrichterkollegium überzeugten: der mittige Lesesaal mit Oberlicht und rundumlaufenden Galerien zur Aufstellung von Bücherregalen [123]. Die Radcliffe Camera ist später (1909–1912) zusammen mit der Anlage unterirdischer Magazine durch einen Tunnel mit der Bodleian Library verbunden worden.

Schon 1621–1633 war der Botanische Garten am südöstlichen Stadtrand zwischen der Stadtmauer und River Cherwell angelegt worden. Das Gewächshaus errichtete man 1670–1671 und baute es Ende des 18. Jahrhunderts weiter aus zu einem Bibliotheks- und Hörsaalgebäude für Botanik. Weiterhin wurde für naturwissenschaftliche Studien von Christopher Wren 1678–1683 ein Lehrsaal- und Sammlungsgebäude, das Ashmolean Museum, errichtet [124]. Es fand seinen Standort im Bereich der zentralen Einrichtungen westlich neben der Bodleian Library auf gleicher Höhe mit dem Sheldonian Theatre. Aber im Laufe des 18. und 19. Jahrhunderts waren die naturwissenschaftlichen Sammlungen zu umfangreich geworden. Sie wurden mit naturgeschichtlichen Sammlungen vereint untergebracht in dem 1855–1860 erbauten University Museum. Die Manuskriptsammlung des Ashmolean Museums dagegen wurde mit der Kunst- und Antikensammlung der Taylor Institution zusammengelegt und gemeinsam untergebracht in einem 1841–1845 am nordwestlichen Stadtrand errichteten Gebäude. Das alte Ashmolean Museum von Wren ist heute ein Ausstellungsgebäude der Universi-

[123] Der Wettbewerb war unter den damals berühmtesten Architekten Wren, Vanbrugh, Thornhill, Archer, James, Hawksmoor und Gibbs ausgeschrieben worden. Den Zentralbaugedanken nahm Gunnar Asplund bei seiner Bibliothek in Stockholm 1928 wieder auf.

[124] Elias Ashmole war der Stifter der naturwissenschaftlichen Sammlungen, vgl. H. E. Salter u. M. D. Lobel, Nr. 98, S. 47–49.

tät. Für den Neubau des University Museums hatte die Universität Mitte des 19. Jahrhunderts ein großes Gelände am nordöstlichen Stadtrand erworben, wo in der Folge weitere Institute ihren Platz fanden; so wurde das Observatorium auf dem Torturm des Erweiterungsbaus 1624 von ‚Divinity School', dem Schools Quadrangle, 1875 in einen dort errichteten Neubau verlegt. Auf dem Institutsgelände entstand im 19. und 20. Jahrhundert ein Institutsviertel für Naturwissenschaften und Medizin, die Science Area. Die Colleges in der City blieben aber weiterhin als Unterkunfts- und Lehreinrichtungen bestehen, wie auch der Schwerpunkt der zentralen Einrichtungen bei St. Mary's Church erhalten blieb in einem Bereich, den die Universität seit ihrer Frühzeit dafür gewählt hatte.

12. Die Universitäten Deutschlands

Die deutschen Universitäten, die erst seit der Mitte des 14. Jahrhunderts entstanden, waren sämtlich obrigkeitliche Gründungen [125]. Das bedeutet, daß der Gründer, der Landesherr oder die Stadt, für Unterbringung, Einrichtung und Unterhalt der Universität zu sorgen hatte. Die landesherrlichen oder städtischen Obrigkeiten mußten selbst die Voraussetzungen für die Existenz ihrer Universitäten schaffen. Dadurch war eine Chance geboten, die bauliche Situation von Anfang an zu planen und festzulegen. Trotzdem fand auch in Deutschland keine eindeutige Fixierung und zweckentsprechende Einrichtung von Studienstätten statt. Wie überall ist auch bei den deutschen Universitäten zunächst das Provisorium, die Einnistung innerhalb des Stadtorganismus mit allen Zufälligkeiten, zu beobachten. Nur mühsam kann man eine Leitidee bei der Platzwahl oder eine Konzentration auf bestimmte Stadtviertel beim Grunderwerb feststellen; selbst wenn eine Leitplanung bestand, wie z. B. in Wien, ist sie doch immer wieder politisch oder wirtschaftlich ungünstigen Konstellationen zum Opfer gefallen.

Wegen der provisorischen Einnistung in den Stadtorganismus wurden in den meisten Fällen vorhandene Bauten benutzt und

[125] S. o. S. 31.

zweckentsprechend hergerichtet [126] (bei den protestantischen Gründungen wurden oft die aufgelassenen Stadtklöster der Bettelorden
und Augustiner der Universität übereignet [127]). Bedingt durch die
vielen verstreut liegenden Gebäude war man bestrebt, ein Hauptgebäude als zentrales Aula-, Hörsaal- und Bibliotheksgebäude einzurichten, in dem meist auch die Verwaltungs- und Beratungsräume
untergebracht waren. Es ist kein Zufall, daß sich diese Hauptgebäude aus den Artistenkollegien entwickelten, in denen die Magister der Artistenfakultäten wohnten und lehrten [128]. Die deutschen

[126] Ein Überblick über die bauliche Situation deutscher Universitäten
ist zu finden in: Das Akadem. Deutschland, Nr. 2, Bd. 1 und Die Deutschen Universitäten, Nr. 26, passim. Im einzelnen sind Monographien und
Topographien herangezogen worden, auf die an entsprechender Stelle ver-
wiesen wird.

[127] So u. a. in Leipzig 1409 das Paulinerkloster, vgl. H. Helbig, Nr. 47,
in Greifswald 1456 das Dominikanerkloster, vgl. F. Schubel, Nr. 97, in
Wittenberg 1502 das Augustinerkloster, vgl. A. Timm, Nr. 114, in Mar-
burg 1527 das Dominikanerkloster, vgl. H. Hermelink u. S. A. Kaehler,
Nr. 52, in Jena 1558 das Dominikanerkloster, vgl. Gesch. d. Univ. Jena,
Nr. 38.

[128] S. o. S. 55–56, Artistenkollegien als Hauptgebäude waren u. a. in
E r f u r t 1392 das Collegium maius, vgl. H. Rashdall, Nr. 88, Bd. II
S. 249, in L e i p z i g 1409 das Petrinum, vgl. H. Helbig, Nr. 50, in
R o s t o c k 1415 das Weiße Kolleg am Hopfenmarkt, vgl. G. C. F. Lisch,
Nr. 69, und A. F. Lorenz, Nr. 70, in F r e i b u r g i. B r. 1456 das Collegium artistarum in der Bertholdstraße (Vereinigung der Burse zum
Pfauen 1493 mit der Burse zum Adler, Neubau 1566–76, 1620 im Neubau
des Jesuitenkollegiums aufgegangen; 1581 entstand am Franziskanerplatz
durch Umbau zweier Bürgerhäuser das Collegium universitatis, das aufgelassen wurde, als 1744 der Neubau des Jesuitenkollegiums von 1620–
1727 an der Bertholdstraße der Universität übergeben wurde, heute die
Alte Universität), vgl. H. D. Roesiger, Nr. 92 und W. Noack, Das kirchliche Freiburg in der Vergangenheit, in: Jahresheft des Breisgau-Geschichts-
vereins Schauinsland, Nr. 77 Jg. 1959 S. 18–31, in I n g o l s t a d t 1477
das Collegium vetus, vgl. G. Pölnitz, Nr. 85, in T ü b i n g e n 1477 das
Artistenkollegium 1479 in einem Hauskomplex südwestlich der Georgskirche, vgl. K. Klüpfel, Nr. 65, in W i t t e n b e r g 1502 das Alte Kolleg
und das hinzukommende Neue Kolleg „Fridericianum", vgl. A. Timm,
Nr. 114, in M a r b u r g 1527 das Collegium Lani im aufgehobenen

Universitäten waren klein, weil sie als obrigkeitliche Gründungen ein regional begrenztes Einzugsgebiet hatten. Darum gab es meist auch nur ein Kollegium, nämlich das der zahlenmäßig stärksten Artistenfakultät, „denen auch der gröser hauf der studenten anhangt und volgt"; sie galt als „ursprunck und stam", die den „anfang gibt zu allen anderen fakulteten und kunsten" [129]. So war es nur folgerichtig, daß das Artistenkollegium das Hauptgebäude der gesamten Universität wurde und daß hier der eigentliche Schwerpunkt des Universitätsbetriebes lag. Damit wurde auch in Deutschland die Institution Kollegium für die Universität von wesentlicher Bedeutung, und das zu einer Zeit, als der Bautyp Kollegium voll entwickelt war.

a) Prag [130]

Die 1348 von Karl IV. in der Residenzstadt Prag gegründete Universität besaß anfänglich keine eigenen Gebäude. Für Generalversammlungen stand die Kollegiatkirche Allerheiligen auf dem Hradschin zur Verfügung, die auch von den Theologen als Hörsaal benutzt wurde. Erst 1366 wurde von Karl IV. für die Artisten das Collegium Carolinum errichtet, ein Kollegium für zwölf Magister, das unter Führung und Aufsicht der Artistenfakultät stand. Es war mit einer Bibliothek ausgestattet; die Aula war der Versammlungsort und Lehrsaal der Fakultät. 1371 bekamen die Juristen und wenig später auch die Mediziner eigene Lehreinrichtungen. Zur Unterbringung armer Scholaren wurde 1379 von privater Seite eine Burse gestiftet, das ‚domus pauperum'. Weitere Kollegien wurden 1381 und 1397 von König Wenzeslaus und dessen Gemahlin gegründet.

Dominikanerkloster, vgl. H. Hermelink u. S. A. Kaehler, Nr. 52, in J e n a 1558 das ehemalige Dominikanerkloster, dessen umfassender Ausbau 1644–1724 zum Collegium Jenense, vgl. Gesch. d. Univ. Jena, Nr. 38, Bd. 1 S. 30 ff. u. Bd. 2 S. 636 ff.

[129] Vgl. Kap. I Anm. 21.

[130] Vgl. H. Rashdall, Nr. 88, Bd. II S. 220 ff., O. Schürer, Nr. 104, W. Tomek, Nr. 115.

b) Wien [131] (Abb. 13)

Für die Universität Wien, die 1365 von Herzog Rudolf IV. von Österreich gegründet wurde, sollte nach der Gründungsurkunde vom 12. März 1365 eine eigene Universitätsstadt im Westen vor der Altstadt angelegt werden. Vorgesehen war dafür ein Mauergeviert, das sich zwischen Burg und der heutigen Bankgasse, der Stadtmauer und der Herrengasse erstrecken sollte. Nach Art mittelalterlicher Stadterweiterungen plante man, neben der bestehenden Altstadt einen neuen Zellkern anzusetzen [132], in dem sämtliche Bauten für Lehre, Studium und Unterkunft der Professoren und Studenten errichtet werden sollten. Zur Ausführung dieses großzügigen Projektes, das entgegen aller Vorstellungen inniger Verzahnung von Universität und Stadt nicht die Einnistung, sondern die Absonderung nach Buoncompagnos Vorstellungen [133] anstrebte, ist es nicht gekommen: Herzog Albrecht III., der Bruder und Nachfolger des frühverstorbenen Rudolf, brachte die Universität im östlichen Teil der Altstadt nahe dem Dominikanerkloster unter. In der Bäckerstraße wurden 1384 drei benachbarte Bürgerhäuser erworben, in denen 1385 das Collegium Ducale eröffnet wurde. Ob das Collegium Ducale ein Neubau war, ist ungewiß. Es war ein Aula- und Hörsaalgebäude für die Artisten, Mediziner und Theologen, dem ein Artistenkollegium mit Kapelle, Bibliothek und Wohnräumen angeschlossen war. In einem Bürgerhaus in der Schulstraße hatten die Juristen ihre Lehrsäle und Fakultätsräume. Für Erweiterungen wurden im Laufe des 15. Jahrhunderts in dem Bezirk Bäckerstraße–Wollzeile–Schulstraße weitere Häuser erworben. Hier siedelten sich auch die meisten Bursen an [134]. Nach 1423 entstand an der Wollzeile Ecke Steig die ‚nova structura', der Neubau eines Universitäts-Hauptgebäudes, das zur einen Hälfte ein Aula- und Hörsaalgebäude für sämtliche Fakultäten und zur anderen Hälfte ein Artistenkollegium mit Fakultätszimmer, Biblio-

[131] Vgl. J. Schmidt, Nr. 100, und K. Schrauf, Nr. 101 u. Nr. 102.
[132] Vgl. K. Gruber, Nr. 41, S. 44–46.
[133] Die Standortvorstellungen Buoncompagnos s. o. S. 67.
[134] Vgl. K. Schrauf, Nr. 102.

thek [135], Wohnstuben, Küche, gemeinsamem Speisesaal und Weinaus-
schank war. Als Anfang des 17. Jahrhunderts den Jesuiten die Lehre
in Philosophie und Theologie übertragen wurde, begann mit dem
Neubau des Jesuitenkollegiums eine Konzentration der verstreut
liegenden Baulichkeiten. Diese Zusammenfassung sämtlicher Einrichtungen der Universität fand dann hundert Jahre später ihren
Abschluß mit dem Neubau eines Lehrsaalgebäudes für die beiden
anderen Fakultäten, Jura und Medizin. Den Aula- und Lehrsaalbau ließ die Kaiserin Maria Theresia auf Initiative Gerhards van
Swieten von dem Hofarchitekten J. N. Jadot 1753–1755 errichten.
Das später „Alte Universität" genannte Gebäude war ein Universitäts-Gesamtgebäude mit Aula und Hörsälen für Juristen und
Mediziner. Dem Jesuitenkolleg gegenüber hatten hier auch die
Artisten und Theologen zusätzlich weitere Hörsäle, wobei besonders das naturwissenschaftliche Studium berücksichtigt wurde mit
den Einrichtungen eines Anatomischen Theaters, den entsprechenden Vorbereitungsräumen, Chemie- und Physiklaboratorien und
einer Sternwarte. Weiterhin waren hier die Beratungs- und Prü-
fungszimmer der Fakultäten Jura und Medizin sowie Wohnungen
für die Professoren beider Fakultäten und für den Hausmeister
untergebracht. Aber für sämtliche Erfordernisse des Studiums
reichte das Gebäude nicht aus. Darum mußte man die Bibliothek,
die ursprünglich auch dort eingerichtet werden sollte, im Jesuitenkollegium belassen. Die ehemalige ‚nova structura' als Sitz der
Verwaltung wurde weiterbenutzt, und darüber hinaus mußten noch
Häuser in der näheren Umgebung für Lehr- und Wohnzwecke an-
gekauft werden. Nach dem Umzug der Universität 1883 in den
Kolossalbau am Ring [136] wurde die „Alte Universität" Sitz der
Akademie der Wissenschaften.

---

[135] Ursprünglich sollten in dieser ‚nova structura' auch die einzelnen
Fakultätsbibliotheken vereinigt untergebracht werden, ein Plan, der nicht
ausgeführt wurde, denn die Artisten entschlossen sich zu einem Anbau an
ihr Fakultätshaus für die eigene Bibliothek, beteiligten sich aber weiterhin
an der Unterhaltung der bestehenden Bibliothek im Collegium Ducale,
vgl. K. Schrauf, Nr. 101, S. 7 ff.
[136] Vgl. M. Ferstel, Nr. 32.

c) *Heidelberg* [137] (Abb. 14)

Als Pfalzgraf Ruprecht I. 1386 in seiner Residenzstadt Heidelberg eine Universität gründete, war zur Unterbringung keinerlei Vorsorge getroffen worden. Bürgerhäuser wurden gemietet und gastweise die Klöster der Augustiner, Franziskaner und Zisterzienser benutzt. Während der Zisterzienserorden bereits 1387 ein Kollegium, das Studienhaus St. Jakob, unterhalb des Burgberges östlich vor der Stadtmauer für studierende Mönche errichtete, dauerte das Provisorium bei der Universität weiterhin an. Aufgrund einer Stiftung wurde 1390 der Bau eines Artistenkollegiums für zwölf Magister im Westen vor der Stadt begonnen, den fertigzustellen sich erübrigte, da sich ein Jahr später der Landesherr auf brutale Weise der Sorge um Unterbringung seiner Universität entledigte; er schenkte 1391 der Universität den Besitz vertriebener Juden. Bedauerlicherweise profitierte die Universität auf Kosten anderer von dieser Ausschreitung: sie zog in das Getto westlich vor der Heilig-Geist-Kirche ein. Die Synagoge wurde die Universitätskirche. Sie war außerdem Sitzungssaal der Generalversammlungen und Hörsaal der Theologen. In dem Baukomplex hatten auch die Juristen und Mediziner ihre Auditorien. In einem größeren Haus zwischen der Unteren Straße und der Hauptstraße wurde das Artistenkollegium untergebracht. Die Doktoren der oberen Fakultäten bekamen in einigen Häusern Dienstwohnungen, in anderen wurden Bursen eröffnet, in denen Magister wohnten und lehrten. Ein Gebäude wurde als Granarium genutzt; es war Speicherhaus für die Deputate der Professoren, diente zur Aufstellung der Kelter und als Magazin für Baumaterial.

Die Artistenfakultät nahm aber zahlenmäßig so rasch zu, daß die Lehrsäle im Kollegium und in den Bursen nicht mehr ausreichten. Eigens für Lehrzwecke kaufte die Universität 1401 ein großes Bürgerhaus gegenüber dem Augustinerkloster zwischen der Augustinergasse und der Heugasse. Diese ,schola artistarum' wurde durch Zukäufe, Aus- und Umbauten im Laufe des 15. Jahrhunderts ständig erweitert. So entstand aus dem Lehrsaalgebäude der Artisten-

---

[137] Vgl. F. Hirsch, Nr. 55, und G. Ritter, Nr. 91.

fakultät das Hauptgebäude der Universität mit Aula und Hörsälen, einem Disputationssaal, der Bibliothek und Verwaltungs- und Beratungsräumen für den Senat. 1525 gliedert man diesem Hauptgebäude den Neubau einer großen Burse an, die mit dem bestehenden Komplex zu einem Ganzen verschmolz. In der Umgebung von Hauptgebäude und Augustinerkloster, das schon immer gastweise mitbenutzt worden war [138], wurden weitere Häuser erworben und hauptsächlich zu Bursen ausgebaut. Gegen Ende des 16. Jahrhunderts vereinigte man die Realistenburse und die Katharinenburse mit dem Dionysianum, das ursprünglich als Armenburse, als Codrie, gegründet worden war, und schuf das Casimirianum. An dessen Stelle errichtete die Universität nach dem „Pfälzer Mordbrennerkrieg" 1712–1728 ein zentrales Aula- und Lehrsaalgebäude mit Bibliothek und Sammlungen. Dieses später „Alte Universität" genannte Gebäude erfüllte seinen Zweck nahezu zweihundert Jahre. Es war im südwestlichen Stadtviertel errichtet worden. Dieses Stadtviertel war der Bereich, in dem die Universität seit dem Beginn des 15. Jahrhunderts sämtliche Einrichtungen für Unterricht und Unterkunft konzentrierte, um der Streulage und provisorischen Nutzung von Häusern im ehemaligen Getto zu begegnen.

[138] Seit der Reformation war das Kloster Eigentum der Universität, vgl. G. Ritter, Nr. 91, S. 139.

IV. DER BAUTYP KOLLEGIUM

13. BAUPROGRAMM UND BAUIDEE ALS KRITERIEN FÜR EINEN BAUTYP

Das Raumprogramm [1] der Kollegien bestand zunächst nur aus Schlafraum, Speiseraum und Küche. Eigene Oratorien gab es nur in den wenigsten Fällen, meistens wurde eine nahegelegene Kapelle oder Kirche mitbenutzt. Entsprechend der zunehmenden Etablierung und Integrierung der Kollegien in die Universitates wuchs durch freigebige Stiftungen der Wohlstand. Das Raumprogramm konnte erweitert und großzügig erfüllt werden. Die Kapelle gehörte nach 1250 zum festen Bestand. Hinzu kamen Lehrräume, Aufenthaltsräume, Verwaltungsräume, Bibliothek mit Schatzkammer und Archiv, Wohnungen des leitenden, aufsichtführenden und bediensteten Personals, Eingangsbauwerk mit Pförtnerloge, Vorrats- und Wirtschaftsräume, Scheunen, Brauerei und Bäckerei, Küchengärten, Sportanlagen und Stallungen. Dieses Raumprogramm konnte man nur noch in mehreren Häusern unterbringen, und es erforderte ein größeres Areal.

Zur Errichtung eigener Kapellen wurden seit der Mitte des 13. Jahrhunderts bischöfliche und päpstliche Dispensen gegeben [2]. Damit verbunden war das Recht, einen Glockenträger oder Glockenturm aufzurichten und einen eigenen Friedhof anzulegen [3]. Zur Kapelle gehörte eine Sakristei. Die Aufenthaltsräume – die Parlatorien der Klöster – waren wie Klubzimmer eingerichtet. Die Bibliotheken brachte man, aus Furcht vor Erdfeuchtigkeit und um ausreichende Lüftungsmöglichkeiten besorgt, möglichst in Obergeschossen unter. Die Schatzkammern und Archive mußten sorgfältig

[1] Vgl. insbes. A. Vallance, Nr. 116, S. I–XX.
[2] 1248 gewährte Innocenz IV. dem Collège des Bons Enfants de St. Victor eine eigene Kapelle, vgl. H. Rashdall, Nr. 88, Bd. I S. 505.
[3] Vgl. A. Vallance, Nr. 116, S. 44.

gesichert werden. Die Unterkünfte der Kollegiaten wurden nun auch aufwendiger ausgestattet: bei Mehrbettzimmern hatte jeder Student die Möglichkeit, sich in eine Studierkabine zurückzuziehen, oder es waren zwei Räume vorhanden, ein Schlafraum und ein Wohn- und Arbeitsraum [4]. Für Besucher standen Gästezimmer zur Verfügung. Schon aus Repräsentationsgründen bewohnte der Rektor oder Warden ein abgeschlossenes, meist auch baulich besonders hervorgehobenes Appartement, das in englischen Colleges im Eingangsbauwerk, im Torturm, lag. Nicht zu vergessen sind die Sanitäranlagen, die ‚necessarien‘, die selbstverständlich immer vorhanden waren und bei den großen Kollegien wie bei den Klöstern und Ordensschlössern abseits, aber in Verbindung zu den Schlaf- und Aufenthaltsräumen und möglichst über einem vorflutenden Bach als eigene Bauwerke errichtet wurden. Nach Erfindung des Buchdrucks richteten die großen Kollegien meist eigene Druckereibetriebe ein [5].

Die Bauidee war dem Kloster entlehnt worden; wenn auch die Struktur der Kollegien der Struktur ihrer Universitates angeglichen und dementsprechend nationaleigen und unterschiedlich war [6], hatte man doch die betriebliche Organisation von den Mönchsorden übernommen. Und da die Klöster organisatorisch auf gleicher Grundlage aufbauten, war auch die interne Organisation der Kollegien überall dieselbe: meist arme Studenten gleicher Landsmannschaften wurden durch eine halbklösterliche Regel zu einer Lebens- und Studiengemeinschaft zusammengefaßt, die einem mehr oder minder selbstgewählten Führungsstab unterstand. Eine Anzahl von Bediensteten besorgte alltägliche Aufgaben. Die materielle Basis bildete das Gründungskapital, das in Gütern und Ländereien zur Versorgung und zum Profit des Kollegiums angelegt worden war. Die ideelle Basis war der gemeinsame Chordienst zu Nutz und Frommen des Gründers [7] und die gegenseitige Kontrolle und Unterstützung beim Studium.

[4] Vgl. H. E. Salter u. M. D. Lobel, Nr. 98, S. 151 u. A. Vallance, Nr. 116, S. VI.

[5] So bei der Sorbonne, s. o. S. 121 und beim Spanischen Kollegium, s. u. S. 126.

[6] S. o. S. 44, S. 46, S. 50, S. 53–54.

[7] S. o. S. 38.

Wie die Klöster waren die Kollegien festgefügte Institutionen. Sie ließen sich fassen in einem Raumprogramm, das nach einem Funktionsschema sinnvoll geordnet in einem Bauwerk Gestalt annehmen konnte. Da ein Raumprogramm und dessen funktionsgerechte Gliederung bestimmt wird von der internen Organisation, diese aber bei den Kollegien grundsätzlich überall gleich war, hatte auch das Raumprogramm mit Räumen für Unterkunft, Lehre, Versammlung und Verwaltung überall Gültigkeit. Der Funktion entsprechend wurden zentrale, gemeinschaftliche und private Einrichtungen jeweils gesondert zusammengefaßt in einem Bauwerk, das typisch war für die klosterähnliche Einrichtung Kollegium. Die meisten Kollegien, die als Neubauten errichtet wurden oder aus späteren Umbauten entstanden, zeigen die grundsätzliche Gleichförmigkeit des betriebliche Funktionen und gestalterische Idee verbindenden Bautyps. Je nach Nutzung waren die Räume untergebracht in eigenen Baukörpern, die um einen Innenhof zusammengestellt und von ihm aus erschlossen wurden.

Diese nach außen abgeschlossenen konzentrischen Innenhofanlagen für Unterkunft u n d Lehre sind die wesensgemäße Gestalt der introvertierten Exklusivgemeinschaft, wie sie Robert de Sorbon geschaffen hatte (Abb. 15, Abb. 16, Abb. 17) und wie sie sich im Spanischen Kollegium in Bologna (Abb. 18, Abb. 19) am eindrucksvollsten verkörpert. Sehr deutlich wird die Ausstrahlungskraft des Bautyps in England, wo man viel traditionsbewußter als auf dem Kontinent an dem Quadrangular-Schema der „Collegian-Gothic", wie es Wykeham für New College (Abb. 20, Abb. 21) festgelegt hatte, über jede stilistische Wandlung hinaus festhielt [8]. Eine besonders klare Anlage ist Wadham College (Abb. 22,

[8] Ende des 17. und Beginn des 18. Jahrhunderts brachte barocker Einfluß Tendenzen auf, den Quadrangular nicht mehr allseits zu schließen, sondern das geschlossene Hofviereck aufzubrechen und zu verwandeln in den Ehrenhof des Barockschlosses. Das zeigen College Um- und Neubauten von Christopher Wren (Trinity College 1665) und Nicholas Hawsmoor (Queens College 1710, All Saints College 1715) in Oxford und Cambridge. Diese Bauten haben aber keine Nachahmung gefunden; vgl. A. Vallance, Nr. 116, S. XX.

Abb. 23), das 1609 gegründet und 1610–1613 anstelle des 1268 gegründeten, späterhin aber eingegangenen und verfallenen Augustiner-Kollegiums der Austin Friars errichtet wurde [9].

Das Quadrangular-Schema ist der Innenhofanlage des Klosters verwandt, von dem die Einrichtung Kollegium und die Bauidee entlehnt worden ist. Und da das Kloster als Exklusivgemeinschaft eine Verbindung herstellt zu den elitären Lehrer-Schülergemeinschaften antiker Gymnasien [10], ihnen auch in der formalen Gestalt der um den Kreuzhof angelegten Baugruppe entspricht, und da die introvertierten Lebens- und Studiengemeinschaften der Kollegien verwandt sind mit denen der Klöster, begegnen sich die Lehranstalten der Antike in Gestalt der Gymnasien mit den institutionell begründeten Lebens- und Studiengemeinschaften des spätmittelalterlichen Europa in Gestalt der Kollegien.

14. Das Collège de Sorbon in Paris [11]

a) Der Gebäudekomplex (Abb. 15, Abb. 16)

Ein eindrucksvolles Beispiel dafür, wie aus vorhandenen Gebäuden, Um- und Neubauten ein Gebäudekomplex entstand, der die Ausrichtung auf die dem Kollegium gemäße Bauidee erkennen läßt, bietet das Collège de Sorbon. Aufgrund seiner Vertrauensstellung zum König gelang es Robert de Sorbon, Wohlwollen und Interesse für dieses Projekt bei den obersten staatlichen Autoritäten, dem König Ludwig IX. und dessen Mitarbeiterstab, zu erwecken [12]. Der König hatte innerhalb von vier Monaten vom November 1254 bis zum Februar 1255 unter der Formel „ad opus cuiusdam amici eorum" 40 Liegenschaften, 29 Häuser und 11 Gärten, teilweise mit

[9] Vgl. A. Vallance, Nr. 116, S. 85 ff.
[10] Vgl. bei Paulys Realenzyklopädie unter ›Gymnasium‹ und ›Akademie‹, vgl. J. W. H. Walden, Nr. 119.
[11] Vgl. die gründliche Arbeit von P. Glorieux, Nr. 40.
[12] Biografische Einzelheiten über Robert de Sorbon bei P. Glorieux, Nr. 40, Bd. 1 S. 11–29.

116

Scheunen und Nebengebäuden, in der Umgebung der späteren Sorbonne erwerben lassen [13]. Welche Absichten er damit verfolgte, ist nicht erkennbar; sicher ist, daß der König dabei nicht – wie man meinen könnte – an das Projekt Roberts de Sorbon dachte; denn erst nachdem Roberts Kollegium bereits etabliert war, vermachte der König einen Teil der Erwerbungen, die in der Rue Coupe Gueule, der späteren Rue de Sorbonne, lagen, dem Kollegium als Geschenk. In drei Häusern, von denen zwei eine Schenkung des Königs waren, wurde zum Beginn des Studienjahres 1257/58 das Kollegium eröffnet. Spätere Ankäufe von Liegenschaften in der näheren Umgebung ließen das Grundeigentum des Kollegiums bis zum Tode Roberts am 15. Oktober 1274 zusammen mit den weiteren Schenkungen des Königs auf 63 Gebäude und Grundstücke anwachsen.

Ob es sich bei den Gebäuden, die zu Beginn des Studienjahres im Oktober 1257 die ersten ,socii' aufnahmen, um Neubauten handelte, ist fraglich. Im Oktober 1255 hatte Robert ein Grundstück mit Scheune erworben [14]. Im Februar 1257 kamen als Schenkung des Königs zwei benachbarte Grundstücke mit Häusern hinzu [15]. Da aber schon sieben Monate später in diesen drei Häusern das Kollegium eröffnet wurde, muß man selbst an heutigen Maßstäben gemessen den Abbruch des Vorhandenen und die Errichtung von Neubauten an deren Stelle ausschließen. Es kann sich nur um einen Ausbau gehandelt haben. Mehr wird auch in einem Brief, den ein ,socius' des Kollegiums 1257/58 an einen auswärtigen Freund schrieb [16], nicht ausgesagt: „. . . man hat unser Haus vollkommen

[13] Vgl. P. Glorieux, Nr. 40, Bd. 2 S. 12–17.
[14] Das von Jean de Bagneux erworbene Grundstück Rue Coupe Gueule Nr. 27, vgl. P. Glorieux, Nr. 40, Bd. 2 S. 165 Nr. 139.
[15] Die Grundstücke und Häuser Rue Coupe Gueule Nr. 25 (ehem. Eigentümer Pierre Pointlasne) und Nr. 29 (ehem. Eigentümer Jean d'Orleans), vgl. P. Glorieux, Nr. 40, Bd. 2 S. 124–125 Nr. 93, S. 145 Nr. 115, S. 176 Nr. 151.
[16] Der Verfasser des Briefes ist nicht bekannt, ebenso ist das Briefdatum nicht exakt zu fixieren, ein vollständiger Abdruck in: Dictionn. historique et bibliographique, art. Sorbonne (1777), Bd. 3 S. 452–456, vgl. P. Glorieux, Nr. 39, S. 14 und Nr. 40, Bd. 2 S. 31.

ausgestattet; ohne die Räumlichkeiten zu ebener Erde mitzuzählen, gibt es 23 gut eingerichtete Zimmer . . ."

Die Gebäude waren also zweigeschossig, so wie sie noch die Vogelschaukarte der Stadt Paris von Truchet 1530 (Abb. 16) in der Rue de Sorbonne zeigt. Da sämtliche Zimmer im Obergeschoß lagen, muß man nach vorhandener Fassadenlänge bei der Anzahl von 23 Zimmern eine zweibündige Anlage annehmen [17]. Die entsprechende Gebäudetiefe ergibt sich danach mit 7 bis 8 Metern, was auch den Ausbau größerer gemeinschaftlich genutzter Säle ermöglicht. Diese Säle lagen im Erdgeschoß, aber es ist nicht bekannt, welchen Zwecken sie dienten. Der öfter vorgetragenen Bitte nach einem eigenen Oratorium wurde erst 1268 entsprochen.

Die ersten Gebäude der Sorbonne waren vorhandene Bauten, die man dem Zweck entsprechend auch mit einem gewissen Aufwand eingerichtet hatte, wie der genannte Brief beweist. Die in den folgenden Jahren auf dem schrittweise sich vervollständigenden und abrundenden Großgrundstück entstehenden Erweiterungsgebäude waren Neubauten.

Eine Urkunde vom Juni 1267 erwähnt die Aula [18]. Danach ist das Bauwerk vor 1267 errichtet worden. Es stand mit dem Giebel zum Innenhof, erstreckte sich also von der rückwärtigen Grundstücksgrenze in Richtung zur Rue St. Jacques. In der Aula magna fanden die Generalversammlungen und die Disputationen, die ‚sorbonica' und die ‚sorbonicae' [19] statt. Sie war wie die Halls englischer Kollegien auch gleichzeitig das Refektorium. Wahrscheinlich lag über der Aula die Bibliothek, die erst Ende des 13. Jahrhunderts erwähnt wird, mit Sicherheit aber sehr viel früher vorhanden war [20]. Nach diesem Bericht bestand die Disposition eines großen Lesesaals mit Bücherregalen und Pulten und eines kleinen Studiensaals, den zu betreten man eine Sondererlaubnis haben mußte. Eine

[17] Nach Plan- und Maßstabsvergleichen ergibt sich die Grundstücksbreite von ca. 10 m. Bei 30 m Fassadenlänge wäre erst durch Zweibündigkeit ein annehmbares Zimmerachsmaß von ca. 2,60 m erreicht.

[18] Vgl. P. Glorieux, Nr. 40, Bd. 2 S. 306 Nr. 264.

[19] S. o. S. 48.

[20] Der Buchbestand geht auf eine Stiftung Roberts de Douai 1258 zurück, vgl. P. Glorieux, Nr. 40, Bd. 1 S. 239.

Urkunde vom September 1271 berichtet von einem weiteren Neubau, der sich nördlich an die Aula magna anschloß und parallel zur straßenseitigen Altbau-Häuserreihe als östliche Rückfront des entstehenden Innenhofs zwischen 1267 und 1271 errichtet worden ist [21]. In diesem Neubauflügel waren weitere Zimmer, die Küche, sicherlich mit Verbindung zur Aula, das von Clemens IV. 1268 gewährte Oratorium und die Latrinen untergebracht. Eine eigene Kapelle, wie sie die Karte von Truchet 1530 (Abb. 16) den Innenhof südlich begrenzend zeigt, wurde 1322–1326 erbaut [22] und 1347 geweiht.

Das südlich der Kirche anschließende Artistenkollegium, das Petit Collège de Sorbon, das spätere Collège de Calvi, entstand durch Um- und Ausbau der bis 1271 erworbenen Anwesen in der Rue des Poirées [23]. Eines der Häuser beherbergte die ‚beneficiarii‘ [24]. Bauarbeiten an den vorhandenen Gebäuden und Mauern werden 1333–1334 [25] und 1350 [26] erwähnt.

In der Zeit von 1257 bis 1283 war durch konsequenten Erwerb benachbarter Liegenschaften ein zusammenhängendes Großgrundstück entstanden. Dem schrittweisen Ankauf folgte die Errichtung der Neubauten. So war schließlich bis zur Mitte des 14. Jahrhunderts eine Gebäudegruppe entstanden, der zwar keine formal einheitliche Planung zugrunde lag, die aber doch die Absicht einer bestimmten Anordnung erkennen läßt (Abb. 16). Die Gebäude des Hauptkollegiums der Theologiestudenten lagen an den Langseiten eines rechteckigen Innenhofs, den im Süden der Kapellenneubau abriegelte. An die Kapelle schloß sich der Innenhof des Artistenkollegiums an, der von Mauern und der an der Rue des Poirées gelegenen Häuserzeile gebildet wurde. Die Kapelle war das trennende, aber auch zugleich verbindende Element beider Kollegien, da sie von Theologen und Artisten gemeinsam benutzt wurde. Die

[21] Vgl. P. Glorieux, Nr. 40, Bd. 2 S. 352 Nr. 300.
[22] Vgl. J. Bonnerot, Nr. 11, S. 5–7.
[23] Vgl. P. Glorieux, Nr. 40, Bd. 2 S. 342 Nr. 292.
[24] S. o. S. 46.
[25] Vgl. P. Glorieux, Nr. 40, Bd. 2 S. 556/557 Nr. 429 a u. 429 b.
[26] Vgl. P. Glorieux, Nr. 40, Bd. 2 S. 571 Nr. 437.

Vermutung liegt nahe, daß ein Leitbild den Grunderwerb und die unmittelbar folgende Bebauung gesteuert hat; es war das Leitbild der klosterähnlichen Innenhofanlage, wie es typisch wurde für die Neubauten von Kollegien. Unterstützt wird diese Annahme dadurch, daß der Neubau unter Richelieu 1627–1648 die Anordnung in größerem Maßstab beibehielt (Abb. 17).

Auf der Stadtkarte von Truchet 1530 (Abb. 16) ist das Kollegium abgebildet als ein Innenhofgeviert, das uneinheitlich mit zweigeschossigen Gebäuden in Trauf- und Giebelstellung umbaut worden ist. Nach der Karte erhob sich an der Nordwest-Ecke ein Turm, eine Art Wachturm, wie er in Kombination mit dem Hauptportal als Torturm eine charakteristische Eigenart der College-Architektur Englands war. Das Eingangstor der Sorbonne lag aber weiter südlich mittig in dem Gebäude, das in Traufenstellung etwa zwei Parzellenbreiten beanspruchte. Ob dieses Gebäude zusammen mit den beiden südlich anschließenden Bauten in Giebelstellung sich noch aus der Gründungszeit erhalten hat, ist nicht wahrscheinlich. Héméré, einer der ersten Monographen der Sorbonne [27], der die alten Gebäude vor dem Neubau Richelieus noch gesehen hatte, beschreibt diese straßenseitig gelegenen Häuser als Hausteinbauten mit 36 schießschartenähnlichen Fenstern. Es ist nicht anzunehmen, daß es im 13. Jahrhundert in der Rue Coupe Gueule kostbare Hausteinarchitektur gab. Es ist weiterhin auch auszuschließen, daß zwischen Februar und Oktober 1257 ein Neubau errichtet worden ist. Demnach müssen diese Gebäude zwischen 1350 und 1530 errichtet worden sein, die ältesten und inzwischen baufällig gewordenen Altbauten ersetzend. Diese Vermutung erklärt auch den Bau des Turmes, der sonst nirgends erwähnt wird. Zusammen mit dem repräsentativen Portalgebäude in Haustein ist er, die Neubauzeile nach Norden abschließend, errichtet worden. Das Portal selbst öffnete sich in einen Vorraum mit Pförtnerloge. Zum Hof hin war der Vorraum mit einer zweiten Tür abgeschlossen, die ähnlich der Klausur eines Klosters nur Angehörige des Kollegiums passieren durften. Gäste wurden im Vorraum empfangen, der Pförtner überbrachte die Anmeldung.

[27] Vgl. C. Héméré, Nr. 51.

120

In den zahlreichen Häusern, die in der Umgebung des Kollegiums erworben worden waren, standen den Gästen und den Doktoren, die Lehrverpflichtungen in der Sorbonne übernommen hatten [28], Zimmer zur Verfügung. Seit 1470 wurden für die Studenten, die als Externe an der Sorbonne zu studieren wünschten, äußere Schulen (Ecoles Externes) in der Rue des Poirées zwischen Rue de Sorbonne (ehem. Rue Coupe Gueule) und Rue des Maçons eingerichtet [29]. Für die Bibliothek, die zuerst über der Aula lag, ist 1480 zwischen Aula und Kapelle ein freistehendes Gebäude mit rundumlaufendem Umgang errichtet worden. Die Disposition der beiden für interne und externe Besucher getrennten Bücher- und Lesesäle behielt man bei. 1470 wurde in einem der Bibliothek benachbarten Einzelbau hinter der Kapelle von den Meistern Michel Freiburger, Ulrich Gering und Martin Crantz eine Druckerei installiert [30]. Die Druckerei der Sorbonne war die erste der Universität und der Stadt Paris. Auch dieses Faktum wirft ein Schlaglicht auf die Bedeutung, die die Sorbonne seit ihrem Entstehen im Geistesleben der Pariser Universität und damit im Geistesleben Frankreichs, ja ganz Europas innehatte. Welches Ansehen sie genoß, bringt ein anonymer Brief treffend zum Ausdruck: „Sorbonne la bonne offre libéralement à ses fils trois bien à goûter: ses livres, la table et le logement; une société agréable, une règle bienfaisante, une paix plein et béatitude." [31]

b) Der Neubau Richelieus, ein Universitäts-Gesamtgebäude
(Abb. 17)

1622 wurde Richelieu Provisor der Sorbonne. Er nahm unmittelbar darauf Vorarbeiten in Angriff, um für die Sorbonne, die etwa seit 1550 das Hauptgebäude der Fakultät Theologie war [32], einen

[28] Zur Honorarprofessur s. o. S. 48.
[29] Vgl. J. Bonnerot, Nr. 11, S. 5.
[30] Vgl. J. Bonnerot, Nr. 11, S. 7.
[31] Vgl. J. Bonnerot, Nr. 11, S. 7.
[32] Vgl. J. Bonnerot, Nr. 11, S. 18.

121

Neubau zu schaffen, der größer und formal einheitlicher an derselben Stelle entstehen sollte. Das Monumentalbauwerk wurde von Lemercier 1627–1648 errichtet. Der Bauplatz war das alte, aber noch südwärts über die Rue des Poirées bis zur Rue des Cordiers, die spätere Rue Cujas, erweiterte Großgrundstück. Das dort gelegene Collège des Dix-Huits mußte zu diesem Zweck abgerissen werden [33].

Obwohl die Sorbonne das Zentrum der gesamten theologischen Fakultät war, wurden doch die räumliche Organisation und die bauliche Gruppierung vom Kollegium, das weiterhin bestehen blieb, übernommen. Beidseits der Kirche, die sich Richelieu zur Grablege erkor, lagen die nun dreigeschossig umbauten Innenhöfe: nördlich die Innenhofanlage der Lehr- und Unterkunftseinrichtungen für die Theologiestudenten und -professoren, die dadurch vergrößert wurde, daß der Kirchenneubau neben der bisherigen Kapelle auf dem Grundstück des ehemaligen Petit Collège de Sorbon errichtet wurde, und südlich zwischen Rue des Poirées und Rue des Cordiers die Innenhofanlage des Collège de Calvi für Artes-Scholaren. Die dreiflügelige Anlage des Hauptgebäudes [34] im Norden hatte im Erdgeschoß des Ostflügels das Refektorium, die Küche, einen kleinen und den an die Kirche anstoßenden großen Saal, die Aula magna. Über diesen Versammlungssälen lag im Obergeschoß die Bibliothek. Da nach wie vor die Sorbonne auch Kollegium blieb, waren für die Kollegiaten eigene, interne Lehrsäle im Obergeschoß über der Küche und dem Refektorium eingerichtet worden. Neben der Pforte im Westflügel erstreckten sich erdgeschossig bis hin zur Kirche ein großer Besuchersaal, die Salle Grise, und ein großer gemeinsamer Aufenthaltsraum, das Parlatorium. Weiterhin gab es Beratungs- und Dienstzimmer der Fakultät und der Hausverwaltung. In den weiteren Geschossen des West-, Nord- und Ostflügels waren die Unterkunfts- und Wohnräume der Studenten, der Professoren und des Personals untergebracht. Für die Nicht-Kollegiaten wurde das Lehrsaalgebäude, die Ecoles Externes, nahe dem ursprünglichen Standort an der Nordseite der Place Sorbonne neu

---

[33] Vgl. J. Hillairet, Nr. 54, S. 502.
[34] Vgl. J. Bonnerot, Nr. 11, S. 16.

errichtet. Das Artistenkollegium Collège de Calvi war mit den für Kollegien üblichen Räumen ausgestattet.

Die Studien, die den Ruhm und die internationale Geltung der Universität Paris begründet hatten und trugen, waren die Philosophie und die Theologie [35]. Insoweit kann man die philosophische und die theologische Fakultät als repräsentativ für die gesamte Universität ansehen. Und für beide Fakultäten gab es Gesamtgebäude, die aus Kollegien hervorgegangen waren. Als Gesamtgebäude für die philosophische Fakultät ist das Jesuitenkollegium Louis le Grand übernommen worden [36]; aber für die theologische Fakultät hatte man einen Neubau errichtet, dem die Aufgabe gestellt war, das Gesamtgebäude der Fakultät – in diesem Falle gewissermaßen das Gesamtgebäude der Universität – u n d ein Kollegium zu sein. So ist die Aufgabenstellung ein Beispiel dafür, daß Institution Kollegium und Lehranstalt Universität verschmolzen wurden. Dem entsprach auch die bauliche Konzeption: unter dem Gesichtspunkt der Repräsentation gestaltete Lemercier, einer der berühmtesten Architekten seiner Zeit, mit stilistischen Mitteln des Barock das Bauwerk nach dem mittelalterlichen Vorbild des Kollegiums, wie es in dem Bautyp gültig geworden war. Diese Entwicklung schloß damit ab, daß schließlich Ende des 19. Jahrhunderts an der Stätte, wo einstmals das berühmteste Kollegium der Pariser Universität entstanden war, ein Bauwerk errichtet wurde, in dem sich die Universität Paris, die Sorbonne, als Ganzes darstellte.

15. Das Spanische Kollegium in Bologna

a) Der Neubau

Das Collège de Sorbon war ein Konglomerat von Häusern, das in der Kombination von vorhandenen und neuerrichteten Gebäuden immerhin das Leitbild klosterähnlicher Innenhofanlage erkennen läßt. Aber eine präzise Darstellung der Bauidee war es nicht.

---

[35] Vgl. J. Bonnerot, Nr. 11, S. 18 und P. Glorieux, Nr. 36, S. 23–24.
[36] S. o. S. 97.

Diese tritt erst bei einem Neubau mit einheitlicher Gesamtplanung hervor. Der erste Neubau eines Kollegiums, in dem das Raumprogramm eine eindeutige funktionelle und formale Gestalt annahm, ist das Spanische Kollegium in Bologna. Erstaunlicherweise ist das Bauwerk nicht nur vollständig erhalten geblieben, sondern dient auch heute noch demselben Zweck [37].

Der Gründer, Kardinal Albornoz, beauftragte seinen Neffen Fernando Alvarez de Albornoz und dessen Kämmerer Alfonso Fernandez mit allen Vorbereitungen zur Ausführung [38]. Sie wählten einen Standort (Abb. 2) nahe den Lehreinrichtungen, aber in genügender Entfernung vom Stadtzentrum mit dem lärmvoll betriebsamen Markt. In der Nähe der Kirchen S. Maria delle Muratelle und S. Cristoforo di Saragozza wurden 1364 mehrere Anwesen erworben. Das von den drei Straßen Via Collegio di Spagna, Via Belfiore und Via Urbana begrenzte Grundstücksdreieck gewann man durch Auflassung eines Weges [39]. Der Architekt war Matteo Gattaponi da Gubbio, eine hervorragende Künstlerpersönlichkeit des 14. Jahrhunderts, der sich durch Bauten in Gubbio, Perugia, Spoleto und Assisi hervorgetan hatte und der von Kardinal Albornoz besonders für Festungs- und Sakralbauten in Spoleto und Assisi herangezogen worden war [40]. Albornoz beauftragte sozusagen seinen Hausarchitekten mit der Planung für das Kollegium, der dann auch die Ausführung von 1365 bis 1367 selbst leitete.

b) Raumprogramm und Baubeschreibung [41] (Abb. 18)

Der Planung lag ein exaktes Raumprogramm zugrunde. Jeder der Kollegiaten sollte ein eigenes Zimmer haben; so waren entsprechend der Mitgliederzahl 24 Einzelzimmer vorgesehen. In den

[37] S. o. S. 49.
[38] Vgl. B. M. Marti, Nr. 74, S. 19–20.
[39] Vgl. G. B. Guidicini, Nr. 46, Bd. V S. 26.
[40] Vgl. F. Filippini, Nr. 33, S. 77–80.
[41] Vgl. insbes. F. Filippini, Nr. 33. Wertvolle Auskünfte und Hinweise habe ich von dem Rektor des Real Colegio de Espana, Herrn Prof. Dr. Evelio Verdera y Tuells, erhalten.

Statuten war die Verteilung der Räume namentlich festgelegt [42]. Das Raumprogramm umfaßte: Kapelle mit Sakristei [43], Versammlungssaal, Aufenthalts- und Empfangssaal, Speisesaal, Lehrsaal, Bibliothek mit Archiv, Verwaltungsraum, Pförtnerzimmer, Dienst- und Wohnraum des Rektors, die 24 Zimmer der Kollegiaten, Zimmer für die Kapläne, Magister, Gäste und Bediensteten, Küche mit Keller und Vorratsräumen, ein Speicherhaus, Latrinen, Hof und Garten.

Die Anlage ist von strenger Regelmäßigkeit. Ihr liegt ein Rastersystem zugrunde, das bezogen ist auf die kleinste Raumeinheit, nämlich das quadratische Studentenzimmer mit 12 Fuß Länge und Breite [44]. Vier zweigeschossige in Backstein errichtete Baukörper umschließen einen quadratischen Innenhof. Die Weite des Innenhofs wird bestimmt von der Reihung der Studentenzimmer, die entsprechend der geforderten Gesamtzahl von 24 aufgeteilt wurden zu je sechs im Erd- und Obergeschoß des Nord- und Südflügels. Den Innenhof umkränzt kreuzgangähnlich ein Gang offener Arkadenlauben. Die Räume sind symmetrisch zur Ost-West-Achse angeordnet, die zugleich ein sinnvoller Erschließungsweg ist. Ihm folgend kann man eine Steigerung räumlicher Wirkungen erleben: die Achse führt durch den westlichen Eingang, an dem rechts Pförtnerzimmer und Küche und links der Empfangssaal liegen; zu beiden Seiten zweigen einläufige Treppen ins Obergeschoß ab; geradeaus durchschreitet man den Innenhof, vorbei an den symmetrisch begleitenden Reihen der Studentenzimmer; man muß dem genau in der Mitte liegenden Brunnen ausweichen und erreicht den östlichen Kreuzgangflügel vor der Kapelle. Diese ist auf der Achse orientiert und stößt, gleichsam als deren triumphale Aufgipfelung, mit der Apsis aus dem Gebäudegeviert heraus. Zu beiden Seiten der Kapelle liegen im Erdgeschoß südlich die Sakristei mit Magazin und nördlich Verwaltungsräume; und im Obergeschoß liegen über der Sakristei die Diensträume des Rektors und über den Verwaltungsräumen

42 Vgl. Statut Nr. 20 bei B. M. Marti, Nr. 74, S. 234–239.

43 Vgl. Statut Nr. 1: die Kirche war dem Hl. Clemens geweiht, s. B. M. Marti, Nr. 74, S. 126–129.

44 Ein Bologneser Fuß = 0,38 m, es war also ein Raum von 4,56/ 4,56 m, vgl. F. Filippini, Nr. 33.

die Gastzimmer. Ebenfalls symmetrisch geordnet ist das Obergeschoß des Westflügels. In der Mitte über dem Haupteingang liegt der Versammlungssaal, die ,sala magna – il luogo principale di Riunione'. Jeweils zwei Gewölbejoch lang schließen sich nördlich der Aufenthaltssaal, ursprünglich wohl die Bibliothek [45], und südlich das Refektorium an, das mit der Küche darunter durch einen Speiseaufzug verbunden ist. Das im Garten hinter der Kapelle errichtete einfache Bauwerk war das ,granarium', das Speicherhaus für die Deputate und landwirtschaftlichen Erzeugnisse aus den dem Kollegium gehörenden Gütern [46]. Im Keller lagerten Wein und Tagesvorräte. Alle größeren Räume und Säle außer den Studentenzimmern waren mit Kaminen ausgestattet und heizbar. Die Musikgalerie vor dem Westflügel ist ein Anbau von 1505. Als nach Erfindung des Buchdrucks sich die ersten Buchdrucker in Bologna niederließen, wehrten sich die Kopisten heftig gegen diese Konkurrenz. Das Collegio di Spagna nahm die Buchdrucker schützend auf; und es ist anzunehmen, daß die ersten in Italien gedruckten Bücher aus einer Werkstatt des Spanischen Kollegiums stammen [47].

c) Die Gestalt (Abb. 19)

Das Collegio di Spagna ist das erste Kollegium der abendländischen Universität, das in Zusammenwirken von Bauherrn und Architekten nach einem einheitlichen Plan errichtet worden ist. Die Grundrisse zeigen die wohldurchdachte Konzeption. Funktionelle Forderungen stehen mit der Gestaltungsidee in Harmonie. Die vier Flügel sind nach Nutzungsbereichen klar getrennt: jeweils zwei Trakte sind bestimmt für private und allgemeine Einrichtungen. Die Nord- und Südflügel mit den Wohnzellen werden durch den Westflügel mit den allgemeinen Einrichtungen, den Versammlungs-,

[45] Im frühen 16. Jahrhundert wurde die Bibliothek ins Obergeschoß neben der Kapelle verlegt. Heute ist sie mit dem Archiv in einem nordöstlichen Anbau untergebracht, vgl. E. Armstrong, Nr. 3, S. 274.

[46] „. . . le derrate dei fondi rustici aministrati dal Collegio." Zit. n. F. Filippini, Nr. 33, S. 89.

[47] Vgl. E. Armstrong, Nr. 3, S. 278.

Lehr- und Speisesälen, und den Ostflügel mit den besonderen allgemeinen Einrichtungen, den Verwaltungs- und Rektoratsräumen und der Kirche, verklammert. Die Baugruppe bildet ein Geviert um einen Innenhof. Sämtliche Räume sind, von außen abgewendet, auf ihn zentriert. Er ist das Zentrum der Anlage und verkörpert mit seiner Kreuzgangarchitektur die Idee einer klosterähnlichen Gemeinschaft[48], wie sie das religiös fundierte Kollegium ist.

Mit dem Bauwerk ist die Bauidee und die Bauaufgabe Kollegium in einer Klarheit bewältigt worden, die in dieser Reife erst wieder bei College-Bauten des 16. und 17. Jahrhunderts in England – z. B. im Wadham College (Abb. 22, Abb. 23) – erreicht wurde[49]. Das Spanische Kollegium in Bologna ist nicht nur der erste einheitliche Neubau, sondern auch die prägnanteste Darstellung der Bauaufgabe. Waren Struktur, Raumbedarf und Funktion schon hundert Jahre vorher bei der Sorbonne auf eine Leitidee ausgerichtet, die dem Klosterbau entlehnt worden ist, so ist es dem Baumeister des Spanischen Kollegiums gelungen, dieser Leitidee eine Gestalt zu geben, die gültig und vorbildlich wurde für alle folgenden Kollegien-Neubauten in Europa[50].

[48] Eine der schönsten Kollegien-Kreuzgangarchitekturen ist die des 1488 vom Bischof von Cordova gegründeten Colegio de S. Gregorio in Valladolid, vgl. G. Arriaga, Nr. 4, und H. Rashdall, Nr. 88, Bd. II S. 74.

[49] Vgl. die Neubauten in Oxford für Brasenose College 1509–1516 und St. John's College 1555, s. bei A. Vallance, Nr. 116, S. 61 ff. und S. 77 ff.

[50] Würdigungen der Bedeutung des Spanischen Kollegiums bei E. Armstrong, Nr. 3, S. 273 und bei H. Rashdall, Nr. 88, Bd. I S. 203: "Thus at Bologna, all but alone among continental universities, in one of the two great original homes of university life, there survive specimens of the true medieval college, reduced to smaller dimensions than of old, but retaining more completely the old form and purpose of a medieval college than the more famous but more altered foundations which form the especial glory of our English universities."

16. Das New College in Oxford

a) Der Neubau

Das Kollegium, das in England als erstes nach einem einheitlichen Plan errichtet worden ist, ist das New College in Oxford [51]. Es schließt zeitlich an das Collegio di Spagna an, ist also der zweite einheitlich geplante Kollegien-Neubau in Europa. Obwohl dem Gründer von New College eine Kenntnis des Spanischen Kollegiums nicht ohne weiteres nachgewiesen werden kann, sind sich beide Anlagen überraschend ähnlich. Was sich schon in der Häusergruppierung der Sorbonne zu erkennen gab, tritt nun als Bauidee eines klosterähnlichen Gesamtkomplexes deutlich hervor. Und daß diese Bauidee grundsätzlich anerkannt war, zeigt die dem Spanischen Kollegium nachgeformt erscheinende Anlage von New College, die auf die College-Architektur in England vorbildhaft weiterwirkte [52]. Die ausgereifte Klarheit, mit der die Bauidee beim Spanischen Kollegium in künstlerisch vollendeter Gestaltung erfaßt worden ist, erhob das Bauwerk weit über den Rahmen zweckdienlicher Profanarchitektur in den Rang eines Baudenkmals. Ein ähnlicher Gestaltungswille zu einem ästhetisch hochwertigen Architekturstück beherrschte die Planung von New College nicht unbedingt. Hier beschränkte er sich auf einzelne Elemente wie die Kapelle, die Hall und den Torturm, deren repräsentative Bedeutung den künstlerischen Aufwand rechtfertigte.

Wenn auch der Gründer, der Bischof von Winchester, William of Wykeham, nicht selbst der Planer war, so waren doch Ausarbeitung und Ausführung wesentlich von ihm beeinflußt [53]. Das Grundstück

---

[51] "... Wykeham was unquestionably the creator of English collegiate architecture." Zit. n. H. Rashdall, Nr. 88, Bd. III S. 217, vgl. auch A. Vallance, Nr. 116, S. VIII.

[52] Vgl. A. Vallance, Nr. 116, S. VIII.

[53] "The buildings of New College as a whole embody a complete and original architectural design, worthy of a prelate who, if in no strict sense a professional architect, had reached his exalted position trough his service in supervising works of architecture." Zit. n. H. Rashdall, Nr. 88, Bd. III S. 217.

lag im nordöstlichen Winkel der Stadtmauer (Abb. 12). Mit dem Bau wurde 1380 begonnen; 1383 wurde die Kapelle geweiht, und 1386 konnte das Kollegium bezogen werden [54].

b) Raumprogramm und Baubeschreibung [55] (Abb. 20)

Das Raumprogramm ist das für Kollegien übliche: Kapelle mit Sakristei, Versammlungs- und Speisesaal (Hall), Lehrsaal, Bibliothek mit Archiv und Schatzkammer, Verwaltungsraum (Bursary), Eingang mit Pförtnerloge, Dienst- und Wohnräume der College-Leitung, Studentenzimmer, Bedienstetenunterkünfte, Küche mit Keller und Vorratsräumen, Latrinen, Hof und Gärten.

Vier zweigeschossige Flügel sind um einen Innenhof gruppiert worden. Der Nordflügel parallel zur Stadtmauer wird gebildet von der Kapelle und der Hall, in der, wie bei der Sorbonne und auch den meisten englischen Colleges, Versammlungs- und Speisesaal zusammengefaßt worden sind, sowie der funktionell sinnvoll anschließenden Küche mit Vorratsräumen. Der Ostflügel beherbergte Schatzkammer, Archiv, Verwaltungsraum, Lehrsaal und die Bibliothek, die das gesamte Obergeschoß einnimmt. Süd- und Westflügel sind die Wohntrakte; der Südflügel ist in beiden Geschossen mit Wohnräumen der Studenten und der Westflügel mit Dienst- und Wohnräumen der Warden ausgestattet. Den Anschluß des Westflügels an die Kapelle bildet der Torbau mit Pförtnerloge und Rektorwohnung.

Der Kapelle ist querhausartig nach Westen eine Vorkapelle vorgelegt, eine Anordnung, wie sie Wykeham erfand und die später oft nachgebildet wurde. Die Vorkapelle war notwendig zur Unterbringung weiterer Altäre für die zum Kollegium gehörende Priesterschaft; sie war der Raum für Prozessionen und Disputationen [56].

[54] Vgl. H. E. Salter u. M. D. Lobel, Nr. 98, Bd. 3 S. 144.

[55] Vgl. dazu insbes. Ch. E. Mallet, Nr. 73, Bd. 1 S. 293–296, H. E. Salter u. M. D. Lobel, Nr. 98, Bd. 3 S. 144–154, A. Vallance, Nr. 116, S. 33–44.

[56] Vgl. H. Rashdall, Nr. 88, Bd. III, S. 218–221, A. Vallance, Nr. 116, S. XI–XII.

Das Hauptschiff ist wie das Westquerhaus eine Halle mit offenem Dachstuhl. Es hat einen flachen Chorschluß, an den die Hall direkt anschließen kann. Mit der päpstlichen Dispens zur Errichtung einer eigenen Kapelle war das Recht zum Bau eines Glockenturms verbunden, den sonst nur Pfarrkirchen besaßen [57], und ebenso das Recht zur Anlage eines eigenen Friedhofs. Der Glockenturm wurde auf einer Bastion der Stadtmauer errichtet; und der Friedhof, für den man 1389–1390 ein Grundstück im Westen vor der Kapelle erwarb, wurde dort nach dem Vorbild des Campo Santo in Pisa kreuzgangähnlich angelegt.

Die Hall, östlich an die Kapelle anschließend, liegt über dem von der Küche aus zugänglichen Kellereigeschoß. Sie war der Generalversammlungssaal und gleichzeitig das Refektorium. Sie entspricht damit der Halle mittelalterlicher Häuser und war der Hauptsaal des Kollegiums. In der Mitte brannte im Winter ein offenes Feuer; der Rauch zog durch den offenen Dachstuhl und den Dachreiter ab [58].

Der Turm im Winkel zwischen Hall und Ostflügel, der ‚Muniment Tower', war der festungsartig gesicherte Ort zur Unterbringung von Schatzkammer und Archiv [59].

---

[57] Die Kapelle von Merton College war Pfarrkirche, vgl. A. Vallance, Nr. 116, S. XVII.

[58] Die Halls sämtlicher Colleges wurden auf diese Art beheizt, wie es noch die Abbildungen des 16. und 17. Jahrhunderts, vgl. die Bereblock- und Logganstiche 1566 und 1675, mit den Dachreitern für Rauchabzug zeigen. A. Vallance widmet in seinem Werk ein ganzes Kapitel der Untersuchung dieser Dachreiter. Seitliche Feuerstellen in Form von Kaminen kamen in den Halls erst im 18. Jahrhundert in Gebrauch. In den meisten Colleges war die Hall auch der Aufenthaltsraum der Gemeinschaft, wenn dafür nicht ein bestimmter Raum vorgesehen war oder die Studentenzimmer nicht heizbar waren. In New College hatten die Studentenzimmer Kamine. Gemeinschaftsräume für das gesamte Kollegium wurden zuerst 1650 in Trinity College geschaffen, fehlten dann seit dem Ende des 17. Jahrhunderts aber in keinem College mehr; vgl. A. Vallance, Nr. 116, S. X–XI u. S. XIX.

[59] Schatzkammern und Archiven galten besondere Schutzmaßnahmen, oft lagen sie auch in den Tortürmen, vgl. A. Vallance, Nr. 116, S. XVIII.

Im Ostflügel liegen der Verwaltungsraum, wie er für Colleges notwendig war, die Ländereien besaßen, ferner der Durchgang in den Garten, der Nutz- und Erholungsgarten mit einem Spiel- und Sportplatz war, und der Lehrsaal, in dem die Repetitionen und internen Lehrvorträge gehalten wurden. Im Obergeschoß darüber war die Bibliothek eingerichtet worden.

Der Südflügel hatte in beiden Geschossen und dem ausgebauten Dach Studentenzimmer. Die Zimmer waren heizbar und bestanden aus einem großen Wohn- und Schlafraum, in dem vier, im Obergeschoß drei Studenten gemeinsam untergebracht waren. Einer von ihnen war gemäß dem Tutorensystem ein „Senior". Jeder Student verfügte über eine kleine Studierkabine, in die er sich zurückziehen konnte.

Im Westflügel waren die Wohn- und Schlafräume der College-Leitung, des Warden und Sub-Warden. Wie der Abt eines Klosters hatte der Warden seine eigene Wohnung mit Hall und Küche [60]. Das Dienstzimmer des Warden lag wie bei den meisten Colleges über dem Haupteingang im Torturm; ein Erker markierte diesen Residenzort. Der Torturm war damit gewissermaßen die bauliche Kennzeichnung der leitenden und aufsichtsführenden Stellung des Rektors und Symbol für die exklusive und autonome Kollegiengemeinschaft. Er wurde ein charakteristisches Merkmal der College-Architektur in England [61].

Südöstlich außerhalb des Quadrangles lag an der Mauer ein schmales Bauwerk, das ‚necessarium', die Latrinen. Es war mit dem Wohnflügel durch einen Gang verbunden, der auch vom Innenhof her zugänglich war.

Weitere Baulichkeiten, die notwendigerweise zu einem von eigenen Erträgen aus Gütern und Ländereien lebenden Kollegium gehörten, waren Scheunen, eine Brauerei, eine Bäckerei und Stallungen für die Reitpferde [62].

---

[60] Vgl. H. Rashdall, Nr. 88, Bd. III S. 218–219.

[61] Vgl. A. Vallance, Nr. 116, S. X.

[62] Der College-Leitung standen aus Repräsentationsgründen und zur Visitation der umliegenden Ländereien sechs Reitpferde zu, vgl. H. Rashdall, Nr. 88, Bd. III S. 219 u. A. Vallance, Nr. 116, S. XVIII.

c) Die Gestalt (Abb. 21)

Der Planung lag das dem Spanischen Kollegium ähnliche Bauschema einer Innenhofanlage, der Quadrangularplan, zugrunde. Eine symmetrische Regelmäßigkeit wie beim Spanischen Kollegium ist nicht angestrebt worden, auch war der baukünstlerische Aufwand dem Zweck entsprechend unterschiedlich, aber die Trennung der Nutzungsbereiche und ihr funktioneller Zusammenhang wurden beachtet. Im Nordflügel sind die für die gesamte Gemeinschaft repräsentativen Einrichtungen, die Kirche und die Hall, an die die Küche und Wirtschaftsräume anschließen, zusammengefaßt worden. Der Ostflügel war dazu bestimmt, weitere allgemeine Einrichtungen aufzunehmen: die Räume für die Verwaltung und Lehre mit Bibliothek, Archiv und Schatzkammer. Der Südflügel war der Wohnbau der Kollegiaten und der Westflügel die Residenz der College-Leitung. Bis auf den Torturm, den die Würde des Ortes nach außen hin repräsentierenden Eingangsbau, hat man Ost-, Süd- und Westflügel als schlichte Profanbauten einfacher gestaltet; von ihnen hebt sich der Nordflügel als Sakral- und Repräsentativbau ab. Der Bedeutung gemäß hat man das Kirchen- und Hallenbauwerk aufwendiger und kostbarer behandelt. Der Innenhof, das Kommunikationszentrum, verbindet die vier Trakte, die sich von außen abwendend auf ihn zentriert sind und von ihm erschlossen werden. Das gesamte Areal ist wie beim Spanischen Kollegium mit einer Mauer umzogen, die burgartig die Anlage aus dem städtischen Gemeinwesen absondert und das kleine Staatsgefüge als Elitärgemeinschaft erscheinen läßt.

V. GESAMTGEBÄUDE DER UNIVERSITÄT

17. Die Adaption des Bautyps Kollegium durch die Universität

Seit der zweiten Hälfte des 14. Jahrhunderts sind für die Kollegien Neubauten errichtet worden, die als Gesamtgebäude die Bauidee und den entsprechenden Bautyp erkennen lassen. Im Verlauf der Zeit sind auch für die Universitäten hin und wieder Neubauten entstanden. Diese Bauwerke waren meist Lehrsaal- und Aulagebäude: in Bologna die ‚Schulen von S. Petronio‘ um 1450 [1], an deren Stelle dann 1562–1563 das Archiginnasio (Abb. 4, Abb. 5) als zentrales Hörsaal- und Aulagebäude errichtet wurde [2]; in Oxford die ‚Schools of Arts‘ 1439 und deren Wiederaufbau um 1550 [3] sowie ‚Divinity School‘ 1488 [4], die man 1610–1640 zum ‚Schools Quadrangle‘ als Hauptlehrsaalbau der Universität erweiterte [5]; in Tübingen 1547 das Aulagebäude [6] auf der Neckarhalde neben der Georgskirche. Das waren aber alles Bauwerke, die jeweils nur – unter Ausschluß von Unterkunftseinrichtungen – begrenzte Bedürfnisse erfüllten, neben anderen Baulichkeiten der Universitäten bestanden und deshalb keine Auskunft über die Bauidee der Universität insgesamt geben. Was für das Kollegium galt, gilt auch für die Universität: eine Bauidee kann sich nur dort klar darstellen, wo ein funktionell und gestalterisch einheitliches Gesamtwerk errichtet worden ist. Solche Gesamtbauwerke für Universitäten sind Ende des 16. Jahrhunderts entstanden. Und sie zeigen, daß konse-

---

[1] S. o. S. 71–72.
[2] S. o. S. 81–84.
[3] S. o. S. 100.
[4] S. o. S. 100.
[5] S. o. S. 103.
[6] Vgl. K. Klüpfel, Nr. 65, S. 51.

quenterweise der Integration der Institution Kollegium in die Universität die Adaption des Bautyps durch die Universität gefolgt ist. Dieser Prozeß ist zu beobachten, wo für eine neugegründete Universität ein eigens für sie errichteter Neubau geschaffen wurde. Hierbei gelten Voraussetzungen, wie sie für jeden Neubau bestehen: einheitlich erfaßbares Raumprogramm, ausreichend finanzielle Mittel und Tatkraft zur Verwirklichung der Bauabsicht. Diese Bedingungen waren erfüllt einmal bei regional begrenztem Einzugsgebiet, denn da war die Studentenschaft zahlenmäßig nicht groß und der Raumbedarf entsprechend gering, zum andern bei genügendem Gründungskapital und zum dritten bei einer Bauherrschaft in politisch kräftiger Position. Da die Universität inzwischen fast ganz der Botmäßigkeit staatlicher Autorität unterstellt war, ging der Gründungsimpuls von den politischen Mächten aus, die kraft ihres Amtes die Ausführung durchsetzen konnten, falls sie imstande waren, die notwendigen Gelder bereitzustellen. Der Gründer mußte also reich und mächtig sein.

Diese Forderungen erfüllten vor allem die kleineren Herrschaftsgebiete, der Kirchenstaat und die Fürstentümer Deutschlands. Die Universitäten der römischen Kurie und Deutschlands waren ausnahmslos obrigkeitliche Gründungen. Das Einzugsgebiet war regional begrenzt; die Bauherren waren der Papst, der Landesherr oder das Stadtregiment, also Führungsgremien, die mächtig und reich genug waren, die Absicht und die Ausführung eines Neubaus durchzusetzen. In Rom entstand zwischen 1575 und 1660 der Neubau der Sapienza, und in Deutschland wurden Ende des 16. Jahrhunderts für drei Neugründungen Neubauten errichtet: in Helmstedt für die Universität des Herzogtums Braunschweig, in Würzburg für die Universität des Fürstbistums Franken und in Altdorf für die Universität der Reichsstadt Nürnberg.

Es gibt also vier Beispiele von Universitäts-Gesamtgebäuden. Wenn man das Fakultäts-Gesamtgebäude der Sorbonne durch Einengung des Begriffs Universität anzuerkennen bereit ist, könnte der Neubau von Lemercier Anfang des 17. Jahrhunderts als fünftes Beispiel hinzugezählt werden. Auch ist nicht zu übersehen, daß das Archiginnasio gewisse Elemente vom Bautyp Kollegium übernommen hat. Das Raumprogramm entsprach bis auf das Fehlen von

134

Unterkunftseinrichtungen dem eines Kollegiums; und wenn auf den Innenhof auch nicht sämtliche Räume zentriert sind, so hat er doch eine starke räumliche Wirkung und ist für die Erschließung von Wichtigkeit. Aber da Wohnen und Lehren eben n i c h t vereint sind, muß dieser Gesamt-Lehrsaalbau der Universität Bologna aus der Beweiskette ausgeschlossen werden. Dasselbe gilt für ‚Schools Quadrangle' in Oxford. Obwohl schon der Name eine konzentrische Innenhofanlage kennzeichnet, ist doch dieses Bauwerk nur formal und nicht essentiell einem Kollegium verwandt. Ebenso ist der Neubau des ‚Collegium illustre' 1588–1592 in Tübingen [7] dem Rahmen der Themenstellung entzogen; es war eine Ritterakademie, die als höfische Erziehungsstätte neben der Universität bestand [8]. Aber diese vier oder fünf in Frage kommenden Neubauten zeigen in aller Deutlichkeit, daß der mittelalterliche Bautyp Kollegium von der Universität übernommen worden ist [9]. Bauten für Wohnen und Lehre waren getrennt nach den einzelnen Funktionen, aber durch den gemeinsamen Innenhof verbunden nach Art einer Blockbebauung angelegt worden. In den Gesamtbauwerken bekamen jedoch nur die Studenten eine Unterkunft, die vom Landesherrn oder dem Stadtregiment als Stipendiaten oder Alumnen anempfohlen wurden. Die weitaus größere Zahl mietete Privatzimmer in der Stadt bei Bürgern oder bei den Professoren, die ebenfalls nicht die Vergünstigung einer Dienstwohnung im Universitätsgebäude genossen. Wenn so auch Externe am Studium dort zugelassen

[7] Vgl. A. Willburger, Nr. 120.

[8] Vgl. A. Nitschke, Nr. 77, S. 20.

[9] Allerdings ist in Greifswald 1591–1620 ein dem Kollegium konzeptionsgemäßer Gesamtbau entstanden, ein Einflügelbau mit Mittelrisalit, der das spätere Erscheinungsbild nach Art eines Barockpalastes, wie ihn die Universität Breslau 1728–1743 zeigt (vgl. u. S. 151–152), vorwegnimmt. Anstelle dieses Bauwerks wurde 1747–1750 das ähnliche, heute noch bestehende Gesamtbauwerk errichtet; vgl. F. Schubel, Nr. 103. Andererseits sind um die Wende des 17. Jahrhunderts unter dem Einfluß der Jesuiten in Freiburg (die heute noch bestehende Alte Universität an der Bertholdstraße, ein Hörsaal- und Kollegienbau für Artisten und Theologen, vgl. H. D. Roesiger, Nr. 92) und Graz noch Neubauten entstanden, die auf dem Schemaplan des Kollegiums aufbauen.

waren, so ist doch die für Kollegien typische Organisation der Verbindung von Wohnen und Lehre übernommen worden. Diese Gesamtbauwerke der Universität hießen bezeichnenderweise „Collegium" oder sogar „Collegium Universitatis". Kollegium und Universität waren nun Synonyme, auswechselbare Begriffe, die beide dasselbe bedeuteten. Eine Differenzierung setzte sich dahingehend durch, daß mit Universität die Einrichtung, die Lehranstalt, und mit Kollegium das Bauwerk bezeichnet wurde. Diese Definition gilt noch heute: das Hauptgebäude einer Universität nennt man „Kollegiengebäude der Universität".

18. DAS GESAMTGEBÄUDE DER UNIVERSITÄT ROM, DIE SAPIENZA
(Abb. 24, Abb. 25)

In Rom bestanden zwei Universitäten, die der Kurie, das ‚studium sacri palatii', und die der Stadt, das ‚studium urbis'. Die Universität der Stadt Rom ist 1303 von Bonifaz VIII. gegründet worden, der allem Anschein nach gleichzeitig auch der Gründer der päpstlichen Universität war [10]. 1513 wurden unter Leo X. beide Universitäten vereinigt. Diese neue Universität schloß man einem bereits bestehenden Kollegium an, dem ‚collegium pauperum scolarium sapientie Firmane' [11], das für das ‚studium urbis' von Kardinal Capranica, Bischof von Fermo, 1455 gegründet worden war. Wie die Universität Paris sich nach ihrem zum Hauptgebäude erhobenen bedeutendsten Kollegium „Sorbonne" nannte, so übertrug sich auch der Name „Sapientia" des großen Kollegiums auf die neugeschaffene Römische Universität. 1572 wurde Giacomo della Porta mit der Planung eines Neubaus für die bis dahin in dem Kollegium mehr oder weniger provisorisch untergebrachte Universität beauftragt. Die Ausführung [12] begann 1575. 1585 war der erste Bauabschnitt, die drei Flügel des eigentlichen Lehrsaal- und

[10] Vgl. H. Denifle, Nr. 25, S. 310–317, H. Rashdall, Nr. 88, Bd. II S. 38–39.

[11] Vgl. H. Rashdall, Nr. 88, Bd. II S. 39 Anm. 5.

[12] Vgl. L. Bruhns, Nr. 15, Bd. 1 S. 440 ff. u. S. 548 ff., P. Charpentrat, Nr. 20, S. 17–20 u. S. 25–28.

Kollegiengebäudes, fertiggestellt. Erst 1640–1660 wurde der zweite Bauabschnitt errichtet, Francesco Borromini war damit betraut worden. Borromini baute die Universitätskirche S. Ivo und schloß damit den 1585 offen stehengebliebenen Dreiflügelbau, der im Zusammenhang mit dem Kirchenbau aufgestockt und erweitert wurde, zu einer typengerechten Innenhofanlage. In den beiden Hauptgeschossen, dem Erd- und 1. Obergeschoß, waren die zentralen und gemeinschaftlichen Einrichtungen, die Hörsäle und Aulen der einzelnen Fakultäten, die Bibliothek, das Anatomische Theater und die Räume der Verwaltung untergebracht worden. In den beiden weiteren Obergeschossen lagen die Unterkünfte der Kollegiaten und Professoren. Die Lehr-, Versammlungs- und Verwaltungseinrichtungen wurden vom Innenhof her über zweigeschossige Arkadengänge erschlossen. Die Sapienza war bis 1935 das Hauptgebäude der Römischen Universität, seither ist das Staatsarchiv dort untergebracht.

19. Das Gesamtgebäude der Universität Helmstedt [13]
(Abb. 26, Abb. 27)

Die Universität Helmstedt [14] ist 1576 von Herzog Julius I. von Braunschweig gegründet worden. Sie war neben Wittenberg und Marburg eine der bedeutendsten Universitäten des Protestantismus. 1809 wurde sie von Napoleon aufgelöst und zusammen mit Rinteln nach Göttingen verlegt.

Die Universität Helmstedt konnte schon im Gründungsjahre eröffnet werden, weil bereits 1576 eine Liegenschaft als Schenkung des protestantischen Klosters Marienthal mit entsprechenden Bauwerken zur Verfügung stand. Auf dem inmitten der Stadt liegenden und der gleichmäßigen Parzellierung für Bürgerhäuser gemäß zugeschnittenen Grundstück waren kurz zuvor die notwendigsten Gebäude mehr oder weniger provisorisch errichtet worden. Das

[13] Vgl. F. D. Häberlin, Nr. 47, S. 8–39.
[14] Vgl. D. Akadem. Dtschld., Nr. 2, Bd. 1, O. Stelzer, Nr. 113, S. 19–20.

1576 in Eile aufgeführte Auditoriengebäude ließ dann der Sohn des Gründers, Herzog Heinrich Julius, 1592–1612 durch einen Prachtbau des berühmten Baumeisters Paul Francke aus Weimar ersetzen. Dieses neue Auditoriengebäude ist ein bewundernswertes Baudenkmal der ‚Deutschen Renaissance‘, dieser manieristischen Stilrichtung, die als ein durch Spätgotik geläuterter Frühbarock zutreffend gekennzeichnet worden ist. Der Neubau von 1612 bildet mit dem Gebäudebestand aus der Gründungszeit eine Baugruppe, die die wesentlichen Merkmale des Bautyps Kollegium trägt. Aula, Hörsäle und Bibliothek sind mit Verwaltungs-, Speise-, Wohn- und Wirtschaftsräumen zusammen um einen gemeinsamen Innenhof nach außen abgeschlossen gruppiert worden. Eine eigene Universitätskirche wurde erst 1712 gebaut; vorher stand die Stadtkirche wie in Altdorf und Tübingen der Universität zur Verfügung.

Die vier Flügel sind klar nach dem Raumprogramm [15] geschieden. Das Auditoriengebäude beherbergte die Bibliothek und die Hörsäle der Hauptfakultäten Theologie, Jura und Medizin. Der große Theologiehörsaal war gleichzeitig die Aula, in der man den Versammlungssaal eines Kollegiums wiedererkennen kann. Die Artisten hatten im Westflügel ihren Vorlesungssaal, neben dem nach 1650 das Anatomische Theater mit anschließendem Sezierraum eingerichtet worden ist. Darüber lag der große Disputationssaal. Im Ostflügel waren der gemeinsame Speisesaal, die Mensa, die Küche und die Wirtschafts- und Vorratsräume untergebracht worden. Im Südflügel wohnten die Stipendiaten und der Pedell. Im Erdgeschoß unter den Wohnräumen lagen die Latrinen und die Stallungen für die Reitpferde. Zur Gesamtanlage gehörten noch eine Kellermeisterwohnung nördlich hinter dem Auditoriengebäude, Buchläden im Winkel zwischen Stipendiatenhaus und Westflügel, ein Brunnen an der Mauer neben dem Hauptzugang im Süden, und, da die Universität die Disziplinargewalt über die Studenten hatte, mehrere Karzer. Für zwei Karzer war ein nördlicher Anbau an den Westflügel errichtet worden, zwei weitere lagen im Obergeschoß des Ostflügels.

[15] Die Raumbeschreibung nach einer Bauaufnahme des Baumeisters B. L. Wolters von 1717, Niedersächsisches Staatsarchiv Wolfenbüttel, Sig. K. 6868.

Bei der Einweihung des Auditoriengebäudes 1612 beschrieb der Rhetorikprofessor Christophorus Heidmann in seiner Festrede [16] das gesamte Areal und betonte, es sei nach dem Vorbild der Universität Oxford errichtet worden. Ebenfalls bezeichnete Matthäus Merian seinen Stich von der Gesamtanlage 1650 als „Collegium in Helmstedt" [17]. Abgesehen von einem Umbau des Ost-, Süd- und Westflügels im 18. Jahrhundert besteht das Gesamtbauwerk im wesentlichen heute noch.

20. Das Gesamtgebäude der Universität Würzburg [18]
(Abb. 28, Abb. 29)

Als einen Schwerpunkt der Gegenreformation gründete Fürstbischof Julius Echter von Mespelbrunn gemeinsam mit den Jesuiten 1582 eine Universität in seiner Residenzstadt Würzburg [19] und ließ dafür 1582–1591 einen Neubau errichten. Der Neubau der Universität Würzburg ist eine noch präzisere Wiederholung des Bautyps Kollegium als die Anlage in Helmstedt. Der viergeschossige Gebäudeblock wurde vom Baumeister des Erzstiftes Mainz, Georg Robin, errichtet. Nach dem Schema des Quadrangular schließen sich vier Flügel um einen Innenhof. Ost-, Nord- und Westflügel waren mit den Lehr- und Unterkunftseinrichtungen ausgestattet, den Südflügel bildet die Universitätskirche. Eine eigene Kirche war für eine katholische Universität zwingendere Forderung als für eine protestantische. Dieser Kirchenneubau der Renaissance zählt zu den wenigen Beispielen des Sakralbaus jener Zeit in Deutschland.

Der dem Jesuitenkolleg benachbarte Ostflügel war der Wohnbau der Stipendiaten mit Unterkunfts-, Wirtschafts- und Verwaltungsräumen. Der Nordflügel war der Auditorienbau mit Hörsälen der

[16] Vgl. F. D. Häberlin, Nr. 47, S. 14.
[17] Vgl. Merian, Matthäus: Topographia Germaniae, Bd. 5: Topographia ... Braunschweig und Lüneburg. Franckfurt 1654. Kassel: Bärenreiter Verlag 1961.
[18] Vgl. C. Braun, Nr. 14, S. 296–302, J. Oegg, Nr. 78, S. 407–413.
[19] Vgl. D. Akadem. Dtschld., Nr. 2, Bd. 1, F. Mader, Nr. 72, S. 498–516.

vier Fakultäten, Festsälen, Verwaltungsräumen und den Dienst-zimmern des Rektors. Der Westflügel hatte im Erdgeschoß den gemeinsamen Speisesaal, die Mensa. Küche und Bäckerei mit Vor-ratsräumen schlossen sich an. Im Zusammenhang mit diesen Feuer-stellen waren eine Wäscherei und eine Badestube eingerichtet wor-den, wohin die Fallrohre das Regenwasser leiteten. Im ersten Obergeschoß lagen die Aula, gleichzeitig auch Generalversamm-lungssaal, und die Bibliothek. In den weiteren Geschossen waren die Wohnungen für Adlige und deren Tutoren sowie für Bedien-stete der Universität eingerichtet worden. Die als Baudenkmal be-deutende Kirche ist ein hallenartiger Saalbau mit Emporen in zwei Geschossen. Der Turm ist infolge von Restaurierungsarbeiten 1696–1713 von Antonio Petrini erhöht und eigenwilliger gestaltet wor-den.

Das auf dem Merianstich „Collegium der Hohenschuel zu Würtz-burg" genannte Gesamtgebäude der Juliusuniversität [20] ist heute noch vorhanden und ist mit den zentralen Einrichtungen der Re-präsentativbau der Universität Würzburg.

21. Das Gesamtgebäude der Universität Nürnberg in Altdorf [21] (Abb. 30, Abb. 31)

Das 1526 in Nürnberg gegründete Melanchthon-Gymnasium wurde 1575 in das stillere Altdorf verlegt; 1578 erhielt es den Rang einer Akademie mit den Rechten, die Titel Baccalaureus und Magister zu verleihen [22]. Die Akademie wurde schließlich 1622 zur Universität erhoben [23]. Die Universität Altdorf war in bezug auf naturwissenschaftliche Studien neben Leiden [24] die fortschrittlichste

[20] Vgl. Merian, Matthäus: Topographia Germaniae, Bd. 7: Topogra-phia Franconiae. Franckfurt 1656. Kassel: Bärenreiter Verlag 1962.
[21] Vgl. A. Gebessler, Nr. 37, S. 13–16, K. Lengfelder, Nr. 67, dort die Wiedergabe der Stiche Johann Puschners um 1710.
[22] Demnach war vorerst nur eine Artistenfakultät vorhanden, s. o. S. 16.
[23] Vgl. D. Akadem. Dtschld., Nr. 2, Bd. 1.
[24] Vgl. J. Huizinga, Nr. 58, K. Rückbrod, Nr. 95, S. 46–48.

Universität in Europa. Sie ist ebenfalls 1809 unter Napoleon geschlossen und nach Erlangen verlegt worden. Für die Akademie und spätere reichsstädtische Nürnbergische Universität ist 1571–1583 ein Neubau errichtet worden. Unter den Baumeistern Bartel Grolock und Georg Rössner entstand auf Grundstücken an der südlichen Stadtmauer eine Baugruppe[25], die deutlich die Merkmale des Bautyps Kollegium aufzeigt: ein an vier Seiten umbauter Innenhof, wovon die Nordseite als Mauer mit dem Eingangsbauwerk das Kollegium gegen die Stadt abriegelte. Im Erdgeschoß lagen die Räume, die von allen Universitätsangehörigen benutzt wurden. Süd- und Ostflügel nahmen die Hörsäle auf, deren größter, der der Theologen, gleichzeitig die Aula war. Außerdem waren in diesen Flügeln die Bibliothek und das später eingerichtete Anatomische Theater untergebracht. Im Westflügel lagen der Speisesaal, die Mensa mit anschließender Küche und weitere Wirtschafts- und Verwaltungsräume. Weiterhin standen in der Anlage für fünf Professoren Dienstwohnungen zur Verfügung. Im Obergeschoß des Mittelbaus waren die Wohn- und Schlafräume der Stipendiaten, von denen jeder einen der an den Fenstern aufgestellten halbhohen, mit Bücherregal und Arbeitstisch ausgerüsteten Bretterverschläge als Studierkabine benutzen konnte. Im Torhaus über dem Buchladen wohnte der Pedell. Die Karzer lagen im Treppenturm unterhalb der Glockenstube. Eine eigene Kirche besaß das Universitäts-Kollegium nicht, die Stadtkirche wurde mitbenutzt. Ausgezeichnet war die Universität durch die Besonderheit, daß hier schon früh den Naturwissenschaften Raum und Entwicklungsmöglichkeit geboten wurden[26].

Für das Studium der Naturwissenschaften waren neue Einrichtungen notwendig, die in den Raumbedarf einer Universität aufgenommen werden mußten. Eigene und teure Anlagen waren anzuschaffen, die der Stadtrat von Nürnberg seiner Universität in Altdorf zu stiften einsichtig genug war. Die Bibliothek, die bald

[25] Vgl. Merian, Matthäus: Topographia Germaniae, Bd. 7: Topographia Franconiae. Franckfurt 1656. Kassel: Bärenreiter Verlag 1962.
[26] Der Situation in Bologna entgegengesetzt, s. o. S. 84; vgl. K. Rückbrod, Nr. 94, S. 32–33.

mehrere Räume beanspruchte, wurde um eine reichhaltige Sammlung von Anschauungsmaterial erweitert. Dem Begründer der Experimentalphysik in Deutschland, Johann Christoph Sturm, stand ein physikalisches Kabinett zur Verfügung, dessen Ausstattung mit Instrumenten er noch vervollständigen konnte. Schon 1626, vier Jahre nach Erhebung zur Universität, wurde der Botanische Garten mit einem Gewächshaus angelegt. Das Anatomische Theater wurde 1650 in fortschrittlichster Weise eingerichtet [27]. 1682 baute man vor der Stadtmauer bunkerartig eines der ersten chemischen Laboratorien, in dem Vorlesungen und Übungen stattfanden. 1711 richtete man auf dem Dach des Mittelbaus ein Observatorium ein. Da mit dieser Ausrüstung die Nürnbergische Universität in Altdorf innerhalb Deutschlands einzigartig war, galt sie als eine der modernsten Hochschulen. Die kostspieligen Investitionen wurden belohnt durch den Zuzug vieler Studenten, zu denen u. a. Wallenstein, Pappenheim, Friedrich von Logau, Georg Philipp Harsdörffer, der Komponist Johann Pachelbel und G. W. Leibniz gehörten.

In dem von Johann Georg Puschner (67) zwischen 1705 und 1710 gefertigten Stichwerk wird das Bauwerk als „Collegium zu Altdorf" bezeichnet. Es besteht mit fast sämtlichen Nebenanlagen noch heute. Seit 1925 ist es das Wichernhaus der evangelisch-lutherischen Landeskirche.

22. Exkurs: Idealpläne zu Universitäts-Gesamtgebäuden
(Abb. 32, Abb. 33, Abb. 35)

1750 veröffentlichte Giovanni Battista Piranesi (1720–1778) ein Stichwerk unter dem Titel ›Opere varie di Architettura prospettiva grotteschi Antichità sul gusto degli antichi Romani‹ [28]. Unter den Blättern befindet sich der Entwurf zu einem Universitäts-Gesamtgebäude, den Piranesi „Plan eines weitläufigen, prachtvollen Kollegiums . . ." nennt. Es war für Piranesi selbstverständlich, daß das Bauwerk Kollegium die entsprechende Gestalt der Universität war.

---

[27] Vgl. K. Rückbrod, Nr. 95, S. 47–48.
[28] Vgl. U. Vogt-Göknil, Nr. 118, S. 86 Anm. 12.

Aber der humanistisch gebildete Architekt geht in der Bezugskette noch weiter. Der Entwurf und der Text, der ihm programmatisch vorangestellt ist, enthüllen eine bemerkenswerte Konzeption: „Plan eines weitläufigen, prachtvollen Kollegiums, dem die Vorstellung von griechischen Palästren und römischen Thermen zugrunde liegt. Er zeigt majestätische Säulenhallen mit breiten Treppen, Wandelgänge mit Seitenräumen, Atrien mit Vestibülen, Haupträume mit Loggien, Peristyle mit Freitreppen, Wasserbecken und Springbrunnen, Unterrichtsräume, Empfangsräume, Exedren oder große Säle, Pinakotheken, Bibliotheken, Speisesäle, Höfe, Kirche mit Glockentürmen und Sakristei, Kapelle, Theater, Reitbahn, Stallungen, Wohnräume für die Studenten, Rektoren, Lektoren, Priester und andere Beamte usw." [29]

Der Plan (Abb. 32, Abb. 33) zeigt einen geometrischen, auf einem Kreis aufgebauten Entwurf. Ein innerer und ein äußerer Gebäudering sind durch einen Ringkanal getrennt. Der innere Ring ist eine Gebäudeinsel mit den Unterkunfts- und Lehreinrichtungen. Diese umschließend sind im äußeren Ring die zentralen Einrichtungen untergebracht. Dem einem Quadrat eingeschriebenen äußeren Ring ist ein monumentales Eingangsbauwerk vorgelegt. Das so gebildete Geviert wird rückwärts umklammert von Theater, Kapelle und Reitbahn.

Nicht zu Unrecht betont Piranesi, daß er bei der Planung von der Idee griechischer Palästren und römischer Thermen ausgegangen sei. Zwar bestand in der geschichtlichen Wirklichkeit keinerlei Verbindung zwischen diesen Erziehungs- und Studienstätten der

---

[29] Vgl. U. Vogt-Göknil, Nr. 11, Abb. 12: „Pianta di ampio magnifico Collegio formata sopra l'idea dell' antiche Palestre de' Greci, e Terme de' Romani, nella quale si scorgono Maestosi Portici con Scalinate, Anditi con Ale, Atrii con Vestibuli, Tablini con Loggie, Peristillo con Scalone, Laghi, e Fontane, Oeci, o siano Salotti con Efebei, o Scuole, Stanze ornate per ricevimento de' Personaggi, Essedre, o Sale grandi, Pinacoteche, o Gallerie, Biblioteche, Triclinii, o Reffettori, Cavedi, o Cortili, Tempio co' suoi Campanili, e Sagrestia, Oratorio, Teatro, Cavallerizza, Scuderia, Abitazione per gli Studenti, Rettori, Lettori, Sacerdoti ed altri Ufficiali, e. c."

Antike [30] und der Universität [31], aber dadurch, daß sich die ursprünglich korporativen Universitates umgewandelt hatten zu staatlichen bzw. kirchlichen Lehranstalten, waren sie vergleichbar geworden mit den antiken Lehrinstitutionen. Kennzeichnend dafür ist die Übernahme des Bautyps von der Institution Kollegium, der die inzwischen institutionell verfestigte Universität entsprach. Mit dem Kollegium besaß die Universität ein Bauwerk, in dem sie sich als Ort der Bildung und Gelehrsamkeit darstellen konnte.

Aber dem Entwurf von Piranesi liegt nicht nur die Absicht zur Selbstdarstellung der Universität zugrunde – denn diese hätte man ja auch auf viel bescheidenere Weise befriedigen können, wie die Bauten in Helmstedt und in Altdorf zeigen –, sondern auch der Wille zur Repräsentation. Gemäß barocker Einstellung, nach der sich das Gelehrtentum in Äquivalenz zur aristokratischen Oberschicht als Adel des Geistes verstand, orientierte sich die Planung für ein Universitätsbauwerk am Palastbau [32]. Über die Vorbilder antiker Lehreinrichtungen hinaus entlehnt Piranesi „sul gusto degli antichi Romani" Elemente der Palastarchitektur des kaiserlichen Roms. Einmal sind es die Motive der Repräsentation. Er zählt sie auf: majestätische Säulenhallen, Freitreppen, Wandelgänge, Vestibüle, Loggien, Peristyle, Wasserbecken und Springbrunnen. Zum andern ist Piranesi offensichtlich angeregt worden von einem Architekturstück aus der Villa Hadrians (Abb. 34). Die Konzeption des Entwurfs mit der von dem Kanal rings umflossenen Studierinsel ist dem „Teatro marittimo" der Kaiservilla bei Tivoli auffällig ähnlich. Hadrian hatte sich in derselben Form mit Verbindung zur Bibliothek, der sog. „Sala dei Filosofi", eine Eremitage geschaffen, die allem Anschein nach dazu diente, daß er sich zu Studien in die „Einsamkeit" zurückziehen konnte.

Seit dem Ende des 15. Jahrhunderts wurde die Hadriansvilla ausgegraben [33]. Zunächst suchte man nach Kunstwerken, zuneh-

---

[30] Vgl. G. Picard, Nr. 84, S. 146, P. Ssymank, Nr. 109, J. W. H. Walden, Nr. 119.

[31] Vgl. H. Grundmann, Nr. 44, S. 62–63, s. o. S. 11.

[32] Vgl. K. Rückbrod, Nr. 94, S. 33, s. u. S. 150.

[33] Vgl. bes. H. Kähler, Nr. 63, u. a. auch Salvatore Aurigemma, Die Hadriansvilla bei Tivoli. Tivoli: Chicca 1969. 94 S., 13 Fig., XXXI Abb.,

mend aber wurden die Ausgrabungen mit begeisterter Anteilnahme von Architekten systematisch vorgenommen. Es ist öfter darauf hingewiesen worden, wie stark der Römische Barock von den Raumbildungen und Wölbtechniken des Kaiserpalastes beeinflußt worden ist [34]. Der gebildete und kultivierte Bauherr, der „Philosophenkaiser" Hadrian (117–138 n. Chr.), hat die spätrömische Baukunst in seiner Residenz bei Tibur (118–138 n. Chr.) auf einen Höhepunkt geführt, der selbst heute noch in den Ruinen beeindruckend erkennbar ist. Piranesi kannte die Anlage genau [35]. Er übernahm das romantische Motiv der Studierinsel als Leitidee für seinen Entwurf. Hier waren die Unterkunfts- und Lehreinrichtungen für die Studenten vorgesehen; die Studenten sollten sich wie Hadrian in die ihren Studien förderliche „Einsamkeit" zurückziehen können. Interessanterweise klingt die Idee einer dem Studium gemäßen mönchischen Lebensweise in dem Ideal „Einsamkeit und Freiheit" des Neuhumanismus Wilhelm von Humboldts noch nach [36]. Aber die Studierinsel ist nicht nur eine formale Wiederholung des „Teatro marittimo", sondern auch nach der räumlichen Organisation des Kollegiums angelegt. Sie ist zwar kreisförmig und im Innenhof verstellt durch eine gigantische Treppenanlage, die den Schöpfer der ‚Carceri' sicher am meisten fasziniert hat, entspricht aber doch der auf einen Innenhof zentrierten Baugruppe von Studien- und Unterkunftseinrichtungen. So ist dieser Entwurf eines Universitäts-Gesamtgebäudes, den man eine durch Geometrie gebändigte labyrinthische Raumphantasie nennen kann [37] und der literarische Bildung und baugeschichtliche Kenntnisse verrät, letztlich doch konzipiert nach dem Typenplan des Kollegiums.

L. Bruhns, Nr. 15, S. 77–86, Anton Henze, Rom und Latium, Reclams Kunstführer Italien, Bd. V, Stuttgart: Ph. Reclam jun. 1969, S. 512–515, G. Picard, Nr. 84, S. 124–129, S. 133, S. 138–141.

[34] Vgl. L. Bruhns, Nr. 15, S. 77–78, G. Picard, Nr. 84, S. 139, A. Henze (s. o. Anm. 33), S. 515.

[35] Im Band II der ›Vedute di Roma‹ von Piranesi 1778 sind eine Reihe von Stichen einzelner Partien aus dem Palast zu finden.

[36] Vgl. K. Rückbrod, Nr. 96, S. 19–20, H. Schelsky, Nr. 99, S. 66–69.

[37] Vgl. U. Vogt-Göknil, Nr. 118, S. 22–23.

Im inneren Ring sind die Studentenzimmer den Hörsälen zugeordnet. Die den Lehrsälen gegenüber geringere Raumhöhe der Studentenzimmer nutzte Piranesi in einer mehrgeschossigen Aufteilung des wohl einheitlich hohen Baukörpers [38]. Die zweibündige Anlage erschließen zwischenliegende Geschoßtreppen. Den Hörsälen im vorderen Teil des Ringes sind Vorbereitungs- und Sammlungsräume angeschlossen.

Im äußeren Ring, der vom inneren durch den Kanal getrennt und nur durch Brücken in den Haupt- und Zwischenachsen mit diesem verbunden ist, liegen die gemeinsamen Einrichtungen: der Speisesaal, die Aulen der beiden Abteilungen Wissenschaft und Kunst, denen die Fachbereichsbibliotheken und Sammlungen angeschlossen sind, und die Kapellen des Kollegiums.

Dem inneren Ring mit dem kombinierten Studentenheim- und Lehrsaalgebäude und dem äußeren Ring mit den zentralen Einrichtungen ist ein prächtiges Eingangsbauwerk mit Säulen korinthischer Ordnung [39] vorgelegt. In dem Eingangsbau haben die Rektoren ihre Wohnungen, die nach Art römischer Villen Atrienanlagen sind. Zu der Gesamtanlage gehören noch ein Theater, eine Reitbahn und eine Kirche. Mit der Kirche verbunden sind die Wohnungen der Geistlichkeit.

Wie in der zentralen Bauaufgabe des Barocks, dem Schloß, in dem alle Elemente menschlichen Daseins in Kürzelform vertreten sind [40], so sind auch in dieser Palastanlage der Universität die drei Bereiche: das Musische – das Theater, das Vitale – die Reitbahn,

[38] Obwohl keine Lauflinien und Steigungsrichtungen im Plan angegeben sind, kann man aus der Treppenführung auf einen Baukörper mit zwei Hauptgeschossen schließen, die jeweils mit Zwischengeschossen einen viergeschossigen Wohntrakt ergeben.

[39] Nach dem Kanon der Säulenordnung wird die korinthische – die kaiserliche – Ordnung für die Repräsentation des Staates gesetzt.

[40] Im Mannheimer Schloß liegen sich die Bibliothek (Ratio, Wissenschaft) und die Kapelle (Religio, Glaube), das Theater (das Musische) und die Reitschule (das Vitale) gegenüber. Entsprechende Bereiche in polarer Situation, das ist die geistige Konzeption des Barockschlosses. (Die Gedanken zum Barockschloß sind einem unveröffentlichten Vortrag von H. G. Sperlich entnommen.)

und das Sakrale – die Kirche, vorhanden. Das Sakrale ist, bezogen auf die Symmetrieachse, triumphales Wegende. Beidseits gleichgewichtig sind die Profanbereiche Theater und Reitbahn zugeordnet. Den Kern der Gesamtanlage bildet gemäß der gestellten Aufgabe der Bereich des Wissenschaftlichen. Alle Wege kreuzen sich hier. Jeder, der durch die „majestätische Säulenfront korinthischer Ordnung" eingetreten ist, wird ins Zentrum geführt und kann erst von dort aus zu den einzelnen Bereichen gelangen, wobei der Konzeption zuliebe Rückläufigkeit in Kauf genommen wird.

Der Plan von Piranesi zeigt eine geistige Konstruktion, die aus barocker Freude an der Spekulation mit Symbolhaltigkeit beladen ist. Der Plan, dem eine räumliche Idee aus dem Kaiserpalast Hadrians zugrunde liegt, baut auf dem Modell des Kollegiums auf. Aber der mittelalterliche Typenplan ist erweitert worden. Alle Einrichtungen, die zu einer universellen Bildung verhalfen, sind darin aufgenommen worden. Ähnlich dem Palast, den der „Philosophenkaiser" Hadrian als Spiegel der Kultur seiner Zeit entwarf, stellte sich Piranesi die Universität als die Gesamtheit der Kultur seiner Zeit vor. Eine umfassende psycho-somatische Bildung, die schon im Lehrplan der Antike gefordert worden war [41], sollte den vollkommenen Menschen hervorbringen. Analog den vier Pfeilern menschlicher Existenz – Geist, Herz, Seele, Kraft – [42] bestand im

[41] Vgl. J. Dolch, Nr. 27.
[42] Die Spekulation mit der mystischen Vierzahl (s. o. S. 23 Anm. 42, S. 26, S. 29, S. 74, ebenso W. Müller, Nr. 76, S. 53 ff.) lebt im Barock wieder auf. Im Marmorsaal des Schlosses zu Pommersfelden dient der Aufbau von Allegorien der Stützung der Fürstenmacht: die vier Weltmonarchien Griechisch, Persisch, Römisch, Türkisch; die vier Weltzeitalter Eisen, Bronzen, Silbern, Golden; die vier Herrschertugenden Weisheit, Gerechtigkeit, Fleiß, Stärke. Im Fresko Tiepolos über dem Treppenhaus der Würzburger Residenz ist die in den Kosmos, den Götterhimmel mit Apoll-Christus, eingebettete Erde stellvertretend dargestellt durch die vier Erdteile Europa, Asien, Afrika und Amerika mit den Vier Weltströmen Donau, Ganges, Nil und Amazonas (Rio de la Plata) (Aus dem unveröffentlichten Vortrag von H. G. Sperlich). Ebenso ist der Vier-Ströme-Brunnen auf der Piazza Navona in Rom eine symbolische Darstellung der vier Weltströme Donau, Ganges, Nil und Rio de la Plata.

147

Sinne des für den Barock typischen universalen Einheitsgedankens, jeder Spezialisierung mißtrauend [43], das Bildungsprogramm der Universität aus Wissenschaft, Kunst, Religion und Sport. Die Begriffsverwandtschaft Universitas-Universität wurde überdeckt von der idealistischen Forderung Universität = Universalität.

Diese Vorstellung ist aufgenommen und weiterentwickelt worden in dem Entwurf eines Kollegiums, der 1780 mit dem ersten Preis eines alljährlich von der Akademie für Architektur in Paris ausgeschriebenen Studentenwettbewerbs ausgezeichnet wurde [44] (Abb. 35). Der Sieger war Louis-Alexandre Trouard, der Sohn des erfolgreichen Architekten und Akademiemitglieds Louis-François Trouard (1729–1797). Verbunden mit dieser Auszeichnung war der begehrte Prix de Rome, ein im Sinne der Begabtenförderung vom französischen Staat gewährtes Stipendium für ein mehrjähriges Aufbaustudium in Rom.

Louis-Alexandre Trouard hat nach damaliger Auffassung von einem Kollegium ein Universitäts-Gesamtgebäude entworfen. Der Plan ist im wesentlichen der Konzeption von Piranesi so ähnlich, daß man annehmen kann, Trouard habe den Stich von Piranesi gekannt. Das liegt auch nahe, denn Piranesis Veduten und Phantasien wurden bewundert und waren weitverbreitet. Vor allem lösten in Frankreich seine Veröffentlichungen eine Entwicklung aus, die unter der Führung von Etienne-Louis Boullée (1728–1799) und Claude-Nicolas Ledoux (1736–1806) die sogenannte Revolutionsarchitektur entstehen ließ. In diesen kubisch-monumentalen Bauideen scheinen die erhabenen Visionen Piranesis von römisch-kaiserzeitlichen Architekturen fortzuleben. Dabei wird einer Funktionalästhetik gehuldigt und mit Gedanken von sozialen und moralischen Reformen gespielt. Tragend aber ist das heroische Pathos eines Naturkräftekults mit der Neigung zur Übersteigerung ins Megalo-

[43] Vgl. H. Schelsky, Nr. 99, S. 82–87.

[44] Vgl. Thieme-Becker, Allgem. Lexikon d. bildend. Künstler, Leipzig: E. A. Seemann 1939, Stichwort ›Trouard‹; Katalog der Ausstellung ›Revolutionsarchitektur‹, Staatl. Kunsthalle Baden-Baden, 9. 10.–22. 11. 1970, S. 251. Das Original, eine Federzeichnung 48,5 x 78 cm, wird aufbewahrt in der Bibliothek der Ecole Nationale Supérieure des Beaux-Arts, Paris.

mane. Das entspricht dem Rationalismus und der aufgeblähten Rhetorik der französischen Revolution.[45]

Die Grundidee des Entwurfs von Trouard ist abgeleitet aus dem Kreis; und wie bei Piranesi und dessen Vorbild, dem „Teatro marittimo" der Hadrian-Villa, ist das Hauptmotiv die Insel. Zwei konzentrische Gebäuderinge sind durch einen umlaufenden Kanal voneinander getrennt, den in Abschnitten Zwischenbauten überbrücken. Die Kreiskomposition ist nun einem gleichseitigen Dreieck eingeschrieben, dessen freie Winkel zwar Baugruppen besetzen, die Restzwickel jedoch tiefe Wasserbassins füllen. So ist in Weiterentwicklung der Piranesi-Konzeption nicht nur der Kern, sondern die gesamte Anlage inselartig isoliert. Sie ist nur über die Dreiecksspitzen von außen her zugänglich.

Den Treppenläufen folgend ist die Anlage mindestens zweigeschossig, und aus den Anordnungen bzw. Abmessungen der Räume kann in Anbetracht des Piranesi-Plans und des Raumbedarfs für ein „Collegium Universitatis" auf die Nutzung geschlossen werden. Die Unterkunfts- und Wohnräume sind wohl im inneren Ring untergebracht, der die offene Kreisfläche des Kollegienhofs umschließt und den Kern der Anlage bildet. Er ist mit dem äußeren Kolonnadenring durch Zwischenbauten auf den Achsen der Winkelhalbierenden des umschriebenen Dreiecks verbunden. Diese wie Speichen zwischen den beiden Ringen liegenden Bauten könnten die zentralen Einrichtungen sein. Als solche erkennbar sind die Kirche, zwei große Auditorien und das Haupttreppenhaus; die beiden übrigen Saalbauten mit zweigeschossigen Seitentrakten wären demnach Bibliotheken bzw. Pinakotheken. Die um quadratische Innenhöfe gruppierten Bauflügel in den Dreieckswinkeln müßten schließlich die Lehreinrichtungen sein. Der Ringanlage außen vorgelegt können sie gleichermaßen von Kollegienmitgliedern und von externen Universitätsangehörigen aufgesucht werden.

Der Entwurf von Trouard ist strenger, funktionell klarer und auch einfacher als die Architektur- und Raumphantasie Piranesis. Daher tritt der symbolische Gehalt noch deutlicher hervor. Der Kreis, die vollkommene Form schlechthin, ist Sinnbild der Gesamt-

---

[45] Vgl. N. Pevsner, Nr. 83, S. 624–630.

heit, des Orbis, des Kosmos. Und das gleichseitige Dreieck ist im Barock Symbol für die Trinität, für den Schöpfer des Kosmos, für die Ewigkeit. So läßt sich die Figur des in ein gleichseitiges Dreieck eingeschriebenen Kreises entschlüsseln: der Schöpfer, der den Kosmos schuf, verleiht die Erkenntniskraft und damit die Fähigkeit, die Welt zu ordnen. Die Wissenschaft, der schon gegen Ende des 12. Jahrhunderts der Rang als dritte Universalmacht neben Kaisertum und Papsttum zuerkannt worden war [46], wird darüber hinaus in ihrer Gesamtheit zur Verheißung des Heils. Wie von einem heiligen Ort in einem abgesonderten heiligen Bezirk strahlen die Achsen aus, die ‚urbs' und ‚orbis' ordnen. Der heilige Ort ist die Universität – ihr Bauwerk ist der Tempel der Wissenschaften.

23. GESAMTANLAGEN VON UNIVERSITÄTEN ALS REPRÄSENTATIONSOBJEKTE

Im Sinne der Idealentwürfe von Piranesi und Trouard waren die Institutionen der Bildung und Wissenschaft willkommene Objekte, um Macht, Fortschritt und Größe zu demonstrieren. Staat und Kirche sahen in ihnen würdige Repräsentanten und waren darauf bedacht, das äußere Erscheinungsbild ihrer Lehrstätten wirkungsvoll zur Geltung kommen zu lassen. So waren Universitäten und Jesuitenhochschulen wahre Paläste der Wissenschaft und der Rechtgläubigkeit. Diese Tendenz hatte sich schon angekündigt im 16. Jahrhundert beim Neubau des Archiginnasio in Bologna [47]. Sie wurde aufgegriffen von den Jesuiten bei der Universität Genua 1634–1646 [48] und ins Monumentale gesteigert bei der Clerecía 1614–1755, dem Jesuitenkollegium in Salamanca [49]. In diesen Bauwerken des 17. Jahrhunderts folgte man noch dem Bauschema des Kollegiums, was bei den Klosterkollegien der Jesuiten auch nahelag. Im 18. Jahrhundert wandte man sich schließlich vom Bautyp in seiner formalen Gestalt ab und orientierte sich am Schloßbau des Barocks.

[46] Vgl. L. Boehm, Nr. 9, S. 25–29, H. Grundmann, Nr. 44, S. 60 ff.
[47] S. o. S. 81 ff.
[48] Vgl. P. Charpentrat, Nr. 20, S. 20, S. 37–40 u. S. 46.
[49] Vgl. Y. Bottineau, Nr. 12, S. 53–56, S. 62–67.

Als die Jesuitenschule in Breslau 1702 zur Universität erhoben wurde, plante man sogleich einen repräsentativen Neubau (Abb. 36). Es war vorgesehen, am Rande der Altstadt in Verbindung mit der bereits seit 1689 bestehenden Matthiaskirche der Jesuiten zu beiden Seiten des Kaisertores, einem ehemaligen Stadttor, zwei gleichlange Flügel zu errichten [50]: westlich ein Auditorien- und Lehrsaalgebäude und östlich ein Kolleg- bzw. Unterkunftsgebäude. So wäre ein 220 Meter langer Baukörper entstanden mit einem das Kaisertor bekrönenden hohen Turm als Symmetrieachse. Zusammen mit zwei weiteren Türmen, mittig den beiden Seitenflügeln aufsitzend, hätte sich eindrucksvoll eine repräsentative Schauwand als dreitürmig gegliederte Komposition über dem Oderufer nach außen entfaltet, vom neuen Ruhme Breslaus als Stätte der Wissenschaft und Gelehrsamkeit kündend.

Auf dieser Grundkonzeption wurde die Planung in bescheidenerem Maße 1728–1743 verwirklicht [51] (Abb. 37). Man errichtete zwar den westlichen Schulbau vollständig, jedoch den östlichen Kollegbau nur zum Teil. Auch die Türme über dem Kaisertor und dem Kollegbau kamen nicht zur Ausführung. In dem vier- bzw. dreigeschossigen Lehrsaalgebäude sind auf der einen Seite Lehrsäle und auf der anderen die großen und demzufolge hohen Versammlungssäle, Aula und Theater (Auditorium maximum), eingerichtet worden. Der Mathematische Turm über dem zentral gelegenen Treppenhaus enthielt naturwissenschaftliche Sammlungen und trug den Aufbau des Observatoriums. Der viergeschossige Kollegbau war mit Wirtschafts- und Wohnräumen für Studenten und Professoren ausgestattet. Ursprünglich sollte er noch Refektorium und Bibliothek aufnehmen. Im Verbindungsflügel zur Jesuiten- bzw. Universitätskirche lagen die Laboratorien und eine Apotheke.

Zusätzlich mit den inzwischen notwendig gewordenen Räumen für die Naturwissenschaften ist in dem Gesamtbauwerk das bisher übliche Raumprogramm untergebracht worden. Dabei war man zwar dem Lehre und Unterkunft vereinenden Muster des Kollegiums treu geblieben, folgte aber nicht dessen räumlicher Organi-

[50] Vgl. L. Burgemeister, Nr. 18, S. 72–73, L. Petry, Nr. 82.
[51] Vgl. L. Burgemeister, Nr. 18, S. 72–88, B. Patzak, Nr. 80.

sation. Das Kollegium in seiner formalen Gestalt wurde nicht mehr als bindend und gültig für eine Universität empfunden; bestimmend war nicht mehr die Gemeinschaft von Lehreren und Schülern, sondern die Repräsentation der das Gelehrtentum tragenden Staatsmacht.

Nach diesen Gesichtspunkten sind überall im 18. Jahrhundert Universitätsgebäude geplant und ausgeführt worden [52]. Dabei wurde durchaus Sakrales und Profanes miteinander verschmolzen. Das war schon grundlegend gewesen für das Entstehen des Kollegiums als Institution und als Bautyp [53] und kam nun in der Hierarchie des barocken Staates besonders klar zum Ausdruck. So ist es nach damaliger Auffassung nicht abwegig, Universität und Kirche, Wissenschaft und Religion, als Grundfesten des Staates anzusehen. In diesem Sinne bildeten auch in der Residenzstadt Mannheim unter dem Motto „justitiae et pietatis" Rathaus und Stadtkirche ein einheitliches Ensemble [54]. Der Konzeption der Breslauer Universität ähnlich stehen zwei für „justitia" und „pietas" gleichförmige Baukörper zu beiden Seiten eines Turms in der Mitte, der das verbindende „et" seiner Portalinschrift symbolisiert und wie ein Ausrufezeichen betont.

Wenn man darin eine Selbstdarstellung des absoluten Staates sehen kann, dann findet man in einer Planung von Jean-Nicolas Jadot de Ville-Issey (1710–1761) tatsächlich den totalitären Staat repräsentiert. Erwähnt wurde schon das Auditorien- und Lehrsaalgebäude der Universität Wien, das Jadot einem barocken Adelspalais ähnlich am Universitätsplatz errichtet hatte [55].

Von Jadot gibt es nun einen Entwurf, der weit über Piranesi hinausgeht, in dem er mehrere Bauaufgaben des Staates zu einer monumentalen Bauphantasie zusammenfaßt. „Place, église, université, prisons etc." nennt er das Projekt und vereint das, was der Repräsentation des Staates dienen kann (Abb. 38). Exerzier-, Aufmarsch- oder Paradeplatz und Gefängnisse sind unerbittliche Zur-

[52] S. o. S. 84, S. 97, S. 104–105.
[53] S. o. S. 38 ff., S. 61–62, S. 123 ff.
[54] Vgl. K. Gruber, Nr. 42, S. 111–113.
[55] S. o. S. 110, vgl. J. Schmidt, Nr. 100, S. 14 ff.

schaustellungen staatlicher Macht. Sie aber zu kombinieren mit Universität und Kirche offenbart eine Gesinnung, die man bei Universitätsbauten des Dritten Reichs oder der Stalin-Ära finden kann. Und selbst diese totalitären Regime hatten Gefängnisse noch nicht in die Gesamtplanung für Universitäten aufgenommen. Insofern möchte man die Jadotsche Planung lieber als eine dem Beaumarchais und dessen Komödie ›La folle Journée‹ (1775) verwandte, beißende Ironie gegen Gewaltherrschaft auffassen.

Es ist nicht bekannt, ob vielleicht umfangreichere Bauabsichten des österreichischen Kaiserhofs Jadot zu dieser Planung veranlaßt haben. Die Abbildung in dem Pariser Skizzenbuch [56] hat weder Angaben zum Raumprogramm noch nähere Erläuterungen zur Nutzung und begnügt sich mit der Darstellung der Hälfte einer achsialsymmetrischen Gesamtanlage. Vervollständigt ergeben sich zwei gegenüberliegende Komplexe mit einer Vielzahl größerer und kleinerer Räume, je einer Kirche von ovalem Grundriß als Schwerpunkt, aufwendigen Treppenhäusern und Stallungen, die abgewinkelt gruppiert sind um einen achteckigen konzentrierenden Platz, dessen umlaufende Kolonnaden sie miteinander verbinden.

Was an Positivem aus diesem merkwürdigen Projekt abgeleitet werden kann, ist das Bestreben, die Universität nicht mehr isoliert sehen zu wollen, sondern sie aus der Erstarrung einer selbstgefälligen Exklusivität zu befreien und mit anderen öffentlichen Einrichtungen wieder einem größeren Zusammenhang einzugliedern.

In der Zeit des Rationalismus und der durch die Naturwissenschaften geförderten Technisierung und beginnenden Industrialisierung war es der Wunsch, die Universität zweckgemäß auszurichten auf das Praktisch-Utilitaristische zum Nutzen des Staates [57]. In Frankreich wurde diese Forderung sehr pragmatisch erfüllt, indem man den Universitäten ausschließlich die Berufsausbildung übertrug und sie so als Fachhochschulen der Gesellschaft dienstbar machte. Zwar hatte die Revolution in den anderen Ländern nicht diese extrem einseitigen Folgen, jedoch wurde durch sie der Wille gestärkt zur Reform der Universitäten, der „mönchischen Anstalten,

[56] Vgl. J. Schmidt, Nr. 100, S. 80 ff.
[57] Vgl. K. Rückbrod, Nr. 96, S. 18–19.

die sich mit leeren Grillen abgeben" (Leibniz). Um die Universitäten wieder dynamisch und sinnvoll für die Gesellschaft werden zu lassen, beschritt man aber in Deutschland unter der Führung Wilhelm von Humboldts im Geiste des Neuhumanismus einen anderen Weg. Die Universität sollte die Gesellschaft verändern und nicht umgekehrt. Dazu war es zunächst notwendig, die bestehenden hierarchischen äußeren und inneren Strukturen aufzulösen. Zusammen mit der Entbindung aus staatlicher Abhängigkeit sollte der korporative Charakter der Universität wieder aufleben. Die Universitas der Ursprungszeit leitbildhaft vor Augen erwartete man, durch Unabhängigkeit und Gemeinschaftsbewußtsein das ethische Streben nach Veredelung des Charakters durch Beschäftigung mit Wissenschaft fördern und schließlich das idealistische Ziel der allgemeinen Menschenbildung erreichen zu können [58].

Diese Auffassung von der Universität als „Hefe der Gesellschaft" wurde bei der 1810 gegründeten Universität Berlin daran deutlich, daß sie mitten in der Stadt die Institutionen der Wissenschaft und Kultur konzentrisch um sich versammeln sollte. So wurde der Universität als geistig-kultureller Mittelpunkt im Stadtzentrum das Palais des Prinzen Heinrich zugewiesen (Abb. 39). Der Stadtkern von Berlin, der mit dem königlichen Schloß und dem Forum Fridericianum ein Zentrum höfischer Kultur war [59], erfuhr auf diese Weise eine Umwertung. Er wurde nun mit der Universität, den benachbarten Akademien der Künste und der Wissenschaft, der Bibliothek, der Oper, der Hedwigs-Kathedrale, dem Dom und den Museen die kulturelle Mitte der Stadt. Die Universität übernahm mit den ihr angegliederten öffentlichen kulturellen Einrichtungen den Bildungsauftrag auch für die Allgemeinheit. Das Ideal, Bildung des Charakters durch Beschäftigung mit Wissenschaft, wurde geradezu ins Sakrale erhoben. Das hatte schon Trouard zu seinem Idealentwurf inspiriert. Und nun zeigen es die Säulenfronten und Tempelgiebel aus dem Formenkatalog des Klassizismus, mit denen man vorzugsweise die Bauten für Wissenschaft und Bildung gestaltete.

[58] Vgl. K. Rückbrod, Nr. 96, S. 19–20.
[59] Vgl. H. Mackowsky, Nr. 71.

Gewissermaßen unterlag die Universität damit wieder dem Repräsentationsbedürfnis. Waren es vorher Staat und Kirche gewesen, die eigene Macht und Größe mit den barocken Prachtbauten römischer Manier der von ihnen gelenkten Lehranstalten demonstrierten, so suchten die nun mehr oder weniger unabhängigen Universitäten den Bezug zum geistigen Kosmos griechisch-antiker Gelehrsamkeit und kleideten sich klassisch. Diese Veräußerlichung im Formalen führte im Stilpluralismus am Ausgang des 19. Jahrhunderts zu feinsinniger Unterscheidung: Klassizismus oder Neorenaissance empfand man bei Bauten für Bildung und Wissenschaft als angemessen, während bei Bauten kommunaler oder staatlicher Repräsentation Neogotik bzw. Neobarock bevorzugt wurde.

In diesem Sinne wurden beispielsweise die Universitätsgebäude in Wien und Paris errichtet. Verführt vom Anspruch der Universität, geistig-kulturelles Zentrum zu sein und die Universalität der Wissenschaften zu verkörpern, entstanden Kolossalbauwerke. In dem Neubau der Universität Wien [60], 1873–1884 von Ferstel errichtet, und dem Neu- bzw. Erweiterungsbau der Sorbonne in Paris [61], 1885–1901 von Nénot ausgeführt, sollte das gesamte Raumprogramm einer Universität untergebracht werden; ausgenommen war allein das Klinikum. Es stellte sich jedoch bald als verfehlt heraus, Universitäten in formal geschlossenen Gesamtbauwerken unterzubringen; denn beide Gebäude waren letzten Endes zu klein. Und so mußte, dem Bedürfnis nach Repräsentation der Gesamtheit aller Wissenschaften und der beabsichtigten Konzentration entgegen, eine Ausgruppierung vorgenommen werden.

Wieder wurde eine teilweise Ansiedlung innerhalb der Stadt notwendig, wie in der Frühzeit der Universität. Der ständige Expansionsdruck, der Kennzeichen ist für die Universität als lebendigen Organismus, ließ erneut, jeder vorausschauenden Planung zum Trotz, das Provisorium der Einnistung in Vorhandenem wieder aufleben.

---

[60] Vgl. M. Ferstel, Nr. 32, K. Rückbrod, Nr. 94, S. 34.
[61] Vgl. J. Bonnerot, Nr. 10.

24. Wachstum als Planungsprinzip im Universitätsbau

Die Problematik, die in besonderem Maße heute das Planen und Bauen von Universitäten durch die beträchtliche Ausweitung des Wissensstoffs und die steigenden Studentenzahlen bewegt, nämlich Expansion und Flexibilität, zeigte sich bereits deutlich bei den Kolossalbauwerken in Wien und Paris. Die Bewältigung des ständig wachsenden Raumbedarfs war ein Grundproblem der Universität seit ihrem Entstehen. In Europa ist dafür lange keine befriedigende Dauerlösung gefunden worden. Immer wieder standen der Erweiterung die beengte Lage in der Stadt und in neuerer Zeit das Repräsentationsbedürfnis im Wege. Keineswegs war dafür die Festlegung auf einen Bautyp ausschlaggebend; denn dies bedeutete im Mittelalter nicht Verhärtung im Formalen. Bei Bedarf und entsprechend großem Grundstück konnten nämlich dem geschlossenen Gebäudering des Kollegiums zellenartig weitere Ringe angefügt werden, wie das etwa Merton College in Oxford zeigt. Vielmehr war es die Sucht nach Selbstdarstellung der die Universität tragenden Mächte und des Gelehrtentums selbst, die im Barock und gegen Ende des 19. Jahrhunderts so hohe Triumphe feierte. Daß diese Einstellung der Korporation Universitas völlig fremd war, hatten Humboldt und später der Kultusminister der Weimarer Republik, Carl Heinrich Becker, klar erkannt [62]. Ihr Kampf gegen die staatliche Einflußnahme und den Egoismus der Ordinarien-Universität war letztlich erfolglos, weil jahrhundertelange Machtstrukturen sich nicht auf einmal durch einen Appell an ethisch-humane Werte beseitigen ließen.

Hoffnungsvolle Anfänge versprachen die Universitäten der Neuen Welt [63]. Einmal standen sie mit den Universitäten Englands des 17. Jahrhunderts, in denen demokratisch-korporative Strukturen noch lebendiger waren als anderswo, in direkter Verbindung, und zum andern war der Impuls zur Gründung von Studienstätten in der Frühzeit der Vereinigten Staaten die religiöse Überzeugung, die ja auch als Protest gegen das Gedankenfreiheit nicht gewährende Europa Anlaß zur Auswanderung gewesen war.

[62] Vgl. K. Rückbrod, Nr. 96, S. 19 u. S. 22–24.
[63] Vgl. R. P. Dober, Nr. 28, S. 13–22.

Zwischen 1636 und 1780 entstanden in Nordamerika neun Colleges für Theologen und Juristen. Die Anlage einer Zentraluniversität wurde durch die Größe des Landes verhindert. Und diese Colleges sind als Einzelgebäude oder Gebäudegruppen errichtet worden. Obwohl die Colleges von Oxford und Cambridge mit der Lehre und Wohnen vereinenden Organisation Vorbild waren, wurde das Bauschema des Quadrangular doch nicht übernommen. Zunächst verbanden sich nacheinander mehrere Colleges zu Universitäten. Eine regelrechte Gesamtplanung entstand aber erst gegen Ende des 18. Jahrhunderts. Dieser Entwurf John Trumbulls für Yale wurde aber nicht ausgeführt. Erst 1813 baute Joseph Jacques Ramée im Auftrag des Universitätspräsidenten, Eliphalet Nott, der in einer für die USA typischen autarken Stellung als Bauherr die Planung mitbestimmte, Union College, die Universität Schenectady (N. Y.).

Ohne vom Raumprogramm europäischer Kollegien abzuweichen, wurden Unterkunfts- und Lehreinrichtungen getrennt in Einzelgebäuden untergebracht (Abb. 40). Ein großes, rechteckiges Feld, der Campus, wird nördlich und südlich symmetrisch zur Mittelachse begrenzt durch die Wohnbauten. Den westlich apsidenartig angefügten Gartenhof umzäunen im Halbring Kolonnaden. Sie verbinden die Lehrgebäude, die an den Enden des Durchmessers in Flucht der Wohngebäude liegen, mit der Bibliothek im Scheitel des Halbkreises. In dessen Mittelpunkt, Schnittpunkt Durchmesser-Symmetrieachse, steht die Rotunde der Aula. Sie ist also das Zentrum der ganzen Anlage und steht auf der Grenze zwischen Wohn- und Lehrbereich. Die strenge Axialität und der „Ehrenhof" vor dem repräsentativen Mittelbau erinnern an ein in Pavillons aufgelöstes Barockschloß. Aber auch das Bauschema des Kollegiums erscheint in aufgelockerter Form mit der nur dreiseitigen Begrenzung des Hofvierecks. Diese Tendenz, den Innenhof nicht mehr zu schließen, sondern auf einen Freiraum hin zu öffnen, also den ehrwürdigen Quadrangular aufzulösen zu einer Dreiflügelanlage, ist eine Erscheinung, die man auch bei den College-Neubauten des Barocks von Wren und Hawksmoor in Oxford und Cambridge beobachten kann [64].

[64] Vgl. W. H. A. Vallance, Nr. 116, S. XX.

Das zeitlich folgende Projekt, die ebenfalls Union College genannte Universität Virginia in Charlottesville, zeigt eine bemerkenswerte Weiterentwicklung. Thomas Jefferson (1743–1826), der Verfasser der Unabhängigkeitserklärung von 1776 und dritte Präsident der Vereinigten Staaten 1801–1809, war als begabter „Gentleman-Architect" Initiator, Planer und schließlich auch Rektor dieser Universität. Er hatte u. a. durch die Mitarbeit an der Planung für die neue Hauptstadt Washington großen Einfluß auf die damalige Architektur seines Landes [65] und leistete als Jurist, Nationalökonom und Gelehrter Bedeutendes für die Neugestaltung des Unterrichtswesens. Seine Begründungen für den Standort und die Planung einer Universität muten außerordentlich modern an. Für den Standort forderte er eine zu allen Siedlungen des Staates möglichst zentrale und klimatisch gesunde Lage in fruchtbarer Landschaft. Und für die Planung sah er wesentliche Voraussetzungen in der Gefahrenabwendung und Hygiene, nämlich in Feuersicherheit und Verhütung der Ausbreitung von Seuchen, und weiterhin in Ruhe und Bequemlichkeit für die Professoren und deren Familien sowie in ungestörtem Studium für die Studenten, die höchstens zu zweit ein Zimmer bewohnen sollten. Darüber hinaus waren zum ersten Male in einem Universitätsbauprogramm auch Erweiterungsmöglichkeiten bedacht worden. Diese Bedingungen erfüllte sein Entwurf von 1817, den er zusammen mit Benjamin Latrobe (1764–1820) und William Thornton (1759–1828) von 1819 bis 1826 ausführte (Abb. 41, Abb. 42).

An jeder Längsseite eines rechteckigen Campus liegen zwei Häuserreihen. In den beiden inneren werden zweigeschossige Lehrsaalgebäude mit eingeschossigen Wohnbauten für Studenten kettenartig durch Kolonnaden miteinander verbunden. Sie sind dadurch der Bibliothek und der Aula angeschlossen, die nördlich den Campus begrenzen. In den beiden äußeren eingeschossigen Häuserreihen sind Wohnungen für die Professoren mit ihren Familien und weitere Zimmer für die Studenten untergebracht. Zwischen den inneren Gebäudereihen der Lehreinrichtungen und den äußeren der Wohn-

[65] Vgl. Lexikon d. Weltarchitektur, Hg. N. Pevsner, J. Fleming, H. Honour, München: Prestel Verlag 1971, Stichwort ›Jefferson‹.

häuser liegen Gärten, in denen man sich, nach Art der Peripatetiker, ergehen und erholen kann.

Die Gebäudezeilen sind linear erweiterbar, auch können weitere Zeilen seitlich hinzugefügt werden. Und wenn man Aufstockung der äußeren Reihe und funktionelle Austauschbarkeit der Bauwerke untereinander annimmt, die der Plan durchaus zuläßt, dann ist eine flächenmäßige Ausbreitung und gewebeartige Verflechtung zu erreichen. Damit kann der scheinbar formal konzipierte und einheitliche Campus linear und additiv erweitert und umgewandelt werden in eine offene, flächige Struktur, die man heute als „Netztyp" bezeichnet [66]. Aber diese weitsichtige Planung wurde aus Unverständnis aufgegeben. Um im Sinne des Neobarocks ein repräsentatives Gesamtbild zu schaffen, riegelte man die offene Reihung ab und verhinderte damit ein Weiterwachsen (Abb. 43). So schloß man sich auch in den USA dem allgemeinen Trend zur Selbstdarstellung an und griff erst in neuerer Zeit die heute gültigen Planungsgrundsätze auf.

Die im frühen 19. Jahrhundert in größerem Umfang einsetzende Technisierung führte zu einem raschen Umsichgreifen der Industrialisierung und damit zu einer turbulenten wirtschaftlichen Entwicklung. Die Unruhe teilte sich allen Bevölkerungsschichten mit, so daß sich das soziale Gefüge von Grund auf änderte. Das hatte seine Rückwirkung auf den Bereich des Unterrichts- und Bildungswesens. Drängten doch nun viel mehr Schüler an die Schulen und suchten Aufstiegsmöglichkeiten an den Fachhochschulen und Universitäten, die sie ausbilden sollten für die sich ständig neu erschließenden und spezialisierenden Berufszweige. Die Kriegseinwirkungen bremsten zwar vorübergehend diese Entwicklung; in den Nachkriegszeiten entluden sich jedoch die aufgestauten Energien vehement. Das war insbesondere nach 1945 der Fall. Die immer zahlreicher werdenden Schüler und Studenten verlangten ein Vielfaches an bestehenden Lehreinrichtungen. Außerdem ließ die zunehmende Technisierung aller Lebensbereiche eine Auffächerung der Wissenschaftszweige entstehen, deren Bedarf an Flächen, Räu-

[66] Vgl. H. Linde, Nr. 56, Bd. 4, S. 176–178.

men und Apparaturen ein übermäßiges Anwachsen der Forschungseinrichtungen mit sich brachte. Die Lehrmethoden verfeinerten sich – technische Hilfsmittel mußten angeschafft werden. Die Bildungssysteme wurden differenzierter – spezifische Anlagen und Materialien wurden notwendig. Da die fortschreitende Spezialisierung in den einzelnen Disziplinen sich als Verfremdung auszuwirken drohte, mußten Rückkoppelung und horizontaler Verbund hergestellt werden. Die Lehr- und Forschungskonzeptionen wandelten sich.

Dieser Problemkomplex mußte nun baulich bewältigt werden. Behelfsmaßnahmen wie bisher reichten nicht mehr aus. Provisorien genügten nicht für längere Zeit und konnten auf die Dauer sogar die Entwicklung blockieren. Dieser Erkenntnis nicht Rechnung zu tragen, wäre fahrlässig gewesen. Man begriff, in welchem Maße Lehr- und Forschungsinstitutionen Wachstumsgesetzen folgen und flexibel sein müssen. Es galt ein System zu finden, das sämtliche Nutzungsvarianten erlaubte. Aber allein darauf aufzubauen, befriedigte auch noch nicht.

Obwohl beispielsweise bei der Universität Bochum alle diese Planungsmaximen hinsichtlich Erweiterbarkeit (Lineartyp [67]), konstruktiver Flexibilität, funktioneller Variabilität, optimaler Infrastruktur usw. berücksichtigt wurden und man durch Untersuchungen von Rastermaß, Elementtypisierung, Stapelbarkeit und Bebauungsdichte ein hohes Maß an Wirtschaftlichkeit erreichte, erscheint sie doch allzu rational nur nach Gesichtspunkten zügiger Inbetriebnahme und reibungslosen Produktionsablaufs konzipiert. Es stellte sich als nachteilig heraus, daß man ausschließlich technisch und funktionell vorgegangen war. Der humane Bezug darf auf keinen Fall außer acht gelassen werden; denn schließlich ist die Universität für Menschen gebaut, die hier arbeiten, schöpferisch wirken und leben sollen. Darum wird die Universität Bochum kritisiert als inhumane Massenuniversität, Sinnbild und Repräsentation einer hochgradig technisierten Konsumgesellschaft.

Das ist kein Vorwurf gegen die Architekten und die Preisrichter, die diesen Entwurf eines überregionalen Wettbewerbs 1962 mit dem

[67] Vgl. H. Linde, Nr. 56, Bd. 4, S. 182–187.

ersten Preis ausgezeichnet hatten. Was zu der Zeit an neuen Universitäten und Städten im In- und Ausland geplant und gebaut wurde, war von gleichem Geiste. Jedoch regte sich bald Kritik und konstruktiver Zweifel.

Mit Begeisterung wurde schon 1964 der Wettbewerbsentwurf für die Erweiterung der Freien Universität Berlin aufgenommen. Bochum diametral entgegengesetzt, sahen die Architekten, durchaus den allgemein gültigen Planungsgrundsätzen folgend, eine flache, allseits erweiterbare Bebauung (Netztyp) vor, die ein horizontales Erschließungsnetz ausfüllte [68]. Diese Entwurfsidee schien das zu verwirklichen, was man in Oxford und Cambridge als so vorbildlich empfand: Feinmaßstäblichkeit, Erlebnisraum, Individualität und Kommunikation. Zwar rechneten die Architekten in Berlin und später 1968 auch in Toulouse mit Bochum nicht vergleichbaren, weit geringeren Studentenzahlen vorwiegend geisteswissenschaftlicher Disziplinen. Dennoch wurde erkennbar, wie weit man bereit war, Universitätsplanung nicht nur als Bewältigung von Studentenmassen nach rationell-wirtschaftlichen Aspekten aufzufassen, sondern eine neue „numinose" Dimension aufzugreifen, die im Mittelalter unreflektiert vorhanden gewesen war.

[68] Vgl. H. Linde, Nr. 56, Bd. 4, S. 176–178, u. Bd. 1, S. 45–46.

SCHLUSSWORT

Das bauliche Bild der abendländischen Universität ist von zwei Komponenten bestimmt worden: von den Veränderungen politischer und gesellschaftlicher Verhältnisse und von dem Einfluß des Kollegiums als Institution und als Bautyp. Der Entwicklung im Politischen von der Autonomie in die Abhängigkeit und im Gesellschaftlichen von der Integration in die Isolation entspricht im Baulichen der Weg von der Mobilität zur Fixierung. Der Einfluß, der vom Kollegium ausging, unterstützte den Vorgang der Fixierung; er trat insbesondere in der Gestalt späterer Universitätsbauten zutage. Nicht überall wirkte dieser Einfluß in gleicher Intensität: er war je nachdem, welche Bedeutung die Kollegien für die einzelnen Universitäten hatten, unterschiedlich und entwicklungsmäßig bedingt. Auch hierin bilden Paris und Bologna ein Gegensatzpaar; denn der Kontakt zwischen der Universität und den Kollegien war in Paris als dem Ursprungsort der Kollegien und allen von Paris beeinflußten Universitäten Englands und Deutschlands enger als in Bologna und den Bologna nachgeformten frühen Universitäten Italiens und Spaniens. Letztlich aber haben beide Komponenten dahin geführt, daß die Universitäten abhängig wurden von staatlichen bzw. kirchlichen Mächten und daß sie in Gesamtbauwerken, die mehr oder weniger dem Bautyp Kollegium nachgebildet worden waren, isoliert wurden.

In den ersten hundert Jahren des Bestehens der Universitates war man bedacht auf Mobilität, um die errungene Autonomie nicht durch Bindung an feste Örtlichkeiten zu beeinträchtigen. Im Sinne einer Symbiose mit der Stadt wurden vorhandene Gebäude mitbenutzt. Die Häuser, in denen man zum Lehren und Wohnen Räume mietete, lagen verstreut in der Stadt; die Standorte wechselten ständig, je nach Angebot und Bedarf. Verständlicherweise war man bestrebt, die Entfernung möglichst gering zu halten. Der Umkreis von Kirchen und öffentlichen Gebäuden war bevorzugt, weil sie mit einer gewissen Stetigkeit als zentrale Einrichtungen für Versammlungen und Feierlichkeiten aufgesucht wurden.

Im Gegensatz zu den Korporationen Universitas waren die Kollegien Institutionen und von Anfang an örtlich fixiert; denn die auf dauerhaften Bestand gerichteten Stiftungen sollten durch Eigentum an Grund und Boden gefestigt und gesichert sein. Da der Stifter eine dem Grundkapital angemessen bestimmte Anzahl von Stipendiatenstellen ausgewiesen hatte, war der Raumbedarf faßbar. Und da eine Regel den Betrieb lenkte, waren Raumprogramm und Funktionsschema klar umrissen. Außerdem waren Gelder aus dem Stiftungsvermögen vorhanden, so daß Häuser erworben und fest eingerichtet werden konnten. Über die für das Kollegium notwendige örtliche Fixierung hinaus ließen die Kombinationen mehrerer Gebäude, wie z. B. die Sorbonne, ein Leitbild erkennen, das dem Klaustrum ähnlich war. Dieses Innenhofschema entsprach wesensgemäß der klosterähnlichen Einrichtung Kollegium. Es war die Bauidee für die nach der Mitte des 14. Jahrhunderts errichteten Neubauten. Bauidee und allgemein verbindliches Raumprogramm unter Beachtung funktionell richtiger Zuordnungen: das waren die Voraussetzungen für den Bautyp Kollegium, der in den Neubauten auch verwirklicht wurde.

Ursprünglich hatten die Kollegien als karitative Stiftungen für Unterkunft und Unterhalt armer Scholaren nur wenig mit den Studienkorporationen zu tun. Als sie aber seit der Mitte des 13. Jahrhunderts zunehmend Lehraufgaben an sich zogen und sich nach dem Vorbild klösterlicher Studienhäuser von Unterkunfts- zu Lehreinrichtungen wandelten, kamen sie in engen Kontakt zum eigentlichen Studienbetrieb. Die Kollegien, die zunächst nur Festpunkte innerhalb eines noch weitgehend unbestimmten Gebietes waren, wurden mehr und mehr in die Universitates integriert und trugen so als ortsfeste Lehreinrichtungen wesentlich zur baulichen Fixierung der Universitates bei. Dies wurde einmal begünstigt durch die strukturelle Verwandtschaft der Kollegien mit den Universitates und zum andern dadurch, daß die Universitates in ihren korporativen Autonomien durch übergeordnete Gewalten gelähmt und zur Lehranstalt Universität verfestigt wurden. Sie glichen sich den Kollegien institutionell an.

Der allmähliche Übergang von der Mobilität der Universitas zu ihrer baulichen Fixierung wird um die Wende vom 13. zum 14. Jahrhundert sichtbar. Die Bereichsgrenzen innerhalb bestimmter Stadtviertel traten deutlicher hervor. Die Standorte der Universitätseinrichtungen fixierten sich auf einzelne „Zunftstraßen". War man zunächst noch durch vorübergehende Anmietungen flexibel, so wurde der Bewegungsraum immer enger, als gegen Ende des 14. Jahrhunderts bisher gemietete Gebäude erworben wurden. Damit begannen die Universitäten, sich an Hauseigentum zu binden und endgültig in den Städten festzusetzen. Das führte schließlich dazu, daß im 15. Jahrhundert Neubauten errichtet und Hauptgebäude geschaffen wurden, auf die sich das Universtätsleben konzentrierte, sich aber auch von der Umwelt isolierte. Diese Hauptgebäude waren entweder Kollegien, wie in Paris die Sorbonne und in Deutschland die Artistenkollegien (die allerdings nur teilweise Neubauten waren), oder sie waren Lehrsaal- und Bibliotheksgebäude wie in Bologna und Oxford.

Der Vorgang der Konzentration und damit der Isolation setzte sich im 16. Jahrhundert fort. Man war bestrebt, die gesamte Universität in einem einzigen Gesamtgebäude unterzubringen. Wo das dem Umfang des Raumprogramms nach möglich war, wurden um die Wende vom 16. zum 17. Jahrhundert auch Universitäts-Gesamtgebäude errichtet. Und diese Gesamtbauwerke zeigen deutlich, daß die Universität den Bautyp Kollegium übernommen hatte. Die Adaption dieses Bautyps, der ursprünglich für die Institution Kollegium geschaffen worden war, der Universitas als Korporation aber wesensfremd ist, konnte nur geschehen, weil die Universität sich so weit von ihrem Ursprung entfernt hatte und umgebildet worden war zu einer von Autoritäten abhängigen Institution.

In diesen Gesamtgebäuden waren sämtliche Einrichtungen untergebracht, die für den Betrieb und die Versorgung einer Universität notwendig waren. Was vorher offen und zur Anteilnahme für die Umwelt „einsehbar" war, hatte sich abgekapselt und verschlossen. Die Universität war eine Exklusivgemeinschaft geworden, für die auch die Gesichtspunkte der Repräsentation gewichtig wurden. So orientierte sich die Planung von Universitätsgebäuden im 17. und 18. Jahrhundert am Schloßbau des Barock. Noch Ende des 19. Jahrhunderts sind in Wien und in Paris Gesamtbauwerke nach monumentalen Bauideen entstanden. Dem Willen, Repräsentation geistiger Elite mit Repräsentation des Staates gleichzusetzen, scheinen insbesondere autoritäre Regime zu unterliegen, wie es das Kolossalbauwerk der Lomonossow-Universität in Moskau aus der Stalin-Ära zeigt [69]. Aber nirgends erwies sich ein Gesamtbauwerk groß genug, um alle Raumbedürfnisse einer Universität für längere Zeit zu erfüllen. Die Einzwängung in einem Gesamtgebäude wurde immer wieder durch die lebendige Entwicklung gesprengt. Daher beherrschen heute den Universitätsbau Forderungen, denen wir bei der Darstellung der mittelalterlichen Universität begegneten: Expansionsmöglichkeit – Flexibilität – Variabilität, alles Begriffe aus der Frühzeit der Universitas. Als präzise Definitionen dokumentieren sie aber auch die Erkenntnis eines Lebensprinzips. So führt der baugeschichtliche Rückblick in die heutige Problematik des Universitätsbaus. Der Gesamtkomplex ist überschaubar geworden, und die Erkenntnisse und Erfahrungen der Vergangenheit dienen der Gegenwart.

[69] Vgl. W. Rath, Nr. 89, S. 65 ff.

LITERATURVERZEICHNIS

1. Acta Nationis Germanicae Universitatis Bononiensis. Hg. E. Friedlaender u. C. Malagola. Berlin: Reimers 1888. XXXIX, 503 S.
2. Das Akademische Deutschland. Hg. Michael Doeberl u. a. 3 Bde. Berlin: Weller 1930.
   1. Die deutschen Hochschulen in ihrer Geschichte. XV, 720 S., Abb.
3. Armstrong, Edward: Italian Studies. London: Macmillan 1934. XX, 344 S.
4. Arriaga, G. de: Historia del Colegio de San Gregorio del Valladolid. Neuhg. M. M. Hoyos. Valladolid: Tip. Cuesta 1929. XXV, 508 S.
5. Banchi, Luciano: Alcuni Documenti che concernono la venuta in Siena nell' anno 1321 dei lettori e degli scolari dello studio bolognese. In: Giornale storico degli archivi toscani, Bd. 3. Luglio-Settembre 1861, S. 237–247 u. S. 309–331.
6. Beseghi, Umberto: Palazzi di Bologna. Bologna: Tamari 1956. 355 S., Abb.
7. Blaschka, Anton: Der Prager Stiftungsbrief. In: Studien zur Geschichte der Karls-Universität zu Prag, Hg. Rudolf Schreiber, S. 39 ff. (= Forschungen zur Geschichte und Landeskunde der Sudetenländer, Bd. 2). Freilassing, Salzburg: O. Müller 1954. 131 S.
8. Bloch, Ernst: Avicenna und die Aristotelische Linke. Berlin: Suhrkamp 1952. 116 S. (= Edition Suhrkamp. 22).
9. Boehm, Laetitia: Libertas Scholastica und Negotium Scholare. In: Universität und Gelehrtenstand. Hg. H. Rössler u. G. Franz. Bd. 4, S. 15–61. Limburg/Lahn: C. A. Starke 1970.
10. Bonnerot, Jean: L'Université de Paris du moyen âge à nos jours. Paris: Larousse 1933, 222 S., Abb.
11. Bonnerot, Jean: La Sorbonne, sa vie, son rôle, son œuvre à travers les siècles. Paris: Presses Universitaires 1935. 232 S., 30 Abb.
12. Bottineau, Yves u. Butler, Yvan: Barock II, Westeuropa und Lateinamerika. München: Hirmer 1969. 190 S., Tafeln, Textabb., Fotos. (= Weltkulturen und Baukunst).
13. Boyce, Gray Cowan: The English-German Nation in the University of Paris during the Middle Ages. Bruges: St. Catherine Press 1927. 232 S., Taf.

14. Braun, Carl: Die Geschichte der Heranbildung des Klerus in der Diöcese Wirzburg seit ihrer Gründung bis zur Gegenwart. Würzburg: Stürmer 1889. XVIII, 428 S.
15. Bruhns, Leo: Die Kunst der Stadt Rom. Wien: Schroll ²1972.
    I. Textband, 663 S., 19 Abb.
    II. Bildband, XIII, 462 Abb.
16. Budinszky, Alexander: Die Universität Paris und die Fremden an derselben im Mittelalter. Ein Beitrag zur Geschichte dieser hohen Schule. Berlin: Hertz 1876. IX, 234 S.
17. Bulaeus, Caesar Egassius: Historia Universitatis Parisiensis a Carlo M. ad nostra tempora. 6 Bde. Paris, 1665–1673.
18. Burgemeister, Ludwig: Das Universitätsgebäude und die Matthiaskirche. In: Erinnerungsblätter zum hundertjährigen Jubiläum der Universität Breslau. Hg. Ludwig Burgemeister u. a. Breslau, 1911.
19. Cavazza, Francesco: Le Scuole dell' antico Studio bolognese. Milano: Hoepli 1896. 314 S., Abb. u. Dokumentenanh.
20. Charpentrat, Pierre. Heman, Peter: Barock I, Italien und Mitteleuropa. München: Hirmer 1966. 192 S., Tafeln, Textabb., Fotos. (= Weltkulturen und Baukunst).
21. Chartularium Universitatis Parisiensis. Hg. H. Denifle u. E. Chatelain. 4 Bde. Paris, 1890–1897.
22. Classen, Peter: Die Hohen Schulen und die Gesellschaft im 12. Jahrhundert. In: Archiv für Kulturgeschichte, Bd. 48, 1966, S. 155–180.
23. Classen, Peter: Die ältesten Universitätsreformen und Universitätsgründungen des Mittelalters. In: Heidelberger Jahrbücher, Bd. XII, 1968, S. 72–92.
24. Craemer, Ulrich: Das Hospital als Bautyp des Mittelalters. Köln: W. Kohlhammer 1963. 104 S., 54 Abb.
25. Denifle, Heinrich: Die Entstehung der Universitäten des Mittelalters bis 1400. Graz: Akadem. Druck- u. Verlagsanst. 1956. XLV, 814 S.
26. Die Deutschen Universitäten. Für die Universitätsausstellung in Chicago 1893 unter Mitw. zahlr. Universitätslehrer hg. v. W. Lexis. 2 Bde. Berlin: Asher 1893.
27. Dolch, Josef: Lehrplan des Abendlandes. Zweieinhalb Jahrtausende seiner Geschichte. Ratingen: Heim 1959. 391 S., Abb.
28. Dober, Richard P.: Champus planning. New York: Reinhold 1963. 314 S., Abb.
29. Ebel, Wilhelm: Memorabilia Gottingensia. Elf Studien zur Sozialgeschichte der Universität. Göttingen: Vandenhoeck & Ruprecht 1969. 193 S.

30. Emden, A. B.: An Oxford Hall in Medieval Times. Being the early history of St. Edmund Hall. Oxford: Clarendon 1927. XV, 320 S.

31. Evers, Hans Gerhard: Tod, Macht und Raum als Bereiche der Architektur. München: Fink ²1970. VIII, 311 S., Nachwort I–XII, 186 Abb.

32. Ferstel, Max Frh. von: Die neue KK Universität in Wien. In: Allgemeine Bauzeitung, Jg. 59, 1894, S. 3–6.

33. Filippini, Francesco: Matteo Gattaponi da Gubbio, Architetto del Collegio di Spagna in Bologna. In: Bolletino d'Arte del Ministero della Pubblica Istruzione, Serie 2, Anno 2, Vol. 1, Milano, Roma 1922–1923, S. 77–93, 12 Abb. u. Dokumentenanh.

34. Finelli, Angelo: Bologna nel Mille. Identificazione della Cerchia che le appartenne a quel tempo. Bologna: Stabilimenti Poligrafici Riuniti 1927. 171 S., 84 Abb., 2 Pläne.

35. Forni, Gherardo G.: L'Archiginnasio. In: Studi e Memorie per la Storia dell'Università di Bologna. Nuova serie. Vol. 1, Bologna 1956, S. 377–389, 10 Abb.

36. Freiburg und seine Universität. Festschr. d. Stadt Freiburg i. Breisgau zur Fünfhundertjahrfeier d. Albert-Ludwigs-Universität. Hg. Stadtverwaltung Freiburg i. Br. Freiburg i. Br., 1957, 156 S., Abb.

37. Gebessler, August: Landkreis Nürnberg. Kurzinventar. München: Deutscher Kunstverlag 1961. 79 S., Abb. (= Bayerische Kunstdenkmale. Bd. 11).

38. Geschichte der Universität Jena. 1548/58–1958. Festgabe zum 400-jährigen Universitätsjubiläum. Hg. Max Steinmetz. 2 Bde. Jena: Fischer 1958.
   1. Darst. mit 245 Abb. u. 9 teils mehrfarb. Ktn. XL, 765 S.
   2. LVII, 841 S., 241 Abb.

39. Glorieux, Palémont: Les Origines du Collège de Sorbon. Notre Dame, Ind.: Mediaeval Institute, Univ. o. Notre Dame 1959. 24 S. (= Texts and studies in the hist. o. mediaeval educ. 8).

40. Glorieux, Palémont: Aux Origines de la Sorbonne. 2 Bde. Paris: J. Vrin 1965, 1966.
   1. Robert de Sorbon. 1966, 345 S.
   2. Le Cartulaire. 1965. 597 S., 1 Karte.

41. Gruber, Karl: Die Gestalt der deutschen Stadt. München: Callwey 1952. 199 S., 151 Abb.

42. Gruber, Karl: Das deutsche Rathaus. München: Bruckmann 1943. 118 S., 72 Abb., 66 Taf.

169

43. Gruber, Otto: Vom rechten Bauen. Eine architektonische Propädeutik. Wolfenbüttel, Hannover: Wolfenbütteler Verlagsanst. 1947. 271 S., 48 Abb.

44. Grundmann, Herbert: Vom Ursprung der Universität im Mittelalter. Berlin: Akademie-Verlag 1957 (auch Darmstadt: Wissenschaftliche Buchgesellschaft ³1964). 68 S.

45. Grundmann, Herbert: Naturwissenschaft und Medizin in mittelalterlichen Schulen und Universitäten. München: Oldenbourg. Düsseldorf: VDI-Verl. 1960. 39 S., 12 Abb. (= Abhandlungen u. Berichte des Dt. Museums. Jg. 28, 1960, 2).

46. Guidicini, Giuseppe di Giovanni Battista: Cose notabili della città di Bologna, ossia storia cronologica de suoi stabili, pubblici e privati. 5 Bde. Bologna: Vitali 1868–1873.

47. Häberlin, Franz Dominicus: Geschichte der ehemaligen Hochschule Julia Carolina zu Helmstedt. Helmstedt: Richter 1876. 70 S., 1 Taf.

48. Halphen, Louis: A travers l'histoire du moyen-âge. Paris: Presses Universitaires 1950. XII, 352 S.

49. Heimpel, Hermann: Kapitulation vor der Geschichte? Göttingen: Vandenhoeck & Ruprecht 1956. 94 S. (= Kleine Vandenhoeck-Reihe 27/27 a).

50. Helbig, Herbert: Universität Leipzig. Frankfurt/M.: Weidlich 1961. 126 S., 21 Abb. (= Mitteldeutsche Hochschulen 2).

51. Héméré (Hemeraeus), Claude: Sorbonae origines, disciplina, viri illustres. Paris: Nat.-Bibliothek. Index: lat. 5493.

52. Hermelink, H. u. Kaehler, S. A.: Die Philipps-Universität zu Marburg 1527–1927. Marburg: Elwert 1927. XIV, 865 S., 4 Taf.

53. Hessel, Alfred: Geschichte der Stadt Bologna von 1116–1280. Berlin: Ebering 1910. XVI, 541 S. (= Historische Studien 76).

54. Hillairet, Jacques: Evocation du vieux Paris. Vieux quartiers, vieilles rues, vieilles demeures. 3 Bde. Paris: Edition de Minuit 1952–1954. 1. Le Paris du Moyen-Age et de la Renaissance. 592 S., Abb.

55. Hirsch, Fritz: Von den Universitätsgebäuden in Heidelberg. Ein Beitrag zur Baugeschichte der Stadt. Heidelberg: Winter 1903. VII, 129 S.

56. Hochschulplanung. Beiträge zur Struktur- und Bauplanung. Hg. Horst Linde. 4 Bde. Düsseldorf: Werner 1969–1971.

57. Hubatsch, Walter: Die Albertus-Universität zu Königsberg i. Pr. in der deutschen Geistesgeschichte 1544–1944. In: Deutsche Universitäten und Hochschulen im Osten. Köln, Opladen: Westdt. Verlag 1964. S. 9–39. (= Wissenschaftliche Abhandlungen der Arbeitsgemeinschaft für Forschung des Landes Nordrhein-Westfalen 30).

58. Huizinga, Johan: Die holländische Kultur des 17. Jahrhunderts. Ihre soz. Grundlagen u. nation. Eigenschaften, 3 Vorträge. Jena: Diederichs 1933. 63 S., 26 Abb. (= Schriften des Dt.-Niederl. Instituts, Köln, 1).

59. Hurst, Herbert: Oxford Topography. Oxford: Clarendon 1899. 248 S., 1 Karte.

60. Irsay, Stephen d': Histoire des universités françaises et étrangères des origines à nos jours. 2 Bde. Paris: Picard 1933–1935.
    1. Moyen âge et renaissance.
    2. Du XVIe siècle à 1860.

61. Israel, Friedrich: Das Wittenberger Universitätsarchiv, seine Geschichte und seine Bestände. In: Forschungen z. thüring.-sächs. Gesch. H. 4, 1913. 160 S.

62. John, James: The college of Prémontré in mediaeval Paris. Notre Dame, Ind.: Mediaeval Institute, Univ. o. Notre Dame 1953. 39 S. (= Texts and studies in the history of mediaeval educ. 1).

63. Kähler, Heinz: Hadrian und seine Villa bei Tivoli. Berlin: Mann 1950. 186 S., 31 Abb., 16 Tafeln.

64. Kaufmann, Georg: Geschichte der deutschen Universitäten. 2 Bde. Graz: Akadem. Druck- und Verlagsanstalt 1958.
    1. Vorgeschichte. XIV, 442 S.
    2. Entstehung und Entwicklung der deutschen Universitäten bis zum Ausgang des Mittelalters. XVIII, 587 S.

65. Klüpfel, Karl: Die Universität Tübingen in ihrer Vergangenheit und Gegenwart dargestellt. Leipzig: Fues 1877. V, 162 S.

66. Die Kunstdenkmäler der Stadt Breslau. Hg. Ludwig Burgemeister u. Günther Grundmann. Breslau: Korn 1934. 220 S., Abb. (= Die Kunstdenkmäler der Provinz Niederschlesien 1).

67. Lengfelder, Konrad: Johann Puschners Ansichten von der Nürnbergischen Universität Altdorf. Nürnberg: Spindler 1964. 58 S., Abb.

68. Lindner, H. G.: L'Università e il Regio Istituto Superiore d'Ingegneria di Padova. Padua: Praghi di Randi 1933. 44 S., Abb.

69. Lisch, G. C. F.: Zur Geschichte des Universitätshauses zu Rostock oder Weißen Collegii. In: Jahrbücher des Vereins f. mecklenburgische Geschichte u. Altertümer. Bd. 31, 1866, S. 96–107.

70. Lorenz, Adolf Friedrich: Die Universitätsgebäude zu Rostock und ihre Geschichte. Hg. i. Auftrag des Unterrichtsministeriums z. Universitätsjubiläum. Rostock: Leopold 1919. 80 S., 34 Abb.

71. Mackowsky, Hans: Das Friedrichsforum zu Berlin nach einem Plan G. W. v. Knobelsdorffs. In: Zeitschr. f. Bildende Kunst, Neue Folge 21, 1910, Nr. 1, S. 15–19.

72. Mader, Felix: Die Stadt Würzburg. München: Oldenbourg 1915. VI, 709 S., 557 Abb. (= Kunstdenkmäler des Königr. Bayern. Bd. 3, H. 12).

73. Mallet, Charles Edward: A History of the University of Oxford. 2 Bde. London: Methuen 1924.
    1. The mediaeval university and the colleges founded in the middle ages. XXIII, 448 S., 24 Taf. u. Abb.
    2. The sixteenth and seventeenth centuries. XV, 502 S., 23 Taf. u. Abb.

74. Marti, Berthe M.: The Spanish College at Bologna in the Fourteenth Century. Philadelphia: University of Pennsylvania Press 1966. 393 S.

75. Masnovo, Amato: Da Guglielmo d'Auvergne a San Tomaso d'Aquino. Mailand: Soc. edit. Vita e Pensiero 1930. VIII, 283 S.

76. Müller, Werner: Die heilige Stadt. Stuttgart: Kohlhammer 1961. 304 S., 53 Zeichn., 20 Abb.

77. Nitschke, August: Universitäten im Wandel. In: Hochschulplanung. Hg. H. Linde. Bd. 1, S. 14–23. Düsseldorf: Werner 1969.

78. Oegg, Joseph Anton: Entwicklungsgeschichte der Stadt Würzburg. Würzburg: Woerl 1881. 480 S.

79. Ostendorf, Friedrich: Die Zisterzienserklöster Deutschlands. In: Zeitschrift für Bauwesen, Jg. 64, 1914, S. 454 ff. u. S. 675 ff.

80. Patzak, Bernhard: Die Jesuitenbauten in Breslau und ihre Architekten. Ein Beitrag zur Geschichte des Barockstils in Deutschland. Straßburg: Heitz 1918. XIX, 348 S. (= Studien zur schlesischen Kunstgeschichte 1). (= Studien zur deutschen Kunstgeschichte 204).

81. Paulsen, Friedrich: Die Gründung der deutschen Universitäten im Mittelalter. In: Hist. Zeitschr. Bd. 45, = N. F. Bd. 9, 1881, S. 249–311.

82. Petry, Ludwig: Geistesleben des Ostens im Spiegel der Breslauer Universitätsgeschichte. In: Deutsche Universitäten und Hochschulen im Osten. Köln, Opladen: Westdt. Verlag 1964. S. 87–112. (= Wissenschaftliche Abhandlungen der Arbeitsgemeinschaft für Forschung des Landes Nordrhein-Westfalen 3).

83. Pevsner, Nikolaus: Europäische Architektur von den Anfängen bis zur Gegenwart. München: Prestel 1957. 740 S., 599 Abb.

84. Picard, Gilbert: Imperium Romanum. Fribourg/Schweiz: Office du Livre 1965. München: Hirmer 1966. 192 S., 182 Pläne, Risse und Karten, 170 Abb.

85. Pölnitz, Götz Frh. v.: Denkmale und Dokumente zur Geschichte der Ludwig-Maximilians-Universität Ingolstadt-Landshut-München. München: Callwey 1942. 83 S., 17 Taf., Abb.

172

86. Post, Gaines: Alexander III., the ‚licentia docendi' and the rise of the universities. In: Anniversary essays in mediaeval history by students of Charles Homer Haskins. Hg. Charles H. Taylor. Boston, New York: Houghton Mifflin 1929. X, 417 S.

87. Post, Gaines: Parisian Master as a Corporation, 1200–1246. In: Speculum 9, 1934.

88. Rashdall, Hastings: The Universities of Europe in the Middle Ages. A new edition. Edited by F. M. Powicke and A. B. Emden. 3 Bde. Oxford: Clarendon 1936.
    1. Salerno-Bologna-Paris. XLIV, 593 S.
    2. Italy-Spain-France-Germany-Scotland. IX, 342 S.
    3. English Universities-student life. XXVI, 558 S.

89. Rath, Wolfgang: Internationale Tendenzen der Hochschulentwicklung und Hochschulplanung. In: Hochschulplanung. Hg. H. Linde. Bd. 1, S. 38–101, 53 Abb. Düsseldorf: Werner 1969.

90. Ricci, Corrado: Monumenti sepolcrali di lettori dallo Studio bolognese nei secoli XIII, XIV, e XV. Bologna: Fava e Garagnani 1888.

91. Ritter, Gerhard: Die Heidelberger Universität. Ein Stück deutscher Geschichte. Bd. 1. Heidelberg: Winter 1936.
    1. Das Mittelalter (1386–1508). XIII, 533 S., 7 Taf.

92. Roesiger, Hans Detlef: Die Albert-Ludwigs-Universität Freiburg 1457–1957. Der Wiederaufbau seit 1954. Freiburg i. Br.: Schulz 1957. 123 S., 68 Abb., 55 Pläne.

93. Rudolph, Frederick: The American college and university. A History. New York: Knopf 1962. XXXVIII, 516 S. (= Knopf publication in education).

94. Rückbrod, Konrad: Das bauliche Bild der Universität im Wandel der Zeit. In: Hochschulplanung. Hg. H. Linde. Bd. 1, S. 24–37, 16 Abb. Düsseldorf: Werner 1969.

95. Rückbrod, Konrad: Das Anatomische Theater – Archetypus des modernen Hörsaals. In: Medizinischer Monatsspiegel. Hg. E. Merck. H. 2/73, S. 44–48, 4 Abb. Darmstadt: Darmstädter Echo 1973.

96. Rückbrod, Konrad: Die Leitbilder der Universitäten in der geschichtlichen Entwicklung. In: Information. Hg. Zentralarchiv für Hochschulbau, Jg. 8/31, 1975, S. 15–28.

97. Salter, H. E.: Medieval Oxford. Oxford: Clarendon 1936. 160 S., 2 Karten. (= Oxford Historical Society).

98. Salter, H. E. u. Lobel, Mary D.: The Victoria History of the County of Oxford. 3 Bde.
    3. The University of Oxford. London: Oxford University Press 1954. XIX, 382 S., Abb., 1 Plan.

99. Schelsky, Helmuth: Einsamkeit und Freiheit. Idee und Gestalt der deutschen Universität und ihrer Reformen. Reinbek: Rowohlt 1963. 342 S. (= Rowohlts deutsche Enzyklopädie 171/172).

100. Schmidt, Justus: Die alte Universität in Wien und ihr Erbauer Jean Nicolas Jadot. Wien: Epstein 1929. 243 S., 50 Abb. (= Wiener Forschungen zur Kunstgeschichte).

101. Schrauf, Karl: Die Wiener Universität im Mittelalter. Wien: Holzhausen 1904. IV, 57 S.

102. Schrauf, Karl: Zur Geschichte der Studentenhäuser an der Wiener Universität während des ersten Jahrhunderts ihres Bestehens. In: Mitteilungen der Gesellschaft für die Erziehungs- und Schulgeschichte V, 1895, S. 141–214.

103. Schubel, Friedrich: Universität Greifswald. Frankfurt/M.: Weidlich 1960. 120 S., Abb. (= Mitteldeutsche Hochschulen 4).

104. Schürer, Oskar: Prag, Kultur, Kunst, Geschichte. München: Callwey. Brünn: Rohrer 1939. 454 S., Abb.

105. Sède, Gérard de: Die Templer sind unter uns oder das Rätsel von Gisors. Paris: Julliard 1962. Frankfurt/M., Berlin: Ullstein 1963. 254 S., 13 Abb., 16 Taf.

106. Selle, Götz v.: Universität Göttingen, Wesen und Geschichte. Göttingen: Musterschmidt 1953. 131 S., Abb.

107. Sorbelli, Albano u. Simeoni, Luigi: Storia della Università di Bologna. 2 Bde. Bologna: Zanichelli 1944–1947.
    1. Il Medievo (sec. XI–XV). 327 S., 24 Taf.
    2. L'Età Moderna (1500–1888). 304 S., 24 Taf.

108. Springer, Anton Heinrich: Paris im dreizehnten Jahrhundert. Leipzig: Hirzel 1856. 148 S.

109. Ssymank, Paul: Das Hochschulwesen im römischen Kaiserreich bis zum Ausgang der Antike. Posen: Ostdeutsche Buchdr. u. Verlagsanstalt 1912. 34 S.

110. Statuta Antiqua Universitatis Oxoniensis. Hg. Strickland Gibson. Oxford: Clarendon 1931. CXXII, 668 S.

111. Statutes of the Colleges of Oxford. Hg. E. A. Bond. 3 Bde. London, 1853.

112. Statuti delle università e dei collegi dello Studio bolognese. Hg. Carlo Malagola. Bologna: Zanichelli 1888. XXIV, 524 S.

113. Stelzer, Otto: Helmstedt und das Land um den Elm. München, Berlin: Deutscher Kunstverlag 1954. 29 S., Abb. (= Deutsche Lande, deutsche Kunst).

114. Timm, Albrecht: Die Universität Halle-Wittenberg. Herrschaft und Wissenschaft im Spiegel ihrer Geschichte. Frankfurt/M.: Weidlich 1960. 100 S., 4 Bl., Abb. (= Mitteldeutsche Hochschulen 5).

115. Tomek, Wladiwoj: Geschichte der Prager Universität. Zur Feier der fünfhundertjährigen Gründung. Prag: Haase 1849. VI, 377 S.
116. Vallance, William Howard Aymer: The old colleges of Oxford. Their architectural history illustrated and described. London: Batsford 1913. XXXIV, 134 S., Abb.
117. Veltheim-Lottum, Ludolf: Kleine Weltgeschichte des städt. Wohnhauses. Heidelberg: Schneider 1952, XXIV, 342 S., Abb.
118. Vogt-Göknil, Ulya: Giovanni Battista Piranesi. „Carceri". Zürich: Origo 1958. 95 S., 72 Abb.
119. Walden, John William Henry: The Universities of Ancient Greece. London, New York: Routledge 1912. XIV, 367 S.
120. Willburger, August: Das Collegium illustre zu Tübingen. Tübingen: Heckenhauer 1912. III, 33 S.

175

VERZEICHNIS DER ABBILDUNGEN

REGISTER

181

184

185

ABBILDUNGEN

(Die Stadtkarten sind genau, die Grundrisse annäherungsweise genordet)

Abb. 1 Bologna
Stadtkarte 1150–1300

A Stadtviertel Porta Procula
   verstreut Schulen u. Unterkünfte
B Stadtviertel Porta Nova
   verstreut einzelne Schulen
   und viele Unterkünfte
C Bereich der alten Piazza Maggiore
   Ansammlung von vielen Schulen
D S. Procolo
   Zentrum d. Universitas d. Ultramontani
   und der d. Citramontani
E S. Pietro, Kathedrale
   Zentrum d. Universitates,
   Ort der Promotionen
1 Via dei Libri
2 Via San Mamolo
3 Via Porta Nova
4 Piazza Maggiore vor 1250
5 Pal. del Comune, ,Curia Sancti Ambrosii'
6 S. Ambrogio u. Corte di S. Ambrogio
   Haus und Schule d. Odofredo
7 Haus und Schule d. Bulgaro
8 Haus und Schule'd. Accursio
9 Häuser der Castelli
10 Häuser der Storlitti
11 S. Stefano
12 S. Felice
13 Porta Procula
14 Porta Nova

0   500   1000

Abb. 2 Bologna
Stadtkarte 1300–1450

Abb. 3 Bologna
Stadtkarte 1600

A Archiginnasio, 1562–63
    Aula- und Hörsaalgebäude
    der Juristen und Artisten,
    Zentrum der Universität
1 Palazzo Comunale o Pubblico
    mit naturwissenschaftlichen
    Kabinetten, im großen Hof
    Anlage d. Botan. Gartens 1568
2 Collegio di Spagna
3 Palazzo Poggi
    1712 Sitz der Accademia delle Science
    mit nat.wiss. Sammlungen, Bibliothek,
    chem. u. physikal. Laboratorien, Sternwarte.
    Ab 1803 Hauptgebäude d. Universität
4 S. Petronio

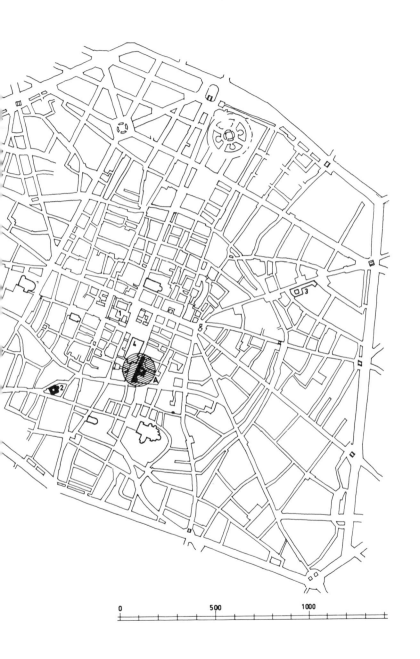

0	500	1000

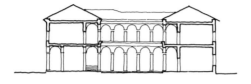

Schnitt

Abb. 4 Bologna, Archiginnasio
Hörsaalgebäude der Universität, 1562–63
Grundrisse und Schnitt

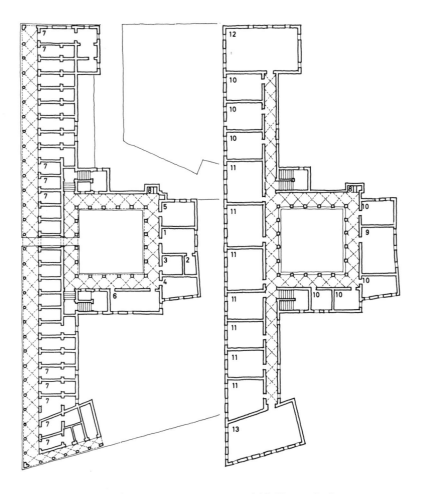

Grundriß Erdgeschoß   Grundriß Obergeschoß

0   10   25   50   100

Abb. 5 Bologna, Archiginnasio
Hörsaalgebäude der Universität, 1562–63
Schaubild

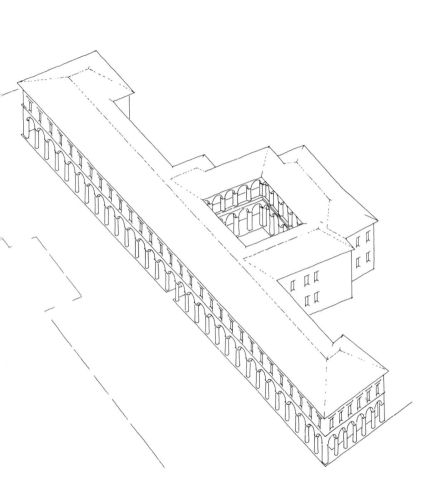

Abb. 6 Paris
Stadtkarte vor 1200

A   Kathedrale Notre Dame
     Kathedralschule
B   Abtei Ste. Geneviève
     Klosterschule
C   Schulen freier Magister
     bei Ste. Geneviève
D   Schulen zwischen den Brücken
 1   St. Julien le Pauvre
 2   St. Victor
 3   St. Germain des Prés
 4   St. Germain l'Auxerrois
 5   St. Honoré
 6   Collège des Dix-Huits 1180
     im Hospital von Notre Dame
 7   Collège St. Thomas du Louvre 1186
 8   Collège des Bons-Enfants du St. Victor
 9   Palais Royal
10   Louvre

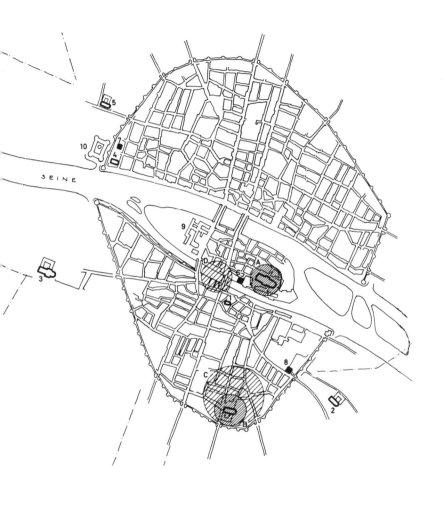

SEINE

0   500   1000

Abb. 7 Paris
Stadtkarte 1200—1300

A Bereich d. Schulen d. Fak. Artes
  Liberales u. Ende 13. Jh. auch der
  Fak. Medizin
B Clos Bruneau, Bereich der Schulen
  der Fak. Jurisprudenz (Kanon.
  Recht)
C Bereiche der Schulen d. Fak.
  Medizin seit Beginn des 13. Jh.
D St. Julien le Pauvre
  Zentrum d. Universitas
  Magistrorum

E St. Mathurin
  Verwaltungszentrum der
  Universitas
F Kathedrale Notre Dame
  Promotionsort der oberen
  Fakultäten
G Abtei Ste. Geneviève
  Ort der ‚Lizenz'-gabe für
  Artes-Magister
H Pré-aux-Clercs

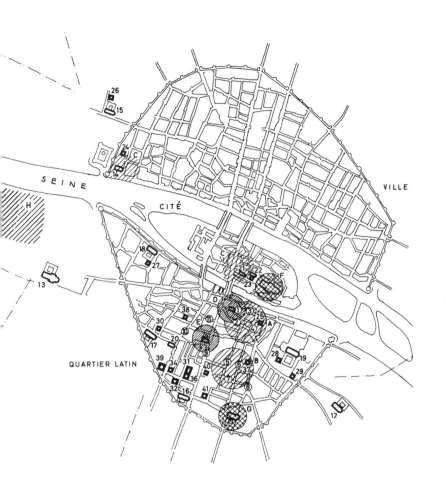

SEINE

VILLE

CITÉ

QUARTIER LATIN

26
15
24
C
14
18
27
13
38
30
17
20
39
34
31
40
36
32
16
41

28
19
29

12

H

A
B
D
E
F
G

0　　　　　　　　500　　　　　　　1000

Abb. 8 Paris
Stadtkarte 1300–1500

A   Bereich der Schulen der Fakultäten
    Artes Liberales und Theologie,
    nach 1450 nur noch Kollegien
B   Schulen der Fakultät Medizin
C   Schulen der Fakultät Jurisprudenz
D   Mathurinerkloster
    Zentrum der Universitas
    Zentrum der Fakultät Medizin
    Zentrum der Fakultät Jurisprudenz?
E   St. Julien le Pauvre
    Zentrum der Fakultät Artes Liberales
    Kirche der Nation Picardie
F   Die „Sorbonne"
    Zentrum der Fakultät Theologie
G   Kathedrale Notre Dame
    Promotionsort
H   Abtei Ste. Geneviève
    Promotionsort
J   Collège de Navarre
    Schatzkammer der Universitas
    Kirche der Nation Frankreich
K   Franziskanerkloster
    Versammlungsort – wahlweise
L   Collège d'Harcourt
    Versammlungsort – wahlweise,
    Kirche der Nation Normandie
M   Dominikanerkloster
    Versammlungsort – wahlweise
N   Zisterzienserkloster
    Versammlungsort – wahlweise
O   St. Côme
    Kirche d. Nation England-Deutschland

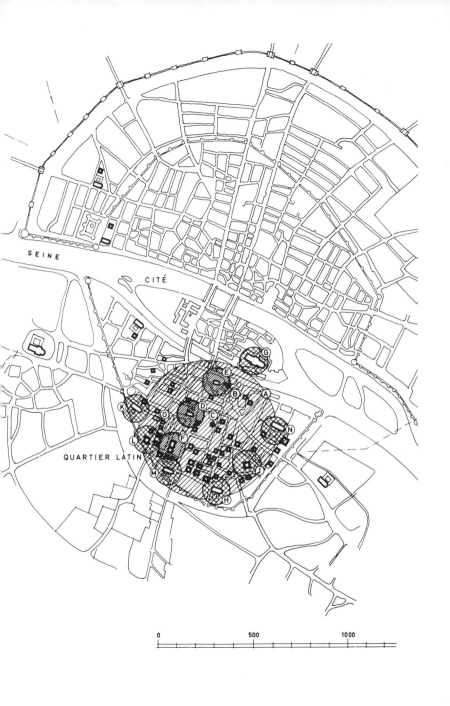

SEINE

CITÉ

QUARTIER LATIN

0   500   1000

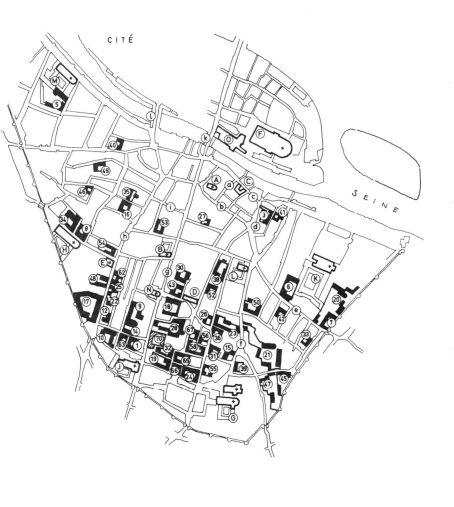

CITÉ

SEINE

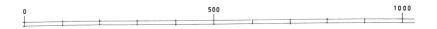

Abb. 10 Paris, Quartier Latin um 1650

A   Zentrum theologischen Studiums
     die Sorbonne
B   Zentrum philosophischen Studiums
     das Collège Louis le Grand
C   Zentrum juristischen Studiums
     der Hörsaalbau im Clos Bruneau
D   Zentrum medizinischen Studiums
     der Hörsaalbau i. d. Rue de la Bûcherie
Noch bestehende unabhängige Kollegien:
1   Collège d'Harcourt
2   Collège du Plessis
3   Collège de Montaigu
4   Collège des Grassins
5   Collège de Navarre
6   Collège de Lisieux
7   Collège des Quatre Nations
8   Collège de la Marche
9   Collège du Cardinal Lemoine

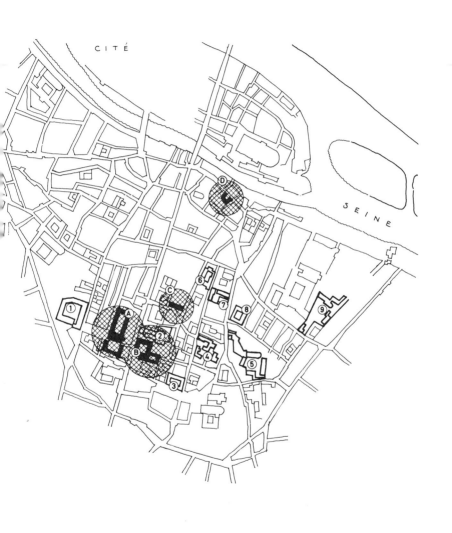

CITÉ

SEINE

| 0 | | | | 500 | | | | 1000 |

Abb. 11 Oxford
Stadtkarte um 1300

A   Bereich der Schulen
    von Artisten und Medizinern
B   Bereich der Schulen
    von Juristen
C   S. Mary's Church
    Zentrum der Universitas
    ‚Congregatio Plena o. Magna' und
    ‚Congregatio Minor', – Congregation House,
    Bibliothek und Schatzkammer,
    Theologenschule
D   S. Mildred's Church
    Versammlungsort der ‚Black Congregation'
E   S. Peter's in the East
F   S. Edward's Church
 a High Street
 b Northgate Street, Carfax, Corn Market
 c Castle Street, Great Bailey, Queen Street
 d Fish Street, S. Aldate's Street
 e School Street
 f Jury Lane
 g Little Jury Lane
 h Castle

1	University Hall – College	1249
2	University College, Bau 1332–1450	~ 1280
3	Balliol College	1261
4	St. Edmund Hall	1269
5	Merton College	1263/74
6	Gloucester College	1283
7	Durham College	1289
8	Hart Hall	1261/84
9	Exeter College	1314
10	Oriel College	1324

Die Parzellen bezeichnen die Lage der Halls

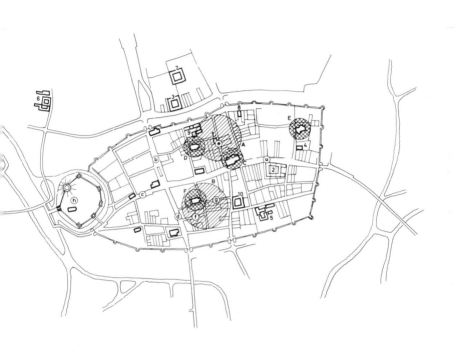

Abb. 12 Oxford
Stadtkarte um 1600

A   Old Schools of Arts, Artistenschulen
B   Divinity School, Theologenschule
C   S. Mary's Church
     Versammlungsort der Universitas
D   S. Peter's in the East
E   S. Frideswide's Church
F   Bereich der Juristenschulen Ende 15. Jh.
a   High Street
b   Northgate Street
c   Great Bailey
d   Fish Street
e   School Street
f   Jury Lane
g   Little Jury Lane
h   S. Mildred's Lane

1	University College	1249
2	Balliol College	1261
3	St. Edmund Hall	1269
4	Merton College	1263
5	Gloucester College	1283
6	Durham College	1289
7	Hart Hall	1261
8	Exeter College	1314
9	Oriel College	1324
10	Queen's College	1341
11	New College	1379
12	Lincoln College	1429
13	All Souls College	1438
14	S. Bernhard's College	1437
15	Magdalen College	1448
16	Magdalen Hall	1480
17	Brasenose College	1511
18	Corpus Christi College	1516
19	Christ Church College	1525
20	Trinity College	1555
21	St. John's College	1555
22	Jesus College	1571
23	Wadham College	1609

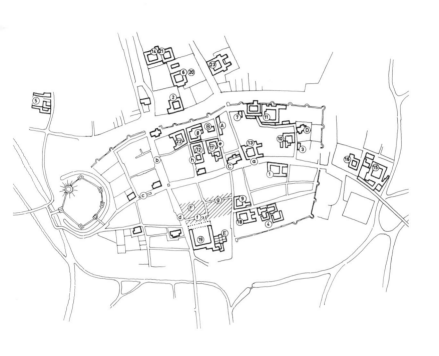

Abb. 13 Wien
Stadtkarte

A   Bereich, der ursprünglich von
    Hzg. Rudolf IV. für die Universität
    vorgesehen worden war
B   Bereich, in dem Hzg. Albrecht III.
    die Universität ansiedelte und
    in dem sie bis zum Ende des
    19. Jahrhunderts lag
a   Herrengasse
b   Bankgasse
c   Bäckerstraße
d   Wollzeile
e   Schulerstraße
1   Hofburg
2   Stephansdom
3   Dominikanerkloster
4   Collegium Ducale
5   Nova Structura
6   Jesuitenkollegium
7   Alte Universität
8   Neue Universität

0   500   1000   1500

Abb. 14 Heidelberg
Stadtkarten

A Getto
   Bereich der Universität
   im 14. und 15. Jahrhundert
B Bereich der Universität
   seit dem 15. Jahrhundert
a Hauptstraße
b Untere Straße
c Judengasse – Dreikönigstraße
d Pfaffengasse
e Augustinergasse
f Heugasse
1 Schloß
2 Heilig-Geist-Kirche
3 Studienhaus St. Jakob
4 Synagoge – Hörsaalgebäude
5 Artistenkollegium
6 Bursa Suevorum
7 Granarium
8 Artistenkollegium mit
   Fürstenburse
   Hauptgebäude der Universität
9 Augustinerkloster
10 Realistenburse
11 Neue Burse St. Katharina
12 Dionysianum – Casimirianum
   Alte Universität

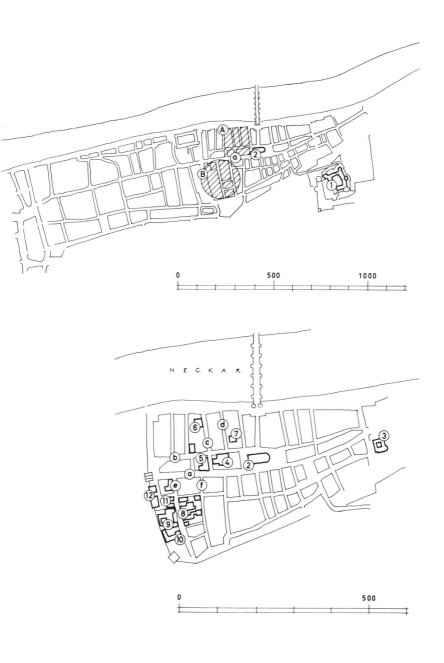

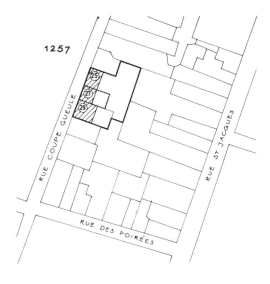

1257

Rue Coupe Gueule
Nr. 27 Erwerbung
        Roberts de Sorbon
        von Jean de Bagneux
        im Oktober 1255
Nr. 25 Schenkungen des
        Königs
Nr. 29 im Februar 1257
Eröffnung des Kollegiums
Oktober 1257 in den drei
vorhandenen Gebäuden

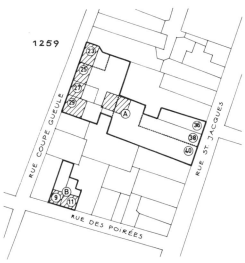

1259

Rue St. Jacques
Nr. 36 Erwerbungen
        Roberts de Sorbon
Nr. 38 von Jean Convers
        Januar 1259 und
Nr. 40 Erwerbung
        Roberts de Sorbon
        von Pierre Pointlasne
        Januar 1259
Rue Coupe Gueule
Nr. 23 Grundstückstausch
        mit dem König
        Februar 1259
Rue des Poirées
Nr. 9 Schenkungen
        des Königs
Nr. 11 im Februar 1259
A   Neubau der Aula
     (Refektorium)
     und Bibliothek
     zwischen 1259 und 1267
B   Haus der Beneficiarii

Abb. 15 Paris, Collège de Sorbon
Grunderwerb 1255—1283
Bauten 1257—1530

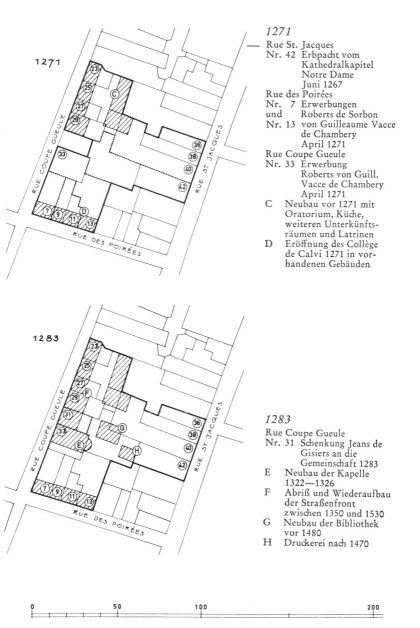

1271

— Rue St. Jacques
Nr. 42 Erbpacht vom
        Kathedralkapitel
        Notre Dame
        Juni 1267
Rue des Poirées
Nr. 7 Erwerbungen
und   Roberts de Sorbon
Nr. 13 von Guilleaume Vacce
        de Chambery
        April 1271
Rue Coupe Gueule
Nr. 33 Erwerbung
        Roberts von Guill.
        Vacce de Chambery
        April 1271
C   Neubau vor 1271 mit
    Oratorium, Küche,
    weiteren Unterkünfts-
    räumen und Latrinen
D   Eröffnung des Collège
    de Calvi 1271 in vor-
    handenen Gebäuden

1283

Rue Coupe Gueule
Nr. 31 Schenkung Jeans de
        Gisiers an die
        Gemeinschaft 1283
E   Neubau der Kapelle
    1322—1326
F   Abriß und Wiederaufbau
    der Straßenfront
    zwischen 1350 und 1530
G   Neubau der Bibliothek
    vor 1480
H   Druckerei nach 1470

0   50   100   200

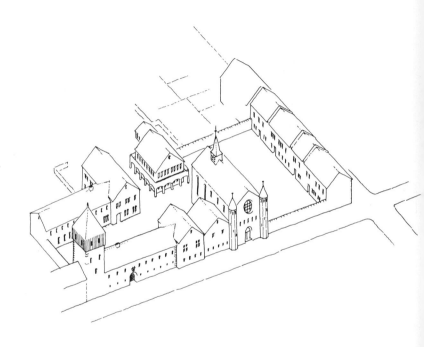

Abb. 16 Paris, Collège de Sorbon
Schaubild nach der Stadtansicht
von Truchet et Hoyau 1530

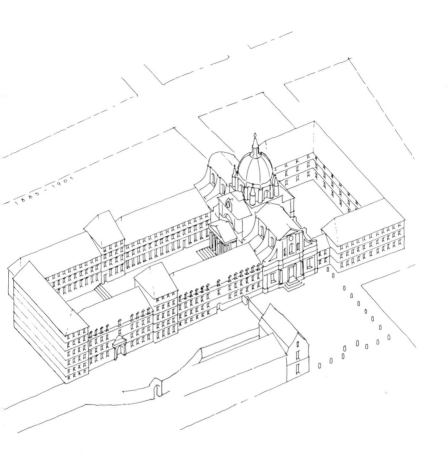

Abb. 17 Paris, Sorbonne
Gesamtgebäude der Fakultät Theologie 1627–48
Schaubild

Abb. 18 Bologna, Collegio di Spagna
Bauwerk des Matteo Gattaponi 1365–1367
Grundrisse und Schnitt

<table>
<tr><td>1</td><td>Pförtner</td></tr>
<tr><td>2</td><td>Küche</td></tr>
<tr><td>3</td><td>Zellen der Kollegiaten
Einzelzimmer</td></tr>
<tr><td>4</td><td>Zimmer für Persönlichkeiten
des Führungsstabes und Gäste</td></tr>
<tr><td>5</td><td>Sakristei</td></tr>
<tr><td>6</td><td>Kapelle S. Clemente</td></tr>
<tr><td>7</td><td>Verwaltung</td></tr>
<tr><td>8</td><td>Empfangssaal</td></tr>
<tr><td>9</td><td>Großer Saal</td></tr>
<tr><td>10</td><td>Refektorium</td></tr>
<tr><td>11</td><td>Rektor
Wohn- und Dienstraum</td></tr>
<tr><td>12</td><td>Bibliothek und Archiv</td></tr>
<tr><td>13</td><td>Lehr- und Aufenthaltssaal,
ursprünglich Bibliothek</td></tr>
<tr><td>14</td><td>Granarium</td></tr>
</table>

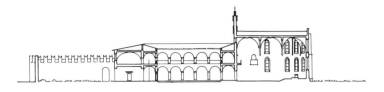

Schnitt

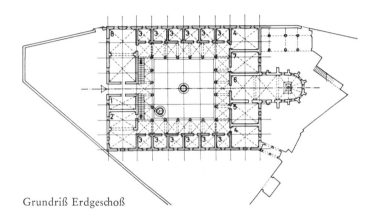

Grundriß Erdgeschoß

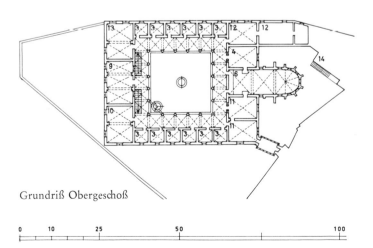

Grundriß Obergeschoß

0   10   25   50   100

Abb. 19 Bologna, Collegio di Spagna
Bauwerk des Matteo Gattaponi 1365–1367
Schaubild um 1400

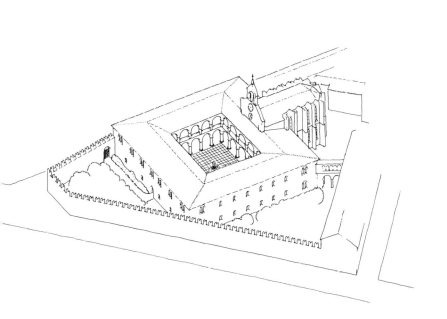

Abb. 20 Oxford, New College
Bauwerk des William of Wykeham 1380–1386
Grundrisse

1 Pförtner
2 Torturm
3 Wohnung des Rektors in beiden Geschossen
4 Wirtschaftsräume zur Rektorwohnung
5 Wohnräume der Kollegiaten in beiden Geschossen
6 Lehrsaal
7 Durchgang zum Garten
8 Verwaltung
9 Bibliothek, im Obergeschoß über 6–7–8
10 Muniment-Tower, Archiv
11 Friedhof
12 Glockenturm
13 Vorkapelle
14 Kapelle
15 Sakristei
16 Hall
17 Feuerplatz
18 Küche mit Vorratsräumen
19 Bierkeller
20 Necessarium – Latrinen
21 Stallungen und Scheune
22 Vierbettzimmer
23 Studierkabine
24 Kamin
25 Dreibettzimmer

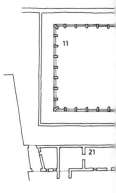

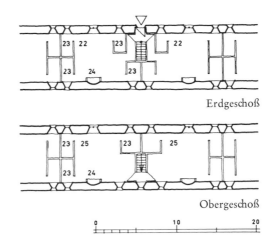

Erdgeschoß

Obergeschoß

0   10   20

Wohnräume der Kollegiaten

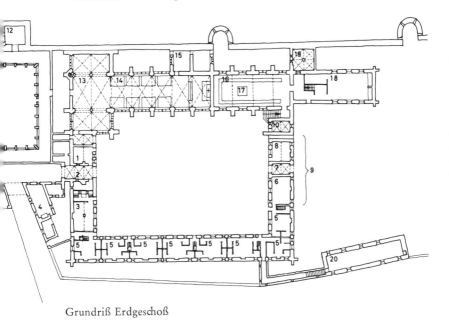

Grundriß Erdgeschoß

0   10   25   50   100

Abb. 21 Oxford, New College
Bauwerk des William of Wykeham 1380–1386
Schaubild um 1400

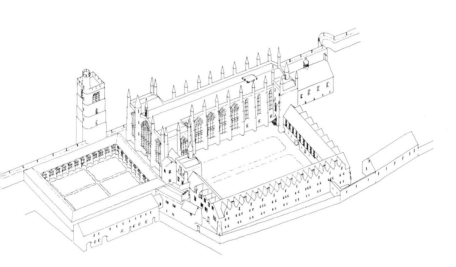

Abb. 22 Oxford, Wadham College
Bauwerk des William Arnold 1610–1613
Grundriß und Schnitt

A   Torturm mit Rektorwohnung im Obergeschoß,
      im obersten Turmgeschoß Schatzkammer und
      Archiv
1   Haupteingang
2   Pförtner
B   Unterkunftseinrichtungen
3   Wohnräume der Kollegiaten
C   Gemeinsame Einrichtungen für
      Versammlung, Lehre und Versorgung
4   Kirche
5   Vorkapelle
6   Vorratsraum, im 1. Obergeschoß darüber
      Verwaltungsraum
7   Hall mit offener Feuerstelle,
      unter der Hall Keller
8   Küche
9   Bibliothek im Obergeschoß
10   Friedhof

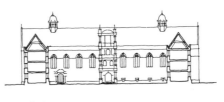

Schnitt

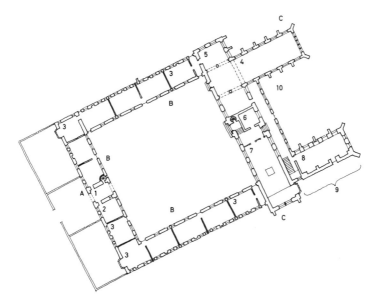

Grundriß Erdgeschoß

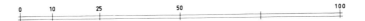

0   10   25   50   100

Abb. 23 Oxford, Wadham College
Bauwerk des William Arnold 1610–1613
Schaubild um 1620

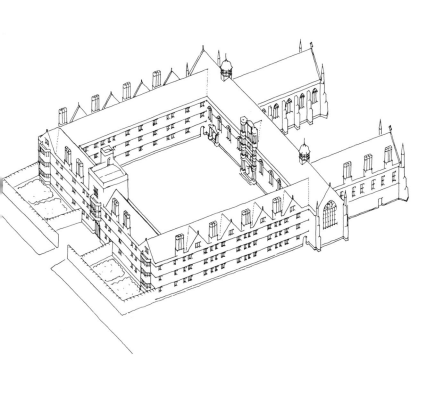

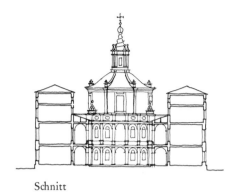

Schnitt

Abb. 24 Rom, Sapienza
Gesamtgebäude der Universität
1. Bauabschnitt: Giacomo della Porta 1575–1585
2. Bauabschnitt: Francesco Borromini 1640–1660
Grundrisse und Schnitt

1 Kirche Sant'Ivo
2 Sakristeien
3 Hörsäle
4 Anatomisches Theater
5 Räume verschiedener Nutzung
6 Verwaltung
7 Versammlungssaal der Fakultät Theologie
   und der Fakultät Medizin (Artes Liberales)
   im 1. Obergeschoß
8 Versammlungssaal der Fakultät Jurisprudenz
   im 1. Obergeschoß
9 Bibliothek
   im 1. Obergeschoß
10 Wohnraum (Sala)
11 Schlafraum (Camera)
12 Küche

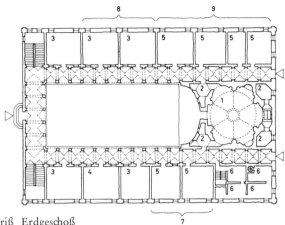

Grundriß Erdgeschoß
          1. Obergeschoß

Lehre

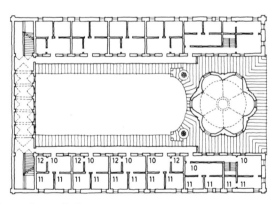

Grundriß 2. Obergeschoß
          3. Obergeschoß

Wohnen

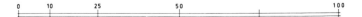

Abb. 25 Rom, Sapienza
Gesamtgebäude der Universität
G. della Porta, F. Borromini 1575–1660
Schaubild um 1660

Schnitt

*Abb. 26 Helmstedt, Gesamtgebäude der Universität
1576–1612
Grundrisse und Schnitt*

A   Hörsaalbau der drei oberen Fakultäten
B   Hörsaalbau der Fak. Artes Liberales
C   Verwaltungs- und Wirtschaftsbau
D   Wohnbau (Pedell und Stipendiaten)
 1 Hörsaal Theologie · Aula
 2 Bibliothek
 3 Hörsaal Medizin
 4 Hörsaal Jurisprudenz
 5 Hörsaal Artes Liberales
 6 Anatomisches Theater
 7 Sezierraum
 8 Disputationssaal
 9 Fakultätsräume
10 Archiv
11 Beratungsräume
12 Verwaltungsräume
13 Karzer
14 Küche
15 Wirtschaftsräume
16 Speisesaal Mensa
17 Wohnräume
18 Buchläden
19 Stallungen
20 Latrinen
21 Brunnen
22 Kellermeisterwohnung

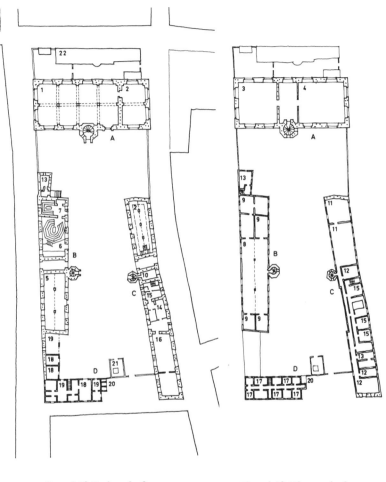

Grundriß Erdgeschoß   Grundriß Obergeschoß

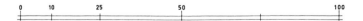

0   10   25   50   100

Abb. 27 Helmstedt, Gesamtgebäude der Universität
Schaubild nach 1612

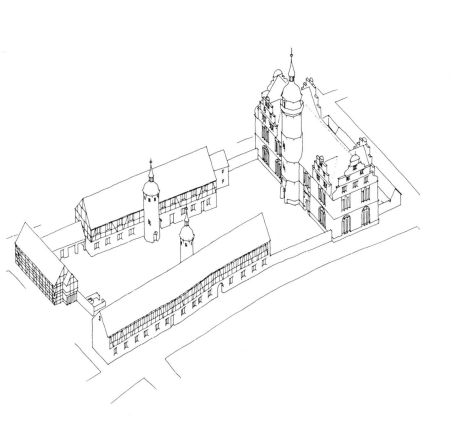

Schnitt

*Abb. 28 Würzburg, Gesamtgebäude der Universität
1582–1591
Grundriß und Schnitt*

A   Nordflügel: Hörsaalbau mit Hörsälen
    für die vier Fakultäten, Dienstzimmern
    des Rektors und Verwaltungsräumen.
    Im Erdgeschoß Haupteingang (1),
    Pförtnerloge (2) und Kasse (3).
B   Westflügel: Aula- und Bibliotheksbau.
    Im Erdgeschoß Festsaal (Spielsaal,
    später hier die Bibliothek) (4) mit
    Küche und Wirtschaftsräumen. Im
    ersten Obergeschoß Aula (5) und
    Bibliothek. In den weiteren Ober-
    geschossen Beratungs- und Wohnräume
C   Ostflügel: Wohnbau der Stipendiaten.
    Im Erdgeschoß Refektorium mit
    Küche und Wirtschaftsräumen.
    In den drei oberen Geschossen Unter-
    kunftsräume.
D   Südflügel: Kirchenbau mit der
    Universitätskirche (6), Sakristei (7)
    und den Wohnungen der Geistlichkeit
E   Kloster der Jesuiten

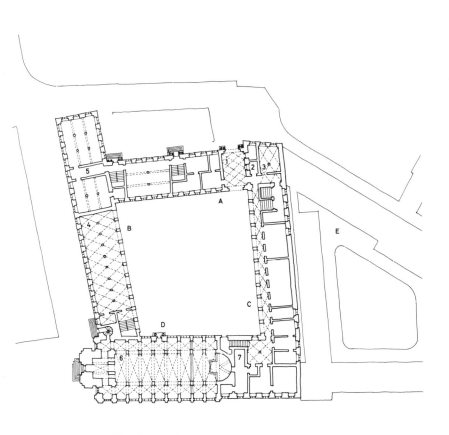

Grundriß Erdgeschoß

0   10   25   50   100

*Abb. 29 Würzburg, Gesamtgebäude der Universität
Schaubild um 1600*

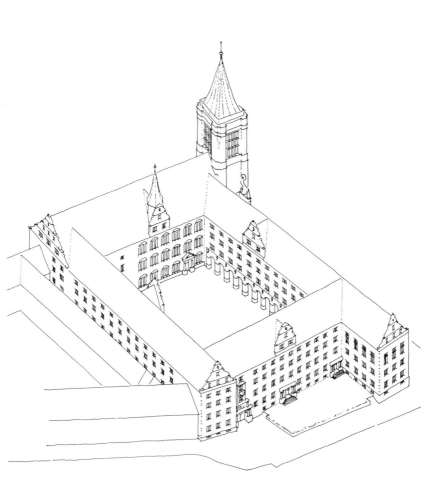

Abb. 30 Altdorf, Gesamtgebäude
der Universität Nürnberg 1571–1583
Grundriß und Schnitt

A   Aulagebäude mit der Aula, gleichfalls
     Hörsaal Theologie (1), der Bibliothek (2),
     weiteren Hörsälen im 1. Obergeschoß
     und Wohn- und Schlafraum der Alumnen
     im 2. Obergeschoß. Im Dachausbau später
     das Observatorium
B   Hörsaalgebäude mit Hörsaal Jurisprudenz (3),
     Anatomischem Theater (4), Vorbereitungs- und
     Sammlungsraum (5) und Wohnungen (6) im
     Erd- und Obergeschoß.
     Vor der Stadtmauer das Chemische Labor (7)
C   Wirtschafts- und Verwaltungsgebäude mit
     Speisesaal – Mensa (8), Küche (9) und Ver-
     waltungs- (10) und Wohnräumen im Erd-
     und Obergeschoß
D   Torhaus mit Haupteingang (11), Buchladen (12)
     und Wohnung des Pedells im Obergeschoß
E   Uhrturm mit Haupttreppe und Karzer im
     obersten Geschoß.
     Im Hof der Brunnen (13)

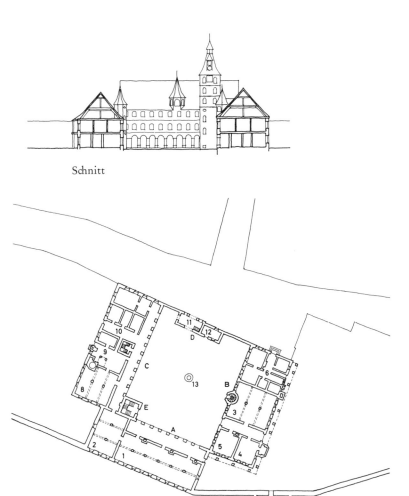

Schnitt

Grundriß Erdgeschoß

0   10   25   50   100

Abb. 31 Altdorf, Gesamtgebäude
der Universität Nürnberg 1571–1583
Schaubild um 1600

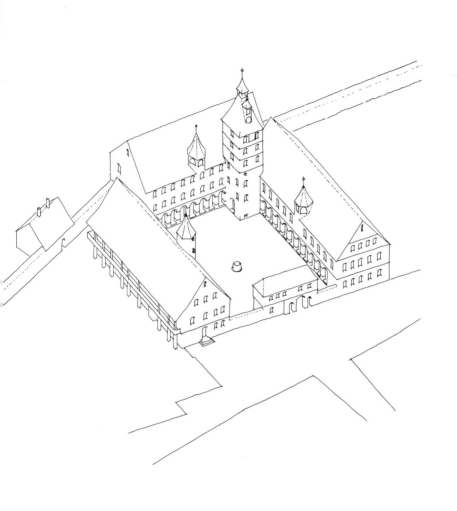

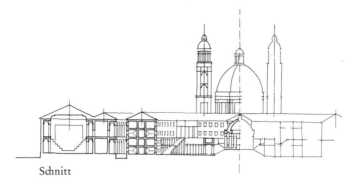

Schnitt

Abb. 32 Gesamtgebäude einer Universität
Idealplan, G. B. Piranesi 1750
Grundriß und Schnitt

A Der innere Ring auf der ‚Studierinsel', das ‚Collegium Universitatis'
  mit den Unterkunfts- und Lehreinrichtungen. Er umschließt
  den Innenhof, den aus Treppen, überdachten Gängen und
  Pavillons gebildeten Verbindungsknoten aller sämtliche
  Bereiche erschließenden Wege, und ist das Erschließungs- und
  Kommunikationszentrum
B Der äußere Ring, vom inneren Ring getrennt durch einen
  Ringkanal, mit den zentralen Einrichtungen
C Der Palast, das Eingangsbauwerk mit Verwaltungsräumen
  und Rektorresidenz – Repräsentation der Universitätsregierung
D Die Kirche – Repräsensation des Sakralen
E Das Theater – Repräsensation des Musischen
F Die Reitbahn – Repräsentation des Vitalen
1 Studentenzimmer
2 Toiletten
3 Hörsaal mit Sammlungs- und Vorbereitungsraum
4 Aula für Versammlungen und Festakte
5 Bibliothek
6 Pinakothek
7 Refektorium – Mensa
8 Kapelle
9 Reitbahn mit Stallungen
10 Kirche mit Sakristeien
11 Theater mit Bühne und Nebenräumen
12 Wohnungen der Priester und Professoren
13 Rektorwohnung

Grundriß

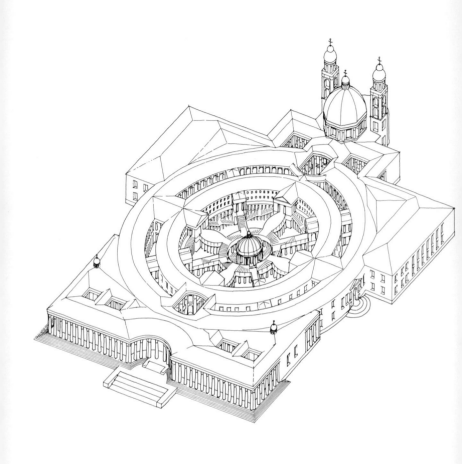

Abb. 33 Gesamtgebäude einer Universität
Idealplan, G. B. Piranesi 1750
Schaubild

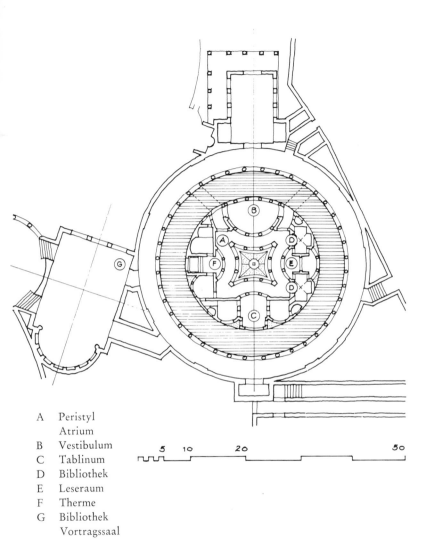

A   Peristyl
    Atrium
B   Vestibulum
C   Tablinum
D   Bibliothek
E   Leseraum
F   Therme
G   Bibliothek
    Vortragssaal

5 10   20   50

Abb. 34 Villa Adriana
‚Teatro Marittimo‘ 118–120
Grundriß

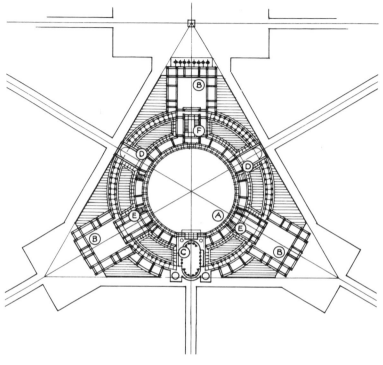

Unterkunftseinrichtungen
    A   Wohnräume
Lehreinrichtungen
    B   Hörsäle
Zentrale Einrichtungen
    C   Kirche
    D   Auditorien
    E   Bibliothek bzw. Pinakothek
    F   Treppenhaus

Abb. 35 Gesamtgebäude einer Universität
Idealplan, L.-A. Trouard 1780
Grundriß Erdgeschoß

Abb. 36 Breslau, Gesamtgebäude der Universität
Planung um 1705
Schaubild

Abb. 37 Breslau, Universität Leopoldina
1728–1743
Grundriß Erdgeschoß

A   Lehrsaalgebäude:
     Westteil drei Geschosse:
     E.G. Hörsäle, Druckerei
     1. O.G. Aula Leopoldina
     2. O.G. Theater (Audi. Max.)
     Treppenhaus
     Mathematischer Turm
     Observatorium.
     Ostteil vier Geschosse:
     E.G. Oratorium
     Musiksaal
     1. O.G.–3. O.G Hörsäle
B   Kolleggebäude:
     Wirtschafts- und Wohnräume
     für Professoren und Studenten
C   Endausbau:
     Refektorium
     Bibliothek
D   Verbindungsbau:
     Laboratorien
     Apotheke
E   Matthiaskirche
     Universitätskirche

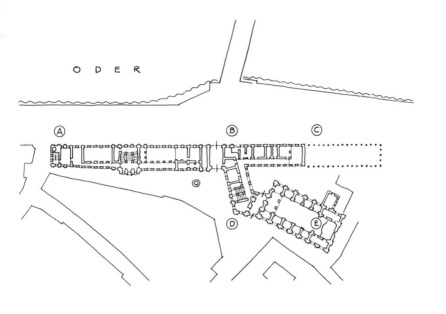

O D E R

Ⓐ   Ⓑ   Ⓒ
    Ⓒ
Ⓓ   Ⓔ

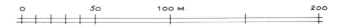

0   50   100 M.   200

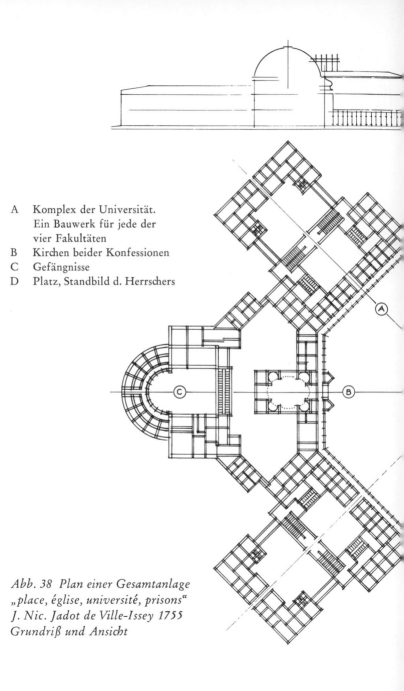

A   Komplex der Universität.
       Ein Bauwerk für jede der
       vier Fakultäten
B   Kirchen beider Konfessionen
C   Gefängnisse
D   Platz, Standbild d. Herrschers

Abb. 38 Plan einer Gesamtanlage
„place, église, université, prisons"
J. Nic. Jadot de Ville-Issey 1755
Grundriß und Ansicht

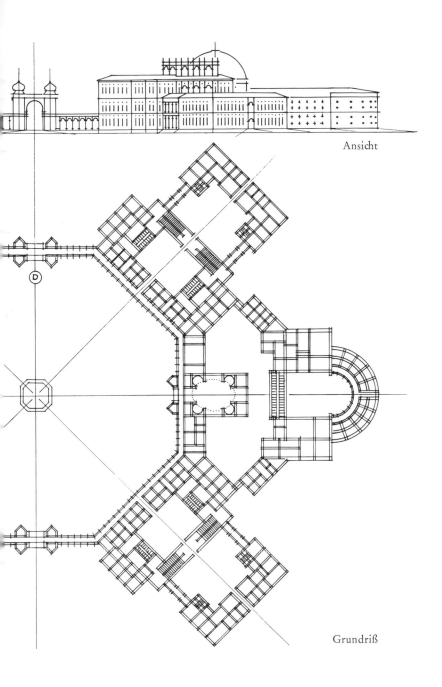

Ansicht

Grundriß

Abb. 39 Berlin
Stadtzentrum 1835

1   Universität
2   Akademie der Wissenschaften
3   Alte Bibliothek
4   Staatsoper
5   Hedwigskirche
6   Friedrichswerdersche Kirche
7   Dom
8   Altes Museum
9   Schloß
10 Königl. Palais
11 Neue Wache
12 Zeughaus
13 Allgemeine Bauschule
14 Münze

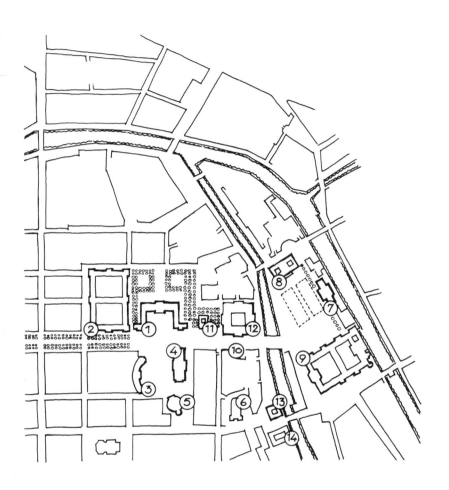

Abb. 40 Universität Schenectady, Union College
Joseph-Jacques Ramée 1813
Lageplan

Lehrbereich
      A   Aula
      B   Bibliothek
      C   Lehrsäle
Wohnbereich
      D   Südkolleg
      E   Nordkolleg

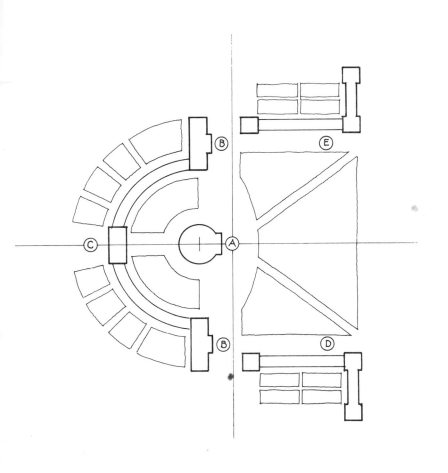

Schnitt

Abb. 41 Charlottesville, Universität Virginia
Thomas Jefferson, Benjamin Latrobe 1817–1819
Grundriß und Schnitt

A   Aula
B   Bibliothek
C   Lehre
D   Wohnen
E   Campus
F   Gärten
1   Überdeckte Gänge oder Flure
2   Hörsäle bzw. Sammlungen
3   Professorenwohnungen
4   Studentenzimmer
     mit je 2 Betten

Grundriß

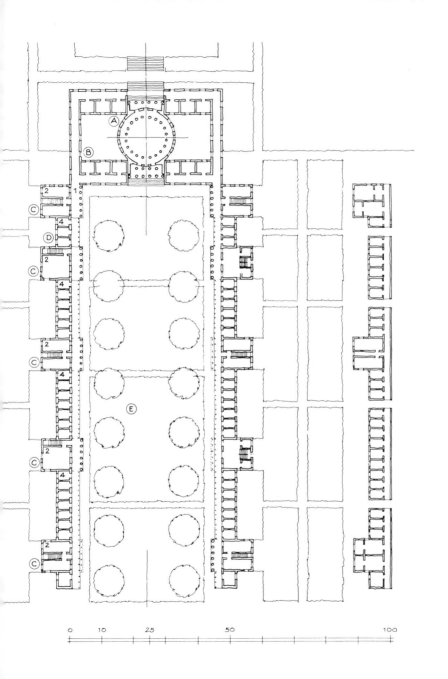

```
0    10    25         50                              100
```

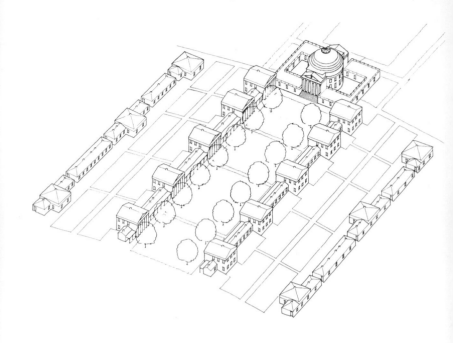

Abb. 42 Charlottesville, Universität Virginia
Plan von Thomas Jefferson 1817
Schaubild

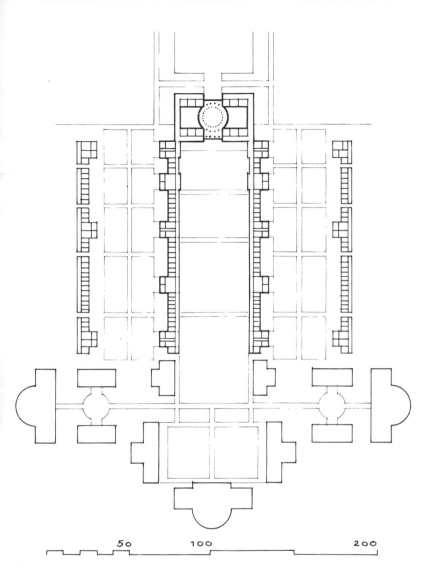

50   100   200

Abb. 43 Charlottesville, Universität Virginia
Errichtet 1819–26 von Jefferson, Latrobe, Thornton
Erweitert 1898 von M. C. Kim, Mead, White
Lageplan